LA ROUTE
DES GRANDS CRUS DE LA BIÈRE
QUÉBEC ET NOUVELLE-ANGLETERRE

Catalogage avant publication de Bibliothèque et Archives nationales du Québec et Bibliothèque et Archives Canada

Thibault, Martin,
La route des grands crus de la bière : Québec et Nouvelle-Angleterre
ISBN 978-2-7644-0767-7
1. Brasseries - Québec (Province). 2. Brasseries - Nouvelle-Angleterre. 3. Bière - Dégustation.
4. Québec (Province) - Guides. 5. Nouvelle-Angleterre - Guides. I. Lévesque Gendron, David. II. Titre.
TP573.C3T44 2010   663'.4209714   C2010-940806-3

Nous reconnaissons l'aide financière du gouvernement du Canada par l'entremise du Fonds du livre du Canada pour nos activités d'édition.

Gouvernement du Québec – Programme de crédit d'impôt pour l'édition de livres – Gestion SODEC.

Les Éditions Québec Amérique bénéficient du programme de subvention globale du Conseil des Arts du Canada. Elles tiennent également à remercier la SODEC pour son appui financier.

Québec Amérique
329, rue de la Commune Ouest, 3e étage
Montréal (Québec) H2Y 2E1
Téléphone : 514 499-3000, télécopieur : 514 499-3010

Dépôt légal : 3e trimestre 2010
Bibliothèque nationale du Québec
Bibliothèque nationale du Canada

Projet dirigé par Anne-Marie Villeneuve
Révision linguistique : Céline Bouchard et Luc Baranger
Direction artistique et mise en pages : Nathalie Caron
Traitement du texte : Nathalie Caron
Photographies : Olivier Germain
Réimpression : avril 2012

© 2010 Éditions Québec Amérique inc.
www.quebec-amerique.com

Imprimé en Chine.
11 10 9 8 7 6 5 4 3   16 15 14 13 12
PO 509

MARTIN THIBAULT ET DAVID LÉVESQUE GENDRON

PHOTOGRAPHIES DE OLIVIER GERMAIN

LA ROUTE
DES GRANDS CRUS DE LA BIÈRE
QUÉBEC ET NOUVELLE-ANGLETERRE

Québec Amérique

POURQUOI ET POUR QUI UN TEL LIVRE ?   9

QUI SOMMES-NOUS ?   11

LE PROCESSUS DE SÉLECTION DES GRANDS CRUS   12

LES RUDIMENTS DE LA DÉGUSTATION DE LA BIÈRE

COMMENT APPRÉCIER UNE BIÈRE DE DÉGUSTATION   17

VOULEZ-VOUS UNE BONNE BIÈRE FROIDE ?   20

LE COUP D'ŒIL ET SES MYTHES   23

DE LA TULIPE AU CALICE, DU BOCK À LA BOTTE : QUEL VERRE CHOISIR ?   26

LES ORIGINES DU PROFIL GUSTATIF   29

LE PIÈGE DE L'INTENSITÉ   51

ORGANISER UNE DÉGUSTATION ENTRE AMIS   53

LES BRASSERIES DU QUÉBEC ET DE LA NOUVELLE-ANGLETERRE

LA SCÈNE BRASSICOLE QUÉBÉCOISE   61

LES BRASSERIES DE LAVAL, DES LAURENTIDES ET DE L'ABITIBI-TÉMISCAMINGUE   63

LES BRASSERIES DE LA MAURICIE ET DE LANAUDIÈRE   68

LES BRASSERIES DE LA MONTÉRÉGIE ET DE L'OUTAOUAIS   74

LES BRASSERIES DE L'EST DU QUÉBEC   81

LES BRASSERIES DE L'ESTRIE ET DU CŒUR-DU-QUÉBEC   84

LES BRASSERIES DE MONTRÉAL   90

LES BRASSERIES DE QUÉBEC ET DE CHARLEVOIX   102

LES BRASSERIES DU SAGUENAY – LAC-SAINT-JEAN   106

LA SCÈNE BRASSICOLE DE LA NOUVELLE-ANGLETERRE   109

LES BRASSERIES DU CONNECTICUT ET DU RHODE ISLAND   111

LES BRASSERIES DU MAINE   118

LES BRASSERIES DU MASSACHUSETTS   130

LES BRASSERIES DU NEW HAMPSHIRE   147

LES BRASSERIES DU VERMONT   156

HOMMAGE À GREG NOONAN   167

LES BRASSERIES D'EXCEPTION ET LES GRANDS CRUS DU QUÉBEC ET DE LA NOUVELLE-ANGLETERRE

LES BRASSERIES D'EXCEPTION   171

LES GRANDS CRUS   203

LA ROUTE DE LA BIÈRE

LA ROUTE DE LA BIÈRE   297

SUGGESTIONS D'ITINÉRAIRES D'UNE FIN DE SEMAINE   299

SUR LA ROUTE DE LA ST-MAURICE   300

QUAND ON EST DÛ POUR LES CANTONS   302

MONTAGNES, VALLÉES ET FJORDS DU NORD   304

MONTRÉAL POUR COLLECTIONNEUR DE GRANDS CRUS   306

MONTRÉAL : HOMMAGE AUX PUBS DE QUARTIER   308

QUÉBEC À L'HORIZON   309

LES FORTIFICATIONS DE CHAMBLY ET LA MONTÉRÉGIE   310

LES GRANDS BARS À BIÈRES DU MAINE   312

LA VIE AU-DELÀ DE LAVAL   314

DES MONTAGNES À LA MER – VERS LE NEW HAMPSHIRE   315

BURLINGTON ET LES CAMPAGNES DU NORD DU VERMONT   316

LE FAR-OUEST… DU MASSACHUSETTS   318

À L'EST… DE L'OUEST DU MASSACHUSETTS   320

DESTINATION BOSTON   322

DU SAINT-LAURENT À LA BAIE-DES-CHALEURS   324

VERS LE CONNECTICUT   326

HOMARDS ET FORÊTS – LE NORD DU MAINE   328

QUELQUES MINES D'OR   331

LA ROUTE DES GRANDS CRUS DE LA BIÈRE   332

LA CONSERVATION DES BIÈRES   337

LES MEILLEURS MAGASINS AU QUÉBEC   341

LES MEILLEURS MAGASINS DE LA NOUVELLE-ANGLETERRE   342

LES GRANDS CRUS DU MONDE EN VENTE
DANS LES MAGASINS DE LA NOUVELLE-ANGLETERRE   343

LA GORGÉE DE LA FIN   349

REMERCIEMENTS   351

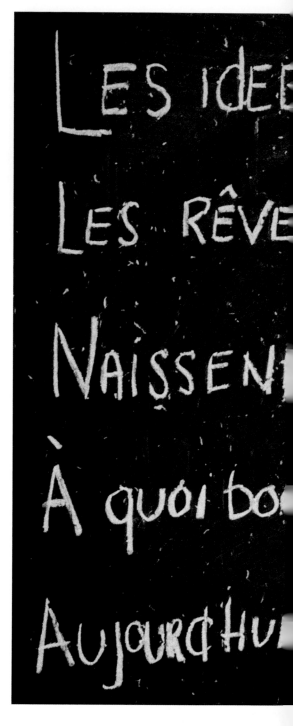

LES PLUS BIZARRES

LES PLUS ÉTRANGES

ET S'ÉVANOUISSENT

S'INQUIÉTER DU TEMPS QUI PASSE

JE BOIS DE LA BIÈRE.

POE

POURQUOI ET POUR QUI UN TEL LIVRE ?

L'essor de la bière de dégustation en Amérique ne semble pas perdre son souffle. De nombreuses nouvelles brasseries ouvrent leurs portes chaque année, et cela dans chaque région de tout le continent nord-américain. Il est donc pratiquement impossible de suivre tout ce qui se fait sur le territoire du Québec et de la Nouvelle-Angleterre, mais nous y avons travaillé pendant plusieurs années et nous sommes maintenant prêts à vous offrir le résultat de nos recherches. Ce livre a pour but de vous servir de guide, pour vous permettre d'éviter les pièges et de commencer par l'excellence dès vos premiers pèlerinages sur les routes de la bière. Il a aussi pour objectif de vous aider à localiser les meilleurs brasseurs de bières de dégustation, de vous faire goûter aux plus grandes bières brassées sur ce territoire et de vous guider dans la planification d'excursions bièrophiles enrichissantes. Nous vous expliquerons aussi comment préparer des dégustations qui vous transporteront encore plus loin dans vos expériences organoleptiques.

Dans ce guide pratique et, nous l'espérons, intellectuellement stimulant, nous vous présenterons les grands crus du Québec et du nord-est des États-Unis. En d'autres mots, les bières les plus racées, peu importe leur style. Que vous habitiez Montréal, Québec ou la Nouvelle-Angleterre, la majorité des régions couvertes sont à quelques heures de déplacement de chez vous et n'attendent que votre passage afin de vous impressionner par leur savoir-faire. Nous espérons qu'avec toute cette information en main, vous vous propulserez dorénavant sans craintes dans les contrées fertiles qui vous entourent afin d'y découvrir vos propres coups de cœur.

Avant de commencer, nous tenons à souligner que nous ne souhaitons pas faire la promotion aveugle de la bière de dégustation. Nous ne voulons pas vous faire croire que toute bière dite de dégustation ou toute bière de microbrasserie est un Picasso gustatif. Ce serait vous induire en erreur. Faisons une analogie avec le milieu de la restauration. Il existe des bières de consommation rapide, d'autres qui cherchent à offrir une expérience un peu plus raffinée, mais à bon marché, et d'autres encore qui ont pour objectif de vous faire atteindre rien de moins qu'une apothéose gustative. Toujours comme le domaine de la restauration, certaines bières visant le haut de gamme ne réussissent pas nécessairement à séduire, tandis que d'autres, plus humbles, peuvent réjouir tout dégustateur avec la franchise des saveurs qu'elles proposent. Ce qui importe pour nous est que certaines bières, indépendamment de leurs buts, se démarquent de leurs compétitrices, et que ce sont celles-là qui risquent d'amener notre palais à connaître la béatitude. Ce livre se veut donc aussi un éloge de ces bières qui repoussent les frontières de l'excellence.

Sans plus tarder, cap sur le nirvana !

QUI SOMMES-NOUS ?

Nous baignons dans la bière depuis l'atteinte de la majorité. Au cours des cinq dernières années, nous avons passé plusieurs mois à l'extérieur du Québec, ensemble ou chacun de notre côté, à la recherche de la perle rare brassicole. Premier constat : il existe de nombreuses perles brassicoles. Deuxième constat : nous avons découvert des merveilles presque partout, du Québec et de la Nouvelle-Angleterre jusqu'au Japon, en passant par la Norvège. Troisième constat : le nord-est de l'Amérique regorge d'une telle variété de bières, que sa seule exploration pourrait occuper chacune des fins de semaine de l'amateur le plus passionné.

Habitant Montréal, nous entretenons une vigie constante sur les nouvelles de l'industrie de la bière dans le nord-est de l'Amérique. Depuis plusieurs années, nous sommes coresponsables de l'administration du contenu québécois sur le site Internet de Ratebeer, www.ratebeer.com. Ce site répertorie plus de 100 000 bières, que des amateurs s'affairent à documenter par le partage de leurs critiques, ce qui en fait la source d'information internationale la plus complète au monde. Il faut mentionner que l'avènement du réseau Internet a complètement chamboulé le petit monde des chasseurs brassicoles. Les frontières ont éclaté, les connaissances et les rumeurs se propagent dorénavant instantanément. Le nerf de la guerre n'est plus tant l'accès à l'information que son tri. Nous sommes actuellement au cœur de cette révolution.

En parallèle, nous collectionnons les visites aux festivals de la bière comme d'autres collectionnent les timbres ou l'escalade des plus hauts sommets de ce monde. Un réseau de contacts toujours grandissant nous permet de profiter des voyages de pèlerins et de mettre la main sur un maximum de brassins spéciaux. Par ailleurs, de fréquentes séances de dégustation, à diverses latitudes et longitudes, nous permettent d'échanger et de partager moments de bonheur, opinions et connaissances. Nous collaborons aussi fréquemment aux diverses publications du milieu brassicole québécois, dont *Bières et Plaisirs*, *BièreMag*, feu *Les Carnets de Ma Bière* et *Le Sous-Verre*. C'est donc depuis plusieurs années que nous vivons au rythme des récoltes de houblon.

LE PROCESSUS DE SÉLECTION DES GRANDS CRUS

Ultimement, malgré toute notre bonne volonté, nous devons admettre que certaines bières du nord-est de l'Amérique nous ont échappé. Il y a 10 ans, nous ne l'aurions jamais su, mais avec Internet, nous sommes contraints de faire preuve d'une humilité accrue. Le nord-est de l'Amérique compte plus de 300 brasseries, dont certaines offrandes peuvent s'écouler en quelques jours. À notre grand soulagement, nous pouvons affirmer avec confiance que nul individu ne peut goûter la collection entière de bières concoctées par les brasseurs de cette partie de l'Amérique en une seule année. Nous assurons toutefois au lecteur que l'impossibilité de la tâche n'a jamais ralenti notre ardeur au travail, ni notre enthousiasme.

Parmi les milliers de bières dégustées, ce livre a l'audace de présenter les bières que nous jugeons les plus remarquables. Qu'est-ce qui rend une bière remarquable, selon nous ? Il s'agit simplement de la capacité d'une bière à se distinguer de la masse soit par la grande qualité de son exécution, soit par l'inspiration de sa recette ou, plus souvent qu'autrement, par une combinaison de ces deux caractéristiques. De façon générale, nous avons consommé au moins un verre des bières lauréates, mais habituellement beaucoup plus, car les rares bières qui ont été sélectionnées au terme de la dégustation d'un simple échantillon ont toutes été visitées à de multiples reprises.

La grande majorité des élues l'ont été à l'unanimité. Il serait toutefois malhonnête de nier l'existence de quelques désaccords entre les auteurs, dont les préférences ne sont pas les mêmes. Heureusement, la diversité des offrandes de nos brasseurs est telle qu'il s'agissait plus d'une sélection par élimination que d'une sélection par ajout à partir de zéro. Nous supportons donc pleinement la liste finale, bien qu'elle aurait sans doute différé légèrement si nous en avions élaboré chacun une. De manière générale, la faveur a été accordée aux bières que les brasseurs devraient brasser à nouveau. Des pénuries d'ingrédients et la multiplication de brassins uniques rendent le procédé quelque peu spéculatif, mais nous précisons systématiquement la meilleure façon de dégoter les trésors que nous recommandons.

Finalement, deux remarques peuvent sembler naturelles à quiconque observe la liste des bières sélectionnées. Premièrement, certaines brasseries semblent bénéficier d'un nombre particulièrement élevé de mentions. C'est effectivement le cas, et c'est tout à leur honneur. Nous n'avons aucun lien, ni familial ni pécuniaire, avec un brasseur ou même un employé d'une brasserie. C'est en accord avec la déontologie journalistique que cette liste a été dressée. Nous avons préféré attribuer les récompenses au mérite sans imposer de limite à la fréquence des mentions d'une même brasserie. Deuxièmement, le Québec peut aussi paraître favorisé dans la liste des bières retenues. Ici encore, il faut accorder aux brasseurs québécois le mérite qui leur revient. Aucune autre région sous étude n'affiche un tel dynamisme, une telle croissance du nombre et de la qualité des brasseries.

Mais avant de plonger dans le vif du sujet, prenons le temps d'aborder les techniques de dégustation élémentaires. De cette façon, nous serons mieux outillés pour apprécier la finesse du travail de nos maîtres brasseurs.

LES RUDIMENTS
DE LA DÉGUSTATION DE LA BIÈRE

COMMENT APPRÉCIER UNE BIÈRE DE DÉGUSTATION

Vous apercevez un ami plonger ses lèvres dans un verre de bière bien rempli avant même qu'il n'ait pris le temps d'en apprécier l'arôme. Que faites-vous ? Un : vous criez haut et fort, dénonçant le sacrilège qu'il est en train de commettre ? Deux : vous vous mordez les lèvres, maudissant les publicités des multinationales, qui ont toujours fait fi du respect que l'on doit à une vraie bière ? Trois : vous profitez de l'arôme de votre propre bière avant de partager vos impressions au moment opportun ? Si vous avez répondu « trois », vous risquez fort de passer une plus belle soirée. Il ne faut pas se leurrer : il n'y a pas qu'une seule façon d'apprécier une bière, cette maîtresse de la socialisation.

DEUX APPROCHES DE LA DÉGUSTATION : LA RECHERCHE DU PLAISIR ET LA RECHERCHE DE LA CONNAISSANCE

Lorsque nous dégustons une bière, deux approches principales sont possibles. Nous choisissons implicitement entre l'hédonisme et la recherche de connaissances. L'abord hédonique vise simplement l'obtention d'un maximum de plaisir. Notre motivation à boire une bière vient avant tout de notre désir d'amplifier un agréable moment par un bon cru. Le simple fait de tenir un verre en conversant, le rafraîchissement, la découverte de saveurs ou encore les alliances entre

les bières et les mets répondent tous à cet appel initial : la recherche du plaisir. L'autre face de la médaille, l'abord éducatif, n'est pas exclusif, mais il demeure bien différent. Nous buvons alors dans le but d'étancher notre soif de connaissances. La bière représente un vaste sujet auquel historiens comme purs dégustateurs peuvent s'abreuver, car ses facettes sont multiples.

Pour plusieurs amateurs, le monde de la bière est une application pratique de sujets théoriques comme l'histoire et la géographie. De nombreux styles traditionnels de bière ont évolué au fil des ans, alors que de nouveaux apparaissent sans cesse. Afin de mettre la théorie en pratique, l'amateur averti tente d'associer chaque bière qu'il consomme à une grande famille de bières dont plusieurs ouvrages spécialisés s'affairent à définir les caractéristiques.

Voilà déjà une première étape dans l'approche éducative. L'amateur reconnaît certaines qualités théoriques propres au style de la bière qu'il consomme, puis il établit des liens entre ses perceptions et ses connaissances théoriques. Par exemple, des arômes intenses de houblon rappelant le pamplemousse et le pin sont généralement associés aux cultivars américains. Une bière faisant 5 % d'alcool et ayant de tels arômes est donc probablement une Pale Ale américaine.

Une telle démarche peut facilement s'enrichir au fil des années. Un dégustateur peut utiliser ses connaissances à des fins hédoniques. Il peut découvrir qu'un style précis lui plaît particulièrement et focaliser ses recherches sur ce type de bière. Il pourrait plutôt choisir d'essayer quelques bières du plus grand nombre de styles possibles. Il aurait alors une belle vue d'ensemble des vastes possibilités qu'offrent l'eau, le malt, le houblon et la levure brassés ensemble. Il pourrait ensuite rechercher ces bières qu'on qualifie d'inclassables, lesquelles semblent échapper à tout dénominateur commun.

Certains amateurs poussent l'exploration plus avant. Ceux-là boivent une bière non sans plaisir, mais avec le plus grand sérieux du monde. Calepin et crayon à la main, ils notent leurs perceptions quant à l'apparence, aux arômes, au goût... Ils peuvent détailler le contexte de la consommation – le lieu et le moment – de façon à se bâtir un véritable journal de bord de dégustateur. Évidemment, ces gens gagnent rapidement en connaissances et se souviennent généralement de leurs conquêtes avec un degré de détails

impressionnant, car, en utilisant plusieurs sens à la fois, la mémoire est davantage stimulée.

Certains cercles d'amateurs vont encore plus loin, notamment les brasseurs maison voulant comparer leurs produits entre eux, qui organisent des compétitions amicales où leurs bières sont jugées. Ils obtiennent alors de leurs « juges » des conseils pour améliorer leur offrande, le tout dans un contexte où le brasseur vise à reproduire une grande famille de bières.

Il n'est toutefois pas nécessaire de participer à des compétitions pour se faire une opinion. Dans son propre salon, n'importe qui peut s'improviser juge. Il est alors possible de tenter tout bonnement de maintenir à jour une liste de nos bières favorites. En notant les bières selon leur goût, leurs arômes et tout ce qui nous y intéresse, nous sommes en mesure de les comparer et de mieux sélectionner nos achats.

L'approche éducative peut donc emprunter de nombreuses tangentes, mais elle compte toujours une considération pour l'hédonisme. En accroissant l'étendue de nos connaissances, nous maîtrisons mieux nos goûts personnels, mais nous devenons aussi une référence pour autrui : les membres de notre famille nous demande des conseils, les amis nous offrent de leur suggérer une bonne bouteille pour accompagner un repas... Ultimement, que nous buvions pour le plaisir de déguster une bière ou pour le plaisir d'apprendre, l'important est évidemment le dénominateur commun qu'est le plaisir.

LE RITUEL DU DÉGUSTATEUR

Il y a bien plus à apprécier que le pouvoir rafraîchissant d'une bière. Certes, plusieurs styles de bière de dégustation demeurent désaltérants, puisqu'ils ont été conçus depuis des siècles afin d'étancher la soif des gens qui s'en abreuvent. Nous vous proposons cependant une approche plus épicurienne qui ne fait pas du rafraîchissement le seul objectif d'une bière, mais qui fait pleins feux sur tout ce qui se présente à nous, dégustateurs, avant, pendant et après chaque gorgée. Voici donc un rituel simple qui ne requière aucun mantra ou aucune adhésion à un club sélect d'initiés afin de vous aider à apprécier la bière à sa juste valeur.

VOULEZ-VOUS UNE BONNE BIÈRE FROIDE ?

Un des mythes découlant des publicités des brasseries multinationales est qu'une bière doive être servie frigorifiée afin d'atteindre son plein potentiel de rafraîchissement. De toute évidence, si la température du liquide que vous absorbez frise les 1 ou 2 degrés Celsius, même vos petits orteils risquent d'en trembler. Et dans certaines circonstances, c'est justement ce que l'on veut ! Alors loin de nous l'idée de prétendre qu'une boisson bien froide, qu'elle soit une bière ou autre chose, n'est pas physiquement et psychologiquement plaisante lors d'une journée estivale torride. Mais lorsque vient le temps de « déguster » une bière, nous vous suggérons fortement de ne pas la boire « bien froide ». Vos papilles vous en remercieront.

Pas convaincus ? Faites ce test : prenez n'importe quelle boisson et divisez-la en deux portions. La première devrait passer au congélateur le temps nécessaire pour atteindre une température avoisinant les 2 degrés Celsius. Pendant ce temps, laissez le deuxième échantillon sur le comptoir. Vous avez peut-être déjà remarqué qu'une eau terriblement soufrée ou chlorée se boit quand même bien lorsqu'elle est froide, alors qu'en se réchauffant, elle devient presque insupportable en raison de ses saveurs et de ses odeurs outrageusement chimiques. C'est un peu le même principe avec vos deux échantillons. Celui qui est sur le point de geler goûte… le froid ! Et c'est très rafraîchissant, le froid. Celui qui est presque tablette perd sa timidité, se dénude et révèle davantage ses arômes, ses charmes ! En fait, plusieurs de ses saveurs explosent et chatouillent vos papilles sans gêne. Les molécules transporteuses de goût aiment cette température tempérée et bougent dans tous les sens sur votre langue. Celles qui sont passées au congélateur, par contre, ne peuvent même pas avancer sur votre palais. Elles sont figées sur place !

Plusieurs personnes ne boivent que pour se rafraîchir et elles en ont entièrement le droit. Toutefois, si vous tenez ce livre dans vos mains, nous sommes prêts à parier que vous recherchez plutôt une expérience gustative. Vous ne vous laissez pas berner par les campagnes publicitaires de certaines brasseries. Quelques exemples célèbres vantent tellement les mérites du froid qu'il semble que la seule vertu de la bouteille que vous achetez est son affinité avec votre réfrigérateur. Vous pouvez en déduire que ces bières ont très peu de valeur gustative, qu'elles ne sont pas conçues pour être goûtées, ou que la brasserie en question préfère miser sur le côté rafraîchissant de son produit plutôt que sur la saveur de ses ingrédients. Qu'à cela ne tienne ! Cet ouvrage vise justement une lignée de produits totalement différents de ceux-là. Il traite plutôt de bières de dégustation qui méritent, à juste titre, d'être appréciées tout autant que les alcools de qualité les plus remarquables. Et elles se doivent d'être dégustées à une température convenable, bien au-delà des 4 degrés Celsius. D'accord, nous l'admettons, le train ne déraillera pas si vous buvez votre bière de dégustation trop froide. Cependant, vous ne percevrez jamais la majeure partie de ses qualités si vos papilles sont gelées.

ALORS QUELLE EST LA TEMPÉRATURE IDÉALE POUR LA DÉGUSTATION ?

Nous ne pouvons pas vraiment vous dire de viser une température précise lors de chaque dégustation. Il n'existe pas de degré magique à atteindre qui, telle une combinaison secrète, révélerait miraculeusement tout le pouvoir gustatif d'une bière. De toute façon, il y a tellement de styles de bières différents – vraiment différents – qu'il serait injuste de les enchaîner à une température universelle. Faites plutôt un test avec chaque bière que vous buvez. Commencez la dégustation à 5 ou 6 degrés Celsius – quelques minutes après la sortie du frigo –, et laissez-la chambrer tranquillement. Vous remarquerez que certains éléments gustatifs seront présents à des températures plus fraîches, alors que d'autres ne s'exprimeront qu'à une certaine tiédeur.

Cela dit, voici tout de même quelques idées de base qui vous aideront à trouver la température optimale de dégustation de la majorité des bières que vous trouverez sur votre passage. Évidemment, tous les Imperial Stouts ne sont pas liquoreux, et toutes les Golden Ales ne sont pas subtiles. Utilisez ce tableau comme guide, mais fiez-vous à vos propres papilles une fois que vous commencerez à connaître une bière en particulier, afin de la prendre à la température la plus propice à sa dégustation.

RECOMMANDATIONS
DE TEMPÉRATURES DE SERVICE PAR STYLES

Styles en subtilité (de 5 à 9 °C)	Styles très aromatiques (de 7 à 12 °C)	Styles plus liquoreux (de 7 à 16 °C)
Bières de 5-6 % d'alcool et moins qui présentent des profils de saveurs plutôt doux.	Bières de 5 % d'alcool et plus qui présentent des caractères plus explosifs, que ce soit à l'arôme ou à la saveur, ou aux deux.	Bières très fortes qui servent de digestifs ou d'objets de contemplation. Elles se boivent à petites gorgées, tellement elles contiennent d'informations gustatives.
Kölsch **Pils** **Golden Ale** **Amber Ale** **Helles, Dortmunder** **Berliner Weisse** **Mild Ale**	**Double India Pale Ale, Imperial India Pale Ale** **India Pale Ale** **Pale ale américaine** **Stout** **Porter** **Saison** **Ales d'inspiration belge** **Triple** **Ales à levure sauvage**	**Vin d'orge** **Eisbock** **Imperial Stout** **Quadruples** **Doppelbocks**

LE COUP D'ŒIL ET SES MYTHES

Vous avez de la bière dans votre verre, et elle semble être à une température satisfaisante pour commencer la dégustation. Bon, vous n'êtes plus capable d'attendre ? Allez-y, prenez une gorgée. Vous allez mieux lire maintenant. Comment aborder une bière afin de profiter de tout ce qu'elle peut vous offrir ? Commencez par la regarder. L'arc-en-ciel du monde de la bière est sans doute un des plus colorés parmi ceux des alcools nobles. De la blonde dorée à la brune noisette, de l'ambrée pâle à l'acajou velouté, de la blanche laiteuse à la noire ébène, la variation de teintes semble être infinie. Pourquoi ne pas en profiter ? Voici toutefois quelques mythes que vous devez contribuer à faire disparaître.

CLAIRE OU TROUBLE ?

Vous avez sûrement déjà remarqué que certaines bières sont parfaitement limpides, alors que d'autres sont voilées et que certaines sont même complètement opaques. Plusieurs mythes sont associés à cette apparence, et il est important que vous les mettiez de côté. Une bière transparente n'est pas plus « professionnelle » qu'une bière embrumée. Une bière opaque n'est pas plus forte en goût qu'une bière légèrement trouble. Une bière sur lie (avec dépôt de levure au fond) n'est pas nécessairement plus forte en alcool ou au goût qu'une bière claire. Un manque flagrant d'information est la cause principale de l'existence de ces mythes absurdes.

Les raisons sont nombreuses, mais aucune d'entre elles ne permet de déprécier une bière vendue trouble. La bière peut être voilée parce qu'elle n'a pas été filtrée ou parce qu'elle a bénéficié d'un ajout de levure lorsqu'elle a été mise en bouteille ou en fût. Dans un cas comme dans l'autre, sauf exceptions, elle est donc trouble parce qu'une levure s'y trouve. Cette levure fait en sorte que la bière demeure en vie, les sucres de la bière pouvant encore être transformés et une gazéification étant maintenue. En fait, une bière trouble a même des chances de présenter plus de saveurs (harmonieuses ou pas), puisque rien ne lui a été enlevé. Elle est dans son costume d'Ève.

LA PEUR DU FONCÉ

Voici un autre mythe qu'il faut détruire à tout prix : celui qui veut qu'une bière plus foncée soit plus « forte » en goût ou en alcool qu'une bière pâle. C'est entièrement faux. Il n'existe aucune corrélation entre la couleur d'un liquide et son intensité. Le degré de torréfaction des céréales est le principal responsable de la coloration d'une bière, dans les brasseries n'utilisant pas de colorants, évidemment, mais un grain torréfié ne produit pas plus de ces sucres nécessaires à la production d'alcool qu'un grain pâle. Ces mêmes céréales torréfiées existent en une multitude de variétés, toutes d'intensités différentes. Vous comprendrez donc qu'un grain très torréfié utilisé en très petite dose peut quand même produire une bière noire, mais sans influencer grandement le profil gustatif. Une céréale délicatement torréfiée utilisée de façon généreuse peut produire une couleur plus ambrée ou rousse en offrant beaucoup plus de saveurs que la bière noire mentionnée précédemment.

Faites votre propre laboratoire : prenez une Guinness (une « noire » facile à trouver) et une Corne du Diable (une IPA « ambrée », de Dieu du Ciel !), et placez-les côte-à-côte. La Guinness contient 4 % d'alcool, possède un corps relativement svelte (même quand elle est gonflée artificiellement par l'azote lorsqu'elle provient d'un fût) et offre des saveurs timides de café et de pain rôti. Elle se boit très facilement parce qu'elle est avenante et jamais intense. La Corne du Diable est, quant à elle, beaucoup plus amère et longue en bouche, elle offre des saveurs très loquaces et un bouquet très coloré. Elle est assurément plus intense à toutes les étapes de la dégustation. Pourtant, elle est loin d'être noire !

N'AMASSE PAS MOUSSE ?

Regardez la mousse qui garnit le dessus de votre bière. Est-elle ample comme un nuage bien gorgé ? Étend-elle un voile mince à la surface du liquide ? Dessine-t-elle une dentelle raffinée sur les parois du verre lorsque le liquide cède sa place ? Tient-elle longtemps sur la bière ou se dissipe-t-elle rapidement ? Le comportement de la mousse peut vous communiquer quelques informations sur la composition de la bière, mais en général, nous sommes encore là dans le domaine du souci esthétique. Les Tchèques adorent servir leurs bières en fût nappées de deux ou trois centimètres de mousse bien dense. Les Britanniques du Sud et les Californiens privilégient de leur côté une fine couche de mousse, pas plus. On veut de la bière, pas de la mousse, n'est-ce pas ? Les ales belges conditionnées en bouteille sont souvent conçues pour qu'une mousse à plusieurs étages se déploie lors du service. De vraies sculptures impressionnistes. Dans notre Nouveau Monde nord-américain où les traditions se mélangent, vous entendrez des gens exprimer leur désir d'obtenir un col généreux et vous en entendrez d'autres se plaindre lorsqu'une bonne couche de mousse chapeaute leur verre. Du point de vue du dégustateur, la mousse qui décore votre bière n'est qu'un choix personnel. Celui du brasseur, celui du serveur, celui du client

Certes, cette mousse, trop abondante, pourrait peut-être vous empêcher de humer le bouquet complet d'une bière. Une mousse très furtive pourrait, quant à elle, être signe d'une contamination naissante. Mais ce sont des cas extrêmes. En aucun cas la présence ou l'absence de mousse devrait influencer ce que vous goûterez. À part le plaisir visuel que procure une bière lorsqu'elle est merveilleusement glacée d'une mousse riche et ondulée, le dégustateur que vous êtes ne devrait pas être influencé par celle-ci. La mousse n'est qu'une petite parcelle de la bière, qu'un bijou esthétique. Et comme plusieurs bijoux, elle a des chances de vous faire rêver…

DE LA TULIPE AU CALICE, DU BOCK À LA BOTTE : QUEL VERRE CHOISIR ?

La brasserie Bosteels en Belgique, conceptrice de la Kwak, est fière de son long verre en forme de klaxon à main qui était autrefois apposé au côté de la voiture du cocher qui livrait les barils de bière en bois aux clients de la brasserie. Certaines brasseries allemandes servent quant à elles leur Doppelbock dans un verre en forme de bottine… Les Californiens, de leur côté, semblent s'attendre à ce que chacune de leurs India Pale Ales ultra houblonnées soit servie dans une pinte en verre épais dont le bord semble beaucoup trop large pour qu'on puisse profiter des arômes de la bière. D'autres brasseries germaniques préfèrent servir leurs lagers non filtrées dans des chopes en grès opaque afin de stabiliser la température et de camoufler la robe plutôt trouble de leur produit non traité par des méthodes de filtration modernes. Plusieurs traditions existent sur la « planète bière », qui offrent presque toutes des options pertinentes lorsque vient le temps de choisir un verre pour une dégustation. Mais malgré les apparences, rien n'est très compliqué. Il se trouve assurément dans vos armoires un verre qui fera l'affaire. Vraiment. Voici quelques notions qui pourraient vous aider à le repérer, et qui sait, optimiser votre expérience olfactive et gustative.

UN VERRE POUR UNE BIÈRE INCONNUE

Si vous courtisez une bière que vous n'avez jamais essayée, allez-y pour un verre assez évasé à la base et qui ne devient pas trop étroit vers le haut. La plupart de vos verres à vin pourraient répondre à ces conditions et accueillir une bière. Un gros ballon à brandy possède aussi la base nécessaire pour laisser la gazéification s'étendre lorsqu'elle frappe le fond du verre. Vous ne voulez pas que la mousse occupe tout l'espace du verre, alors évitez les verres minces ou longilignes.

Finalement, afin de contrôler la mousse naissante, tenez votre verre à un angle de 45 degrés lorsque vous versez le liquide. Vous allez alors rapidement devenir témoin de l'intensité de la gazéification de votre bière. S'il se forme plus de mousse qu'il s'y dépose de bière, penchez votre verre encore plus et diminuez le débit de versement. Toutefois, si la mousse est timide, aidez-la un peu en redressant le verre légèrement. Mais pas trop rapidement! « Practice makes perfect », dit-on, alors ne vous découragez surtout pas. La mousse devrait s'estomper avec le temps, de toute façon, alors vous pourrez recommencer sous peu.

UN VERRE POUR UNE BIÈRE CONNUE

Si vous avez déjà fait connaissance avec la bière que vous souhaitez boire, le choix du verre peut se faire avec moins de prudence et plus de savoir-faire. Allez-y afin que le verre sélectionné soit le véhicule parfait pour la transmission des arômes et des saveurs de votre cervoise. Pour cela, considérez tout d'abord l'effervescence de votre bière. Est-ce une bière de fermentation haute qui contient habituellement de nombreuses bulles très actives? Si c'est le cas, vous aurez besoin d'un verre à base large qui ne devient pas très étroit près du bord. Les ales belges ou d'inspiration belge sont d'ailleurs souvent servies dans des calices ou des ballons pour ces raisons. Est-ce une bière qui contient une gazéification que vous considérez « normale », c'est-à-dire pétillante mais pas exagérément effervescente ou pas trop stagnante? Dans ce cas, une multitude de formes de verres feront le travail sans problèmes. Choisissez celui qui vous plaît le plus! Mais faites attention aux bases étroites… Est-ce une bière aux bulles moins nombreuses? Dans ce cas, évitez les verres trop évasés et allez-y plutôt pour quelques courbes ou quelques rapprochements qui aideront la formation de mousse pour couronner votre bière.

Finalement, souvenez-vous de l'arôme de votre bière quand vous l'aviez humée. Était-il explosif? Était-il posé? Deviez-vous y plonger jusqu'à ce qu'une petite mousse se colle à votre nez pour y détecter quelque chose? Vous pouvez aussi choisir votre verre en fonction de l'expérience olfactive que vous souhaitez obtenir.

Un bord trop large (comme celui d'un calice ou d'une pinte américaine) propulsera les molécules responsables de l'arôme partout autour de votre nez. En revanche, si votre bière est très parfumée, vous n'avez pas besoin d'un col étroit afin de concentrer ses propriétés olfactives. Vous remarquerez d'ailleurs que les bières servies dans les calices et les pintes américaines ont souvent un bouquet très volatile.

Les Anglais boivent leurs bières munies d'une gazéification naturelle hyper douce, alors que les Belges embouteillent leurs ales afin qu'elles soient souvent extrêmement mousseuses. À chacun ses objectifs et ses traditions ! Aussi, lorsque vient le temps de choisir un verre de dégustation approprié, soyez conscients des effets occasionnés par vos verres et des propriétés de votre bière, et vous vous dirigerez rapidement vers une expérience gustative des plus enrichissantes.

RECOMMANDATIONS DE VERRES PAR STYLES

Type de verre	Effets	Bières appropriées
Long et étroit	Accentue l'effervescence Limite le déploiement aromatique	Bières de fermentation basse, bières légères
Tout en courbes	Favorise la formation de mousse Concentre les arômes	Toutes les bières
Évasé	Limite l'effervescence Éparpille les arômes	Bières aromatiques de fermentation haute, bières belges, bières liquoreuses

LES ORIGINES DU PROFIL GUSTATIF

Le langage habituel de la dégustation semble décortiquer le profil gustatif en plusieurs phases interreliées. On commence souvent par le visuel (voir Le coup d'œil et ses mythes, p. 23). On aborde ensuite l'olfaction, nous rapprochant de plus en plus du premier contact physique, qui nous mènera à la stimulation simultanée du goûter et du toucher par la texture, la rondeur et l'effervescence. Finalement, alors que le liquide pénètre en bouche, nos perceptions chavirent vers l'arrière-goût, un peu comme les sons que nous percevons se métamorphosent lorsqu'une automobile nous dépasse.

Tous ces appels aux sens qui constituent notre perception du profil gustatif dépendent d'une panoplie de facteurs. Dans quel type d'équipement la bière a-t-elle été concoctée ? Quels ingrédients ont été utilisés ? À quelle température a eu lieu la fermentation ? La bière a-t-elle maturé longtemps ? Les combinaisons de réponses à ces questions et à beaucoup d'autres ont pour résultat la bière qui se trouve dans votre verre. On ne peut certainement pas les élucider entièrement, mais on peut aisément concevoir que les ingrédients représentent le facteur commun auquel sont soumises toutes les brasseries. Quelle que soit la bière que vous buvez, les connaissances de base qui suivent, sur les ingrédients, devraient vous permettre de la cerner un peu mieux.

LES CÉRÉALES

La principale céréale utilisée pour produire la bière est l'orge, mais on utilise aussi parfois du blé, du seigle ou même du riz, de l'épeautre ou du sarrasin. Leur principale fonction est de fournir le jus sucré à partir duquel est confectionnée une bière. Ce faisant, ces céréales contribuent généralement aussi à son arôme de même qu'à sa texture, car plus la bière contient une concentration importante de sucres, plus elle risque d'être épaisse, ou ronde en bouche. Si une bière est plus sèche et bien effervescente, on dira même d'elle qu'elle est « croustillante », une traduction du terme *crisp* utilisé en anglais pour décrire ce corps presque dépourvu de sucres résiduels.

IMPACTS DES CÉRÉALES

Visuel	Le degré de torréfaction du grain détermine la couleur de la bière.
Arôme	Céréales, fruits, rôti, caramel, etc.
Goût	Sucré
Finale	Évolution et prolongation du goût
Rondeur	La concentration des sucres détermine l'épaisseur du liquide.
Effervescence	Selon les sucres convertis en gaz carbonique (CO_2)

Selon le degré de torréfaction des céréales utilisées dans le brassin, celles-ci (maltées ou pas) peuvent également causer nombre de parfums : le pain, le pain rôti, le caramel, la noisette, le chocolat, le raisin sec… Le degré de torréfaction des grains détermine aussi la couleur de la bière. Vous entendrez ici aussi parler de malts divers,

la très grande majorité étant issus de l'orge. Des malteries situées un peu partout dans le monde transforment le germe de l'orge pour que la céréale soit prête à être utiliser par les brasseurs. Voici quelques variétés de malts qui pourraient bien se retrouver dans la pinte qui est devant vous.

MALTS COMMUNS

Blonds (les malts de base)	Ambrés et roux	Noirs
Ces malts constituent la majeure partie des céréales de la plupart des styles et sont responsables de l'apport de sucres fermentescibles.	Ces malts influencent la couleur, les saveurs et le corps (sucres résiduels) des bières.	Ces malts influencent la couleur et offrent saveurs et amertume.
2-rangs 6-rangs Pils Marris Otter De blé malté	Vienne (ou Vienna) Munich Crystal 20L à Crystal 140L Caravienne (ou Caravienna) Carapils Caramel Spécial B	Rôti Chocolat Carafa Spécial décortiqué (*dehusked*) Noir (ou Black Patent)

LE HOUBLON

Qu'est-ce qui peut sentir à la fois le citron et la résine de conifère? Les fleurs, le gazon vert? Le thé, la terre? Comme si vous n'aviez pas vu le sous-titre de cette section! Oui, le houblon! Cet aromate de la bière, que l'on ajoute au bouillon sucré afin d'y donner de l'amertume, du goût et (ou) de l'arôme, offre au brasseur une myriade de possibilités selon les cultivars qu'il ou elle a choisis. La fonction première du houblon est donc de procurer un équilibre à la bière en devenir, qui est initialement un amalgame de céréales sucrées. Nous percevons sa présence, soit grâce à ses arômes particuliers, soit en finale, alors que son amertume vient conclure la gorgée.

IMPACTS DU HOUBLON

Visuel	Aucun
Arôme	Fleurs, agrumes, résine, épices, feuille
Goût	De faible à très puissant
Finale	Amertume
Rondeur	Aucun
Effervescence	Aucun

En tant que dégustateur de bière, il est évidemment très intéressant de connaître l'origine de cette envoûtante cocotte qu'est le grain de houblon et l'éventail de ses possibilités olfactives. Elles sont si nombreuses ! Ce n'est pas surprenant, lorsqu'on connaît la quantité de terroirs qui se consacrent à la culture des variétés de houblon.

Il vous est peut-être déjà arrivé d'entendre ou de lire des noms tels que Golding, Fuggles, Hallertau, Saaz, Cascade ou Centennial. Ce sont des cultivars de houblon ou, si vous préférez, des variétés de houblon. Ils proviennent de territoires divers et offrent évidemment des caractéristiques bien spécifiques. Attardons-nous ici à leurs nombreuses possibilités aromatiques. Certains houblons, lorsque ajoutés au bouillon à la fin du processus de brassage, instillent des parfums rappelant les agrumes, les herbes (menthe, thym, sauge), les conifères (aiguilles et résine), le bois sec, les fleurs, le gazon, etc.

QUELQUES HOUBLONS PHARES SELON LEUR PROVENANCE

Royaume-Uni	East Kent Golding, Fuggles, Northern Brewer, Brewer's Gold, Challenger
Allemagne	Hallertau Mittelfrüh, Hallertau Hersbrucker, Tettnang, Magnum, Saphir, Perle
République tchèque (Zatec)	Saaz
États-Unis (Nord-Ouest)	Cascade, Centennial, Chinook, Amarillo, Simcœ, Nugget
Belgique (Poperinge)	Wye Target, Northern Brewer, Challenger, Hallertau
Slovénie	Styrian Goldings
France (Alsace)	Strisselspalt
Nouvelle-Zélande	Pacific Gem, Nelson Sauvin
Australie	Pride of Ringwood
Japon	Sorachi Ace
Pologne	Lublin

De nos jours, plusieurs de ces cultivars peuvent pousser hors de leur pays d'origine. Vous pouvez donc retrouver du Northern Brewer belge, du Spalt allemand, du Tettnang américain, du Hallertau néo-zélandais, ainsi que plusieurs variétés hybrides des souches classiques. Au Québec et en Nouvelle-Angleterre, il existe bien peu de fermes productrices de houblon. Toutefois, plusieurs projets en cours pourraient changer la tendance petit à petit, mais la vaste majorité des houblons utilisés dans nos régions est encore importée.

C'est tout un défi, même pour les dégustateurs les plus expérimentés, de détecter sans se tromper le houblon utilisé pour former le bouquet d'une bière. D'abord, plusieurs houblons sont polyvalents, offrant une personnalité à plusieurs facettes. De plus, ils sont grandement tributaires de leur harmonisation avec les autres composantes de l'arôme (céréales, levure…). Qui plus est, rares sont les brasseurs qui n'utilisent qu'une seule variété de houblon dans une bière. La seule façon de s'y faire le nez est de toujours sentir et d'essayer de vous informer sur le houblon utilisé pour l'arôme. Néanmoins, selon notre expérience, les gens doués pour identifier les types de houblon ne sont pas nécessairement plus heureux ! L'exercice peut toutefois être intéressant afin de cibler les cultivars que vous préférez.

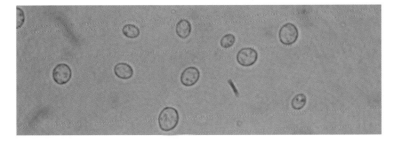

LA LEVURE

S'il n'y avait pas de levure, il n'y aurait pas de bière. C'est aussi simple que ça. C'est elle qui convertit les sucres des céréales en alcool tout en produisant une gazéification naturelle qui rend cette potion plus aérée, plus facile à boire. De plus, et c'est ce qui nous intéresse en tant que dégustateurs, elle peut contribuer largement à l'élaboration des saveurs et des arômes d'une bière. Certaines souches ont comme propriétés principales d'orchestrer la fermentation et de produire les effets mentionnés ci-dessus sans modifier le profil de saveurs de la bière. Mais plusieurs levains peuvent pousser l'audace jusqu'à influencer le goût d'une bière en y ajoutant des caractéristiques fruitées, de pain tout frais, de pâte à biscuits, d'épices… D'autres levures ont pour rôle d'altérer le profil de saveurs tout autant que les céréales et le houblon; c'est le cas des bières de blé allemandes (appelées Weizen ou Weissbier, ce qui signifie bière blanche) dans lesquelles on trouve souvent un arôme très prononcé de banane ainsi que des notes de clou de girofle d'une véracité à s'y méprendre. Finalement, il existe des levures, dites sauvages, qui peuvent naître de l'air environnant ou même d'une pelure de fruit flétri. Ce sont ces levures qui donnent aux lambics belges leur acidité tranchante et, à l'occasion, des parfums rappelant le « grenier d'une grange ». Les Brettanomyces – une souche de levure sauvage qui se ramifie en quatre variétés – offrent même un piquant poivré et herbacé soutenu.

IMPACTS DE LA LEVURE

Visuel	La qualité de la mousse dépend entre autres de la concentration de gaz découlant de la fermentation.
Arôme	Arômes de fermentation selon la souche de levure et les conditions de fermentation.
Goût	Goûts de fermentation selon la souche de levure et les conditions de fermentation.
Finale	Résidus de fermentation selon la souche de levure et les conditions de fermentation.
Rondeur	Plus la levure altère les sucres, moins la bière est ronde.
Effervescence	La levure convertit les sucres en gaz carbonique (CO_2) et en alcool.

LES AJOUTS : FRUITS, ÉPICES, AMOUR…

De nos jours, il est très populaire d'ajouter à une recette de bière des ingrédients autres que les classiques eau, céréales, houblon et levure. Nous voyons donc apparaître des adjuvants forts originaux, depuis les pétales de fleurs jusqu'au cacao, et des innombrables fruits au jardin d'épices en entier. Les fervents supporteurs du Reinheitsgebot allemand, cette loi de la pureté adoptée en 1584 et interdisant l'utilisation de toute substance autre que les quatre ingrédients énumérés précédemment, considèrent ces tergiversations avec dédain et préfèrent s'abreuver de styles purs. Les amateurs de saveurs nouvelles – dont certains pensent qu'une bière classique ne goûte rien – se lancent souvent vers ces bières parfumées. Le dégustateur ouvert que vous êtes restera, nous l'espérons bien, intrigué par toutes les bières, peu importe ce qu'elles contiennent. Certains disent que les bières aux fruits (pour prendre cet exemple) camouflent une bière de base bien ordinaire, plutôt insipide ou même infecte. Il est vrai que dans certains cas, ils ont raison. Mais lorsqu'un éclair de génie frappe le brasseur, un adjuvant bien utilisé peut mener une bière vers des mondes de saveurs franchement mémorables.

IMPACTS DES ADJUVANTS

Visuel	Selon la concentration des fruits
Arôme	Selon la concentration des épices ou des fruits
Goût	Selon la concentration des épices ou des fruits
Finale	Selon la concentration des épices ou des fruits
Rondeur	Faible
Effervescence	Faible

LES FRUITS

De nombreux amateurs de bière en devenir vivent leur premier coup de cœur en essayant une bière aux fruits. Les terrasses estivales comptent en effet souvent plusieurs personnes en train de boire une bière rouge, voire rose. Dans ces cas-là, la couleur ne provient pas de la torréfaction du grain, mais bien des fruits intégrés au brassin.

Plus souvent qu'autrement, les bières aux fruits sont de fermentation haute. On utilise une recette de base peu compliquée afin de laisser aux fruits tout l'espace qu'ils méritent. L'acidité inhérente au fruit assure souvent un produit fini des plus rafraîchissants, un effet amplifié pour une vaste proportion de bières aux fruits, qui sont au départ des bières de blé. Bien que les meilleurs exemples contiennent généralement des fruits véritables, de nombreuses formes de sirop ou de saveurs artificielles peuvent être utilisées. Selon le brasseur, le moment de l'ajout est aussi très variable, mais un ajout tardif tend à maximiser les arômes fruités qu'offre le produit final.

Quant aux fruits utilisés, il ne tient qu'à l'imagination du brasseur de concocter une bière à l'ananas ou à la goyave. Mais certains fruits ont fait leurs preuves et se distinguent par leur faculté supérieure à transmettre leurs saveurs. La framboise et les cerises, souvent la griotte acidulée, se prêtent particulièrement bien à l'exercice, en plus de conférer à la bière une couleur rubis séduisante. L'usage d'abricots, de pêches, de bleuets et de fraises est aussi répandu. Toutefois, tous ces fruits ne présentent pas la même intensité en bouche, et il ne tient qu'au brasseur de déterminer s'il souhaite que le fruit représente le point d'attention principal de sa bière ou simplement une composante parmi d'autres.

Profitons de l'occasion pour démentir ici un mythe lié aux bières aux fruits. On entend souvent des gens les traiter de « bières de filles », sous-entendant par là qu'elles sont trop douces. La publicité de certaines brasseries adopte parfois cette position malheureuse, mais les bonnes brasseries (et nous en présentons plusieurs dans ce livre !) réalisent des bières aux fruits aussi complexes qu'excellentes. Si des produits si fiers et nobles étaient exclusivement des bières de filles, il faudrait nous inscrire sur la liste d'attente des cliniques de changement de sexe !

LE CONDITIONNEMENT DES BIÈRES

À sa sortie de la brasserie, la bière peut emprunter plusieurs chemins pour se rendre jusqu'à votre verre. La dernière touche du brasseur est de choisir le mode de distribution de son produit fini et son emballage.

Bien entendu, le mode de distribution le plus connu est la bouteille. On la connaît bien, puisqu'on la croise à chacune de nos visites à l'épicerie. On en distingue plusieurs formats, certaines étant couvertes de capsules métalliques, d'autres, de bouchons de liège. Certains amateurs croient fermement qu'une plus grande

bouteille favorise la conservation du contenu, étayant parfois leur croyance par des arguments tels que le ratio inférieur du volume interne occupé par l'air, ce qui assure un contact moindre avec l'oxygène, strictement en termes proportionnels. Pour avoir souvent goûté les mêmes produits dans des formats différents, nous croyons qu'il n'est pas aussi simple de tirer des conclusions justes. On peut très souvent se fourvoyer en généralisant de la sorte. Qui plus est, pour un produit en constante évolution comme la bière, une analyse adéquate impliquerait des conditions de garde identiques pour toutes les bières comparées. Or, nous ne pouvons contrôler les produits qu'une fois que nous les choisissons sur les tablettes. Plus souvent qu'autrement, nous ne sommes même pas en mesure de savoir si deux bouteilles proviennent d'un même brassin !

Une caractéristique est toutefois commune à toutes les bières embouteillées. Dès qu'elles quittent la brasserie, elles sont fortement exposées à une multitude de facteurs qui peuvent contribuer à réduire leur qualité. Pensons entre autres à l'exposition à la lumière et aux variations importantes de température.

D'autres formes de conditionnement préviennent, bien que partiellement, certains de ces écueils. Aussi très connu, le fût est une alternative qui peut sembler moins sensible que la bouteille. La bière est alors entreposée dans des barils de tailles variables (quelques dizaines de litres) et y reste jusqu'à ce qu'on vous la serve. Le contact avec l'oxygène en est minimisé, puisque la bière est poussée vers le verre par du gaz carbonique, qui est d'ailleurs bien à sa place dans votre verre, fournissant l'effervescence du produit. Le fût, bien que de taille considérable, conserve donc la bière dans un état de fraîcheur fort respectable durant plusieurs jours. Il s'agit surtout de s'assurer que les lignes liant le fût aux pompes sont propres. Si certains marchands de bouteilles ont de la difficulté à entreposer la fragile boisson à une température plus fraîche que chaude, tous les bars ont l'avantage de disposer d'une chambre froide où peuvent être entreposés les fûts.

Il existe au moins une autre forme de conditionnement commune, bien que nettement moins répandue en Amérique du Nord. Il s'agit du cask, un système qui représente à lui seul une bonne partie du cachet des pubs du Royaume-Uni. Comme le fût, le cask contient généralement quelques dizaines de litres de bière. Il en diffère toutefois sur plusieurs points. D'abord, l'effervescence est d'origine naturelle plutôt que forcée par l'impartition de dioxyde de carbone (CO_2). Ensuite, la bière, théoriquement ni filtrée ni pasteurisée, y est toujours « vivante », et la levure, bien que peu active, y œuvre toujours. Ce processus peut évidemment être stimulé par l'ajout d'une petite quantité de sucre pour favoriser la refermentation.

L'idée du cask est donc d'offrir une bière aussi fraîche que possible. Au moment de l'ouverture d'un cask, la bière entre toutefois en phase terminale. L'oxygène pénètre le cask et la bière se dégrade rapidement, si bien qu'au bout de quelques jours, elle sera carrément surie. Fait intéressant, on tire la bière d'un cask à l'aide d'une pompe plutôt que de la pousser avec du gaz. Elle tend donc à être moins pétillante. Traditionnellement, elle est aussi servie plus tiède. Ses arômes n'en sont que plus prononcés.

LES FÛTS DE BOIS

Comme il est plaisant de regarder ces publicités où l'on voit des artisans de la bière transporter d'énormes fûts de bois contenant la bière la plus fraîche qui soit. Sauf exceptions, la grande majorité de ces publicités fait appel au côté romantique de ce type de vieillissement ou suggère peut-être l'âge de la brasserie qu'elles annoncent. Aujourd'hui, très peu de brasseries utilisent des fûts de

LES RUDIMENTS DE LA DÉGUSTATION DE LA BIÈRE

bois pour faire fermenter ou vieillir leurs produits. Tout est presque toujours fait en cuves et en fûts d'acier inoxydable. Moins romantique, n'est-ce pas? Les raisons en sont bien simples pourtant; il est beaucoup plus facile de veiller sur la qualité et la constance de son produit avec ces moyens plus modernes, le bois représentant un défi considérablement imprévisible.

Malgré les difficultés que cela représente, le retour au fût de bois est en vogue depuis le tournant du XXIe siècle. Certaines microbrasseries américaines font maintenant vieillir quelques-unes de leurs bières spéciales en fûts de chêne, et plus souvent qu'autrement, ces barils de chêne ne sont pas vierges, ayant déjà fait vieillir un autre type d'alcool – bourbon, vin, rhum, etc. – que le brasseur désire harmoniser avec sa bière. Quelques microbrasseries québécoises ont même emboîté le pas tout récemment. Certaines picobrasseries tchèques font pour leur part un retour complet aux sources. Elles utilisent des fûts de bois ouverts pour y faire fermenter leurs lagers à l'air libre, méthode que leurs ancêtres préconisaient.

IMPACTS DU VIEILLISSEMENT EN FÛTS

Visuel	Négligeable
Arôme	Selon l'origine du fût
Goût	Boisé, selon l'origine du fût
Finale	Tannins
Rondeur	Souvent amoindrie par l'âge
Effervescence	Souvent amoindrie par l'âge

Pour l'instant, la tendance semble concerner surtout les produits d'inspiration belge et les bières fortes. Cela dit, Allagash Brewing, de Portland, dans l'État du Maine, se spécialise dans les styles belges et expérimente beaucoup le mûrissement en fûts ayant contenu des vins, notamment. Cambridge Brewing, en banlieue de Boston, transforme certaines de ses bières en véritables prouesses, au terme d'un séjour en fûts de chêne. Le Broadway Pub, à Shawi-

nigan, ne commercialise son Vin d'orge qu'après un séjour en fûts de bourbon, tandis qu'Hopfenstark, à L'Assomption, offre parfois simultanément son Imperial Stout et une version maturée en fûts de chêne. Ce ne sont là qu'une poignée d'exemples parmi une lignée grandissante de bières expérimentales. En s'inspirant des procédés ayant fait la gloire des autres alcools fins (comme les assemblages de bières d'âges différents mûries en fûts de chêne), la bière étend encore davantage la gigantesque gamme des saveurs qui lui sont accessibles. Pour l'amateur, l'horizon des découvertes s'en trouve multiplié !

En ce qui a trait à sa valeur ajoutée, le fût de bois peut influencer la bière de plusieurs façons. Évidemment, des arômes et des saveurs de bois peuvent s'intégrer à la bière qui y a vieilli. Il est même souvent possible de détecter le goût de l'alcool qu'abritait originalement le baril. Un fût ayant servi à la maturation du vin offre généralement des saveurs fruitées qui rehaussent l'acidité de la bière. Des tannins viendront souvent assécher les gencives en finale. Le fût ayant contenu du bourbon pourra à son tour rappeler la vanille, le fumé ou même l'air marin et les pêches, comme un bon scotch.

Quelquefois, lorsque nous avons la chance de comparer une version non vieillie en fût de chêne avec celle qui y a mûri, nous remarquons que le fût semble amincir le corps quelque peu, puisque le bois absorbe certains des sucres de la bière au cours du vieillissement supplémentaire. Les saveurs de l'alcool précédemment contenu dans le fût employé s'immiscent aussi dans le profil gustatif de la bière. Certaines bières séjournant dans des fûts déjà utilisés gagnent même parfois 1 ou 2 % d'alcool. Elles acquièrent de ce fait un profil de saveurs bien différent qui s'avère occasionnellement encore plus complexe.

LES ALLIAGES

Il serait presque simple de décortiquer tous les arômes et les saveurs d'une bière, si chaque ingrédient se tenait séparément. Évidemment, ils se mêlent, s'agencent, ils s'harmonisent, se complémentent, offrant donc au dégustateur une variété infinie de potions métissées. Ainsi, au lieu de goûter une céréale caramélisée bien distincte d'une levure fruitée, nous pouvons – par exemple – percevoir des abricots séchés. La panoplie de possibilités gustatives due aux alliages d'ingrédients est de proportion galactique, et est bien subjective ! Mais une fois capables de détecter les arômes et les saveurs des ingrédients utilisés, nous pénétrons dans le domaine de l'inventivité et du rêve. Comme lorsqu'un houblon aux allures de conifère bénéficie d'une levure sauvage, nous faisant croire à une forêt laurentienne couverte de rosée. En dégustation comme ailleurs, l'art et sa poésie servent à poursuivre l'exploration là où la science atteint ses limites.

LE PIÈGE DE L'INTENSITÉ

Découvrir des bières de dégustation pour la première fois constitue une véritable révélation. Vous savez de quoi il est question ici. Un jour, vous évoluez dans un long couloir sombre et qui semble sans fin. Le lendemain, des portes apparaissent enfin au loin. Elles laissent entrevoir la lumière. En ayant été privé jusque-là, il est normal de vouloir s'en imprégner, s'y baigner jusqu'à saturation. Ainsi, l'amateur ayant souffert des privations que sa jeunesse lui a imposées peut être tenté de rattraper le temps perdu en abusant. Faisant face aux conséquences de ses abus, il s'enferme alors dans une position antimacrobrasserie. Au lieu de simplement tourner la page, il dénigre, à grands coups de dénonciations élitistes, ceux qui ne font que profiter de la même passion que celle qu'il avait lui-même. Dans un tel état d'esprit, toute ressemblance avec une bière commerciale devient indésirable. On croit alors que, plus une bière s'éloigne de l'ordinaire, plus elle mérite notre respect. La bière idéale titrerait donc au-dessus de 10 % d'alcool, aurait un arrière-goût amer et déchirant, serait brune, ou mieux, noire. Elle serait puissante et intense !

Cette illustration paraît caricaturale, mais elle représente néanmoins un stade de l'évolution par laquelle passent quantité de nouveaux amateurs conquis par la bière artisanale. À notre avis, s'il est tout à fait raisonnable de rechercher, à l'occasion, une bière d'impact, il faut se garder de s'y limiter. Le seul reproche justifié que l'on peut adresser à qui ne daigne pas essayer une alternative à cette bière qu'il consomme depuis toujours est son étroitesse d'esprit. En dénigrant toute boisson qui partage des similitudes avec une bière commerciale, nous faisons preuve d'une triste hypocrisie. L'ouverture d'esprit mène toujours vers d'agréables découvertes et elle doit continuer de guider l'amateur vers d'autres horizons de plaisirs gustatifs.

L'intensité des saveurs ne représente un trait désirable que lorsque ces saveurs sont élégamment disposées. Évidemment, à l'après-ski ou au terme d'un souper d'amoureux, il est bien approprié de rechercher une bière ronde, chaleureuse, sensuelle, réconfortante... Nous traquons alors la douceur, une complémentarité avec le moment davantage que l'intensité en elle-même. Il faut toutefois se garder d'interpréter l'impact d'une bière comme synonyme de qualité, car une mauvaise bière d'impact est d'autant plus offensante.

La bière de qualité n'est pas si aisément profilée. Nous pouvons considérer l'absence de défauts comme facteur commun à toutes les bières de qualité. Mais au-delà de cette observation platonique, la qualité d'une bière dépend surtout de sa façon d'interagir avec nos sens, du contexte de sa consommation et des gens qui partagent le moment. Ainsi, l'intensité des saveurs ne représente une qualité que lorsque nous avons envie de cela ! Elle représente une caractéristique indésirable lorsque nous mangeons une salade ou après une randonnée à vélo sous un soleil de plomb. Et au retour d'une dure journée de labeur, quoi de plus satisfaisant qu'une bière de soif, bue à grandes gorgées. Elle doit être bien faite, il va sans dire, les bières des grandes brasseries étant souvent trop sucrées pour être rafraîchissantes. Leurs bulles qui piquent la langue donnent certes une impression de désaltération, mais la pureté et la fraîcheur des ingrédients que l'on retrouve dans une lager bien reposée y sont douteuses.

C'est en expérimentant et en partageant nos expériences que nous parvenons à retirer le maximum de notre cheminement de dégustateur. C'est en essayant une Saison Dupont après avoir tondu le gazon par grande chaleur que nous découvrons pourquoi le Québécois entretient si bien sa pelouse. C'est en buvant une India Pale Ale bien tranchante que nous apprenons à trouver du bon même dans les moments amers de la vie. Toute grande bière peut être servie dans une grande occasion et, comme chez l'humain, la couleur ou la taille ne sont pas révélatrices du potentiel. Variété, égalité, fraternité !

ORGANISER UNE DÉGUSTATION ENTRE AMIS

Si vous n'avez jamais tenté l'expérience, nous ne saurions trop vous recommander d'inviter des proches à une dégustation de bières. C'est l'occasion idéale de rencontrer des êtres chers dans un contexte mariant la découverte et le plaisir. Quelques principes de base doivent toutefois être respectés. Le lecteur qui a parcouru les textes qui précèdent est déjà familier avec plusieurs d'entre eux, mais pour s'assurer de préparer une dégustation des plus satisfaisantes, il vaut tout de même la peine de se rafraîchir la mémoire.

UTILISER UN VERRE APPROPRIÉ

À notre avis, la longue tradition, particulièrement développée chez les Belges, voulant que chaque bière mérite son propre verre tient plus de la mise en marché que de l'optimisation de la dégustation. Évidemment, une bière plus pétillante perdra de sa vivacité si elle est servie dans une coupe trop évasée, et les arômes d'une bière digestive resteront emprisonnés dans un cylindre gradué! Mais au-delà de ces cas extrêmes, un verre de vin INAO typique est tout à fait approprié pour la dégustation de bière. Le petit verre à brandy, avec sa capacité de concentrer les arômes, ou un verre à bordeaux, de même que les verres à bière en forme de tulipe représentent tous d'excellents choix. Il va sans dire que ces verres doivent être rincés entre chaque service.

PORTER ATTENTION À LA TEMPÉRATURE

Plutôt que de prescrire une liste rigide de températures de service idéales, nous préférons simplement indiquer que la plupart du temps, une bière est plus rafraîchissante lorsqu'elle est servie plutôt froide, mais qu'elle est plus aromatique lorsqu'elle est servie plutôt tiède. La section intitulée « Comment apprécier une bière de dégustation » vous fournira plus de précisions à ce sujet (voir p. 17). Faute de disposer d'un cellier, sortir chaque bière du réfrigérateur une quinzaine de minutes avant de la déguster permet de bénéficier d'une température de service tout à fait convenable. De toute façon, en dégustant à un rythme modéré, le goûteur a la possibilité de savourer la bière à diverses reprises alors qu'elle s'approche de la température ambiante.

LIMITER LE NOMBRE DE BIÈRES

Puisque l'intérêt d'une dégustation réside entre autres dans sa capacité à générer des souvenirs savoureux, il peut être préférable de fixer une limite au nombre de bières qui y seront présentées. Loin de nous l'idée d'imposer un nombre précis, mais sachez qu'il est difficile de se souvenir des nuances de 20 échantillons de bières différentes consommés en quelques heures.

LIMITER LA QUANTITÉ DÉGUSTÉE DE CHAQUE BIÈRE

Pour la majorité des gens, une gorgée ne suffit pas pour se forger une opinion sur une bière. Il faut confirmer ou infirmer nos premières impressions au terme d'une lampée supplémentaire. Et la bière étant une boisson alcoolisée, vous ne serez pas en mesure d'essayer beaucoup de bières différentes si vous désirez « goûter » en buvant un litre de chacune. Généralement, un volume de 100 à 150 ml de bière représente un bon compromis entre la possibilité de se faire une opinion durable et celle d'être en mesure de poursuivre la dégustation !

NE PAS CRACHER

Vous n'êtes pas là pour n'avoir qu'une parcelle de plaisir. Vous voulez l'expérience complète, d'autant plus que l'effervescence de la bière supporte le déploiement de flaveurs et de textures complémentaires jusqu'à la déglutition. Eh oui, l'arrière-goût et l'amertume sont des caractéristiques plaisantes !

AVOIR ACCÈS À UNE QUANTITÉ ILLIMITÉE D'EAU

La neutralité de l'eau lui donne une capacité régénératrice dont on peut difficilement abuser. Nous recommandons donc de boire plus ou moins la même quantité d'eau que de bière au cours d'une dégustation. Cette sagesse permettra l'hydratation du corps, un aspect qu'on néglige parfois quand on boit de la bière. Vous pourrez ainsi éviter des surprises désagréables, le lendemain matin. De plus, l'eau rafraîchit vos papilles, dont l'efficacité diminuera rapidement au fil des heures.

PRÉVOIR QUELQUES BOUCHÉES À MANGER

La bière saturant rapidement les papilles, certains aliments, tels que des craquelins non salés, peuvent absorber certains résidus qui influencent la perception des bières suivantes. Manger quelque chose remplit donc, comme boire de l'eau, cette fonction de neutralisation. Mais il existe une autre école de pensée qui soutient qu'il est aussi possible de rechercher des accords entre bières et mets. Plusieurs livres pourraient être écrits sur le sujet. Nous vous proposerons quelques recommandations pour accompagner les bières que ce livre a sélectionnées, mais nous vous encourageons encore davantage à mener vos propres expérimentations.

NE PAS ÊTRE BOUSCULÉ PAR LE TEMPS

Les dégustateurs professionnels jugent que le moment optimal de la journée pour la dégustation survient quelques heures après le lever, mais comme nous sommes des amateurs, profitons-en pour choisir la plage horaire qui nous convient le mieux. Après une dégustation, nous nous sentons souvent grisés, fatigués. Ce n'est jamais le moment idéal pour être intellectuellement sollicité, alors prévoyez du temps pour relaxer.

ÉCHANGER SANS GÊNE

Les goûts ne s'imposent pas, mais ils se discutent certainement! Dans une dégustation, partager nos impressions représente souvent une part importante du plaisir et toujours une grande source d'apprentissage. Dites ce que telle bière vous rappelle, pourquoi, ce que vous appréciez et ce qui vous plaît moins. Prêtez l'oreille aux commentaires de vos comparses. Certains liens qui nous avaient échappé peuvent alors être établis et nous acquérons de l'expérience de dégustation plus rapidement.

SE PROCURER QUELQUES CRUS SPÉCIAUX

Pour combler la curiosité de vos convives, il est toujours agréable que certains des produits essayés ne soient pas déjà connus. Vous augmentez alors le plaisir de la découverte recherché par les quelques amateurs qui se sont joints à vous.

JOUER AVEC LES THÉMATIQUES

Dégustations de bières et de fromages, dégustations de bières noires seulement, dégustation à l'aveugle, il n'y a pas de limites aux expériences que vous pouvez mener !

Finalement, rappelez-vous que la clé du plaisir, lors d'une dégustation, est souvent la présence de personnes que vous appréciez. Il faut bien sûr éviter de se prendre trop au sérieux, mais le fait que vos comparses soient comme vous des êtres curieux contribuera certainement à ce que vous appréciiez l'expérience encore davantage.

LES BRASSERIES DU QUÉBEC ET DE LA NOUVELLE-ANGLETERRE

LA SCÈNE BRASSICOLE QUÉBÉCOISE

Malgré toutes les nuances que mérite une telle affirmation, le Québec vit une période de prospérité économique. Le salarié moyen dispose d'une certaine souplesse à laquelle ses grands-parents pouvaient difficilement aspirer. Par ailleurs, la diffusion instantanée des connaissances par l'entremise du réseau Internet et une tendance culturelle promouvant la découverte engendrent des effets collatéraux comme la soif de nouveauté des Québécois. Les consommateurs demandent à trouver des fruits exotiques et des épices orientales sur les tablettes de leur épicerie et supportent la prolifération des comptoirs à sushis.

Devant cette accessibilité aux diverses cultures, un contre-mouvement fait surface. L'environnementalisme et le conservatisme justifient un certain repli sur soi. On encourage dorénavant la production locale et le développement des produits du terroir. Résultat : la prolifération québécoise des entrepreneurs de la gastronomie. Artistes ou gens d'affaires, ils sont tous des passionnés. Ils produisent du miel, du vin, du cidre, du fromage ou de la bière, et ils se multiplient.

Au Québec, on compte deux très grandes brasseries industrielles : Labatt et Molson, qui, bien qu'elles appartiennent désormais en partie à des intérêts étrangers, rivalisent depuis plus de 160 ans. Pour les maigres parts de marché restantes, on compte plus de 60 brasseries artisanales situées aux quatre coins de la province. Nous aimerions vous donner leur nombre exact, mais il faut nous rendre à l'évidence. Chaque mois, une nouvelle rumeur proclame la venue prochaine d'un jeune joueur sur le marché, alors que déjà une dizaine de projets très concrets sont en attente de financement ou complètent des formalités administratives avant leur ouverture. Quand vous lirez ces lignes, elles seront peut-être 80.

Le portrait est dressé. Inspiré par la révolution des microbrasseries américaines du début des années 1980, le Québec a tôt fait d'emboîter le pas et devance maintenant ses voisins du Sud per capita. Selon nos calculs, 12 nouvelles microbrasseries québécoises ont vu le jour en 2008, après 7 nouvelles en 2007, 9 en 2006 et 4 en 2005. À l'automne 2009, nous avions déjà cinq autres joueurs. Bonne nouvelle : la qualité est plus souvent qu'autrement au rendez-vous.

Pendant ce temps, la part de marché des microbrasseries varie entre 2,5 et 5 %, selon les sources. La tendance semble à la hausse, mais plusieurs se questionnent sur la saturation éventuelle du marché. Les nouveaux entrepreneurs comparent alors le Québec à certaines régions européennes, où l'on retrouve une microbrasserie dans presque tous les villages. Espérons qu'ils aient raison, mais pour l'instant, la plupart des nouveaux projets destinés à la consommation sur place se positionnent dans un axe touristique ou une région au bassin de population important.

Sans grande surprise, la région de Montréal se démarque par la quantité de brasseries présentes sur son territoire. Avec deux grandes brasseries industrielles et une quinzaine de microbrasseries, dont une a plusieurs succursales, Montréal est l'une des villes les mieux nanties du monde entier. Si Portland, en Oregon, en compte une trentaine et que Seattle en abrite une quinzaine, les Bamberg, Berlin, Prague, Vienne et Cologne oscillent entre 10 et 15. Des villes réputées comme Londres, qui ne compte que 7 brasseries, et Bruxelles, avec seulement 2, ne font pas le poids en nombre absolu.

Revenons toutefois au Québec et à la Nouvelle-Angleterre. À l'extérieur de Montréal, plusieurs régions tirent très bien leur épingle du jeu. Nous avons choisi de scinder le Québec en huit régions de manière à assurer un certain nombre de brasseries par région. Nous avons donc « fusionné » les régions de la façon suivante : Laval avec les Laurentides et l'Abitibi-Témiscamingue, la Mauricie avec Lanaudière, la Montérégie avec l'Outaouais, l'Est du Québec, l'Estrie avec le Cœur-du-Québec, Québec avec Charlevoix, Montréal, et enfin le Saguenay–Lac-Saint-Jean. Les pages qui suivent font un survol des brasseries de chacune de ces régions en mettant l'accent sur certaines de leurs meilleures bières, même celles qui ne se retrouvent pas nécessairement dans notre sélection de « grands crus ».

CET ICÔNE IDENTIFIE
LES GRANDS CRUS

CET ICÔNE IDENTIFIE
LES BRASSERIES D'EXCEPTION

LES BRASSERIES DE LAVAL, DES LAURENTIDES ET DE L'ABITIBI-TÉMISCAMINGUE

BRASSERIE TAÏGA / BELGH BRASSE
SANS SALON DE DÉGUSTATION

8, rue de la Brasserie
Amos (Québec) J9T 3A2
819 732-6519

www.bieretaiga.com

Une seule bière est brassée ici : la Taïga. Misant sur la fameuse eau des eskers, elle réussit tout de même à sombrer dans le créneau des bières de masse, avec ses allures de bière pâle, limpide, aqueuse et à boire très froide. Rien de mal en soi, peut-être, mais si vous cherchez une lager blonde savoureuse dans laquelle les malts sont croustillants et les houblons, bien dosés, mieux vaut chercher ailleurs.

BRASSEURS ILLIMITÉS / SIMPLE MALT
SANS SALON DE DÉGUSTATION

385, rue du Parc, suite 103
Saint-Eustache (Québec) J7R 0A3
514 258-2768

www.brasseursillimites.com

 GRANDS CRUS
PAGE 267

René Huard, reconnu surtout pour la gamme de Bièropholie développée il y a quelques années, tient maintenant les rênes des Brasseurs Illimités, producteurs de la marque Simple Malt. La brasserie produit entre autres une sélection d'India Pale Ales aussi délicieuses que « pédagogiques », avec ses variantes à houblon unique – la Cascade et la Golding. Celles-ci sont toujours bien équilibrées grâce à des malts judicieusement caramélisés. Sa Altbier est aussi captivante. Cette ale rousse d'inspiration allemande livre des céréales toastées et caramélisées soutenant quelques envolées fruitées, alors que des houblons herbacés ferment la marche. Son Imperial Stout est une version moins alcoolisée de ce style

souvent liquoreux, mais elle propose autant de saveurs rôties et chocolatées que plusieurs exemples plus corpulents. Cependant, ce sont ses Porters fumés qui gagnent nos faveurs à chaque brassin. Un de ceux-ci est décrit en détail dans la section « Les grands crus ».

BRASSEURS DU NORD / BORÉALE
SANS SALON DE DÉGUSTATION

875, boulevard Michèle-Bohec
Blainville (Québec) J7C 5J6
450 979-8400
www.boreale.qc.ca

Fiers défenseurs de la bière de qualité depuis plusieurs années, affrontant même les mégabrasseries sur leur territoire télévisé, Boréale nous brasse toujours de belles bières digestes. Misant plus souvent qu'autrement sur des couleurs plutôt que sur des styles précis, ces créations constituent des introductions pertinentes aux bières conçues avec des ingrédients de qualité. Leur Cuivrée propose des céréales caramélisées et miellées sans jamais sombrer dans l'excès. La Rousse pousse quant à elle ses malts caramélisés jusqu'aux frontières du torréfié, avant de se voir équilibrer par des houblons aux angles boisés. Bref, toutes les bières offertes par cette brasserie sauront gagner les amateurs en quête d'une bière au profil de saveurs sage et propice aux soirées festives.

LA DIABLE
BROUEPUB

117, chemin Kandahar
Mont-Tremblant (Québec) J0T 1Z0
819 681-4543

Située en plein cœur du village touristique de Mont-Tremblant, La Diable est une brasserie artisanale plus conviviale que les endroits huppés des alentours. On peut ici casser la croûte tout en se désaltérant d'ales accessibles d'inspirations anglaise ou belge. Même leur Double Noire se veut rassembleuse, étant loin d'être aussi extrême que son nom le laisse craindre. Des saveurs de café et de chocolat créent un nez riche que soutiennent des esters de mûre voguant vers une finale rôtie et boisée.

DIEU DU CIEL !
AVEC SALON DE DÉGUSTATION

259, rue de Villemure
Saint-Jérôme (Québec) J7Z 5J4
450 436-3438

www.dieuduciel.com

GRANDS CRUS
PAGES 195 À 198
BRASSERIE D'EXCEPTION
PAGE 194

Pour la plus grande joie de nombre d'amateurs de bières de qualité à travers l'Amérique, Dieu du Ciel !, une brasserie artisanale montréalaise dont la réputation n'est plus à faire, embouteille maintenant plusieurs de ses sublimes créations à sa microbrasserie de Saint-Jérôme. Une dizaine de bières de haut calibre, dont les Péché Mortel, Aphrodisiaque, Route des Épices, Corne du Diable et Dernière Volonté sont distribuées au Québec et ailleurs. Le salon de dégustation attenant présente les ales de la maison à de nouveaux clients jour après jour. Des globe-trotters de la cervoise accourent au pub de Montréal depuis quelques années, et ils ont maintenant une halte de qualité à considérer lorsqu'ils poursuivent leur voyage au nord de la métropole. Nous en sommes aussi reconnaissants.

GROUPE GELOSO
SANS SALON DE DÉGUSTATION

3838, boulevard Leman
Laval (Québec) H7E 1A1
450 661-0281

www.groupegeloso.com

Œuvrant principalement dans la confection de coolers quasi fluorescents, cette entreprise est aussi responsable des produits de marque Bowes, Cyclone et Alberta's Best, jouant ainsi dans les platebandes des mégabrasseries. Outre ces produits insipides, la compagnie s'est essayée à confectionner des bières dites de dégustation avec la Loup Garou et la Griffes du Diable, mais celles-ci sont tellement sucrées et tellement fortes en alcool qu'elles semblent encore une fois destinées aux amateurs de boissons faites à base de sucre peu chères et faites d'essences artificielles.

AMB – MAÎTRE-BRASSEUR
SANS SALON DE DÉGUSTATION

4528, rue Louis-B. Mayer
Laval (Québec) H7P 6E4
514 771-6183

www.aumaitrebrasseur.com

Les multiples expérimentations effectuées par cette microbrasserie lavalloise prolifèrent sur les tablettes de nos détaillants spécialisés. Certaines de ces bières sont moins réussies que d'autres, mais voilà le risque à prendre lorsque nous voulons un portfolio en expansion constante, et cela aussi rapidement. Parmi celles qui valent le coup, la Belle Brune est une Brown Ale aux flaveurs de malts rôti et caramélisé habilement équilibrés par un houblon feuillu soutenu. La Maîtresse est une Double IPA frôlant le territoire des vins d'orge américains avec ses houblons aux angles de résine de conifère créant une amertume plaisante juxtaposée à des céréales caramélisées crémeuses.

MICROBRASSERIE DU LIÈVRE
SANS SALON DE DÉGUSTATION

110, boulevard Albany-Paquette
Mont-Laurier (Québec) J9L 1J1
819 440-2440

www.microdulievre.com

Les profils de saveurs des bières grand public de cette microbrasserie des Hautes-Laurentides se veulent surtout accessibles mais, dans cette catégorie, elles se démarquent par conséquent peu dans le Nord-Est de l'Amérique. En plus de sa gamme régulière, la brasserie a décidé de confectionner des bières un peu loufoques, dont une à la carotte, une autre au jalapeño, une blanche à l'absinthe et une autre au gingembre. Quelques incursions dans le monde des bières plus houblonnées ont aussi été faites ces dernières années, avec leur IPA et leur IPA Impériale, qui se vendent en bouteilles de un litre chez les marchands spécialisés.

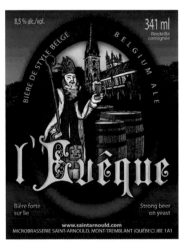

SAINT-ARNOULD
AVEC RESTAURANT

435, rue des Pionniers, C.P. 4706
Mont-Tremblant–Saint-Jovite (Québec) J8E 1A1
819 425-1262

www.saintarnould.com

Même si l'image de cette brasserie a été changée à quelques reprises au cours de la dernière décennie, ses bières sont demeurées les mêmes. La P'tit Train du Nord est une ale blonde aux délicats houblons citronnés et floraux évoluant dans un corps croustillant facile d'approche. La Bière de l'Évêque est une ale d'inspiration belge aux notes épicées alliées à des malts caramel. Elle se veut une introduction en douceur à cette famille de saveurs. De temps à autre – souvent dans le temps des Fêtes –, la maison se lance dans des créations plus audacieuses comme des Stouts impériaux, des Triples et des bières aux épices. Le succès n'est pas toujours au rendez-vous, surtout si on considère le rapport qualité-prix de ces bouteilles. Néanmoins, ce restaurant situé tout près de la route 117 traversant les Laurentides mérite un arrêt, ne serait-ce que pour se sustenter tout en admirant l'impressionnante collection de bouteilles.

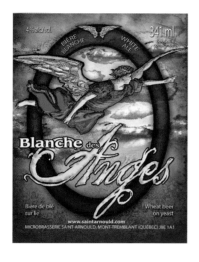
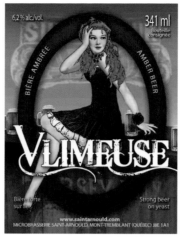

LE TRÈFLE NOIR

BROUEPUB

145, rue Principale
Rouyn-Noranda (Québec) J9X 4P3
819 762-6611

www.letreflenoir.com

En plein cœur de Rouyn, cet espace convivial exempt de prétention est le nouveau lieu de travail d'Alexandre Groulx. Malgré son
jeune âge, il est déjà propriétaire et maître brasseur expérimenté.
Parmi les premiers brassins de la maison, nous devons souligner la
qualité exemplaire de la Trèfle Noire, un Stout juste assez dodu et
fait d'un malt rôti franc que survole un sucré-caramel nuancé par
quelques esters fruités. De qualité comparable, leur Proposition,
une bière de blé à l'allemande (Weizen), développe des esters de
poire avec des phénols rappelant le clou de girofle, le tout allégé par
des notes citronnées désaltérantes. Si toutes les brasseries du Québec avaient produit des bières du même calibre dès leurs débuts, la
bière de dégustation serait encore plus populaire en province.

À LA FÛT
BROUEPUB

670, rue Notre-Dame
Saint-Tite (Québec) G0X 3H0
418 365-4370

www.alafut.qc.ca

C'est dans une chaleureuse maison centenaire située au centre du village de Saint-Tite – à quelques minutes au nord de Shawinigan – que la coopérative brassicole À La Fût propose ses ales et lagers avenantes. Cet ancien magasin général est effectivement l'environnement idéal pour s'abreuver de la croquante Ma Première Blonde, une Pils de style tchèque avec son attaque franche de houblon Saaz, de la St-Rodéo, une Pale Ale bien équilibrée d'influence américaine autant qu'anglaise, et de la British, une Brown Ale avec ses notes de caramel et de noisette. On y trouve aussi cinq ou six autres recettes qui pourraient plaire tant au néophyte qu'au dégustateur aguerri. De plus, la brasserie offre des mini-fûts URBAD inventés par les ingénieurs propriétaires de la brasserie. Vous pouvez les rapporter à la maison et même louer un système pour servir le contenu de ces mini-fûts dans votre humble demeure, à moins que vous ne disposiez déjà de l'équipement nécessaire.

ALBION
BROUEPUB

408, boulevard Manseau
Joliette (Québec) J6E 3E1
450 759-7482

Ce nouveau projet de Steven Bussières, ancien assistant-brasseur de L'Amère à boire, à Montréal, devrait avoir commencé à porter ses fruits au moment où vous lisez ces lignes. Passionné d'histoire, Steven se destine à des bières d'inspiration anglaise modernes, anciennes et oubliées, dans un café situé au centre de Joliette. Un endroit à découvrir en 2010 !

L'ALCHIMISTE
AVEC SALON DE DÉGUSTATION

681, rue Marion
Joliette (Québec) J6E 8S3
450 760-2945

www.mbalchimiste.com

Cette microbrasserie de Joliette roule sa bosse depuis plusieurs années sur le marché brassicole québécois, nous concoctant toujours des bières agréables à boire, même si elles peuvent être quelques fois sans artifices. Leur Eisbock, un style allemand de plus en plus rare, se démarque au Québec. C'est une bière liquoreuse issue de la congélation d'une Doppelbock, ce qui donne une concentration de certaines saveurs à la suite du retrait d'une certaine quantité d'eau glacée par le froid intense. Ses malts caramélisés enlacent les papilles, offrant une dégustation sérieuse, mais tout en douceur. C'est là un profil de saveurs à l'image de cette compagnie : fiable.

LES BIÈRES DE LA NOUVELLE-FRANCE
AVEC SALON DE DÉGUSTATION À L'ÉCO-CAFÉ DE L'AUBERGE LE BALUCHON

3451, chemin de Nouvelle-France
Saint-Paulin (Québec) J0K 3G0
819 268-5500

www.lesbieresnouvellefrance.com

On peut trouver les bières de cette microbrasserie en bouteilles chez les détaillants spécialisés en bières, mais c'est à l'auberge Le Baluchon, à Saint-Paulin, que vous pourrez sans doute les boire dans l'atmosphère la plus propice. En effet, à l'Éco-Café de l'auberge, vous pourrez entre autres goûter à l'Ambrée de Sarrasin et à la Blonde d'Épeautre, sans oublier La Messagère, une bière ultralégère conçue pour ceux qui souffrent d'une intolérance au gluten.

BRASSEURS DE LA MAURICIE
ENTREPRENEURS LOUANT L'ÉQUIPEMENT D'UNE AUTRE BRASSERIE AFIN DE FAIRE BRASSER LEURS BIÈRES

1161, 94e rue, C.P. 16
Shawinigan (Québec) G9N 6T8
819 852-7777

www.brasseursmauricie.com

Les bières de la gamme Sainte-Source sont produites chez AMB – Maître-Brasseur, à Laval. À la base, le brasseur tente d'abord d'offrir des interprétations honnêtes de grands styles classiques. Parmi celles-ci, la IPA propose de délicates saveurs d'agrumes dans un corps effervescent et digeste. La Stout présente un excellent équilibre de malts chocolatés et d'esters fruités, le tout se terminant en une légère amertume rôtie et feuillue grâce aux houblons d'origine anglaise. Jusqu'à ce jour, tous les produits Sainte-Source goûtés remplissent un noble mandat : celui de faire découvrir certains styles d'ales à des amateurs néophytes et/ou assoiffés.

BROADWAY PUB
BROUEPUB AVEC RESTAURANT

540, avenue Broadway
Shawinigan (Québec) G9N 1M3
819 537-0044

www.broadwaypub.net

GRANDS CRUS
PAGE 223

L'environnement atypique dans lequel vous pouvez déguster les bières du Broadway Pub est désta-bilisant pour le coureur de brouepubs. La section taverne sportive, avec ses chaises en plastique, son tapis coloré et ses tables de billard, exige presque la commande d'ailes de poulet brûle-palais. L'autre section de l'établissement, de style lounge industriel, paraît invitante pour les jeunes créatures de la nuit, avec son plancher de danse et ses nombreux canapés. Qu'à cela ne tienne! Ce brouepub se démarque aussi avec plusieurs de ses bières. Commençons par la Don Juan, une ale brune forte d'inspiration belge qui affiche une belle complexité fruitée. La Mary Poppins, une Brown Ale plus forte que la moyenne, avec ses 7 % d'alcool, offre de franches notes houblonnées, de noisette et de pain aux multiples céréales. Finalement, la Tchucké, une Tripel de style belge, gagne à être dégustée assez jeune pour dévoiler sa fraîcheur épicée et son effervescence vigoureuse. Une quinzaine d'autres bières sont servies selon les saisons et l'inspiration du brasseur, dont un vin d'orge qui s'est taillé une place dans notre section Les grands crus.

LES FRÈRES HOUBLON
SANS SALON DE DÉGUSTATION

10 180, chemin Sainte-Marguerite
Trois-Rivières (Québec) G9B 6M2
819 380-8307

www3.sympatico.ca/fsoubrier

Cette brasserie vend ses bières en bouteilles dans les magasins spécialisés du Québec, au grand dam de vos humbles serviteurs, qui tombent sur des ales aux profils de saveurs problématiques beaucoup trop souvent à leur goût. Le concept de la libre entreprise a aussi ses inconvénients, semble-t-il.

GAMBRINUS
BROUEPUB AVEC RESTAURANT

3160, boulevard des Forges
Trois-Rivières (Québec) G8Z 1V6
819 691-3371

www.gambrinus.qc.ca
 GRANDS CRUS
PAGE 237

Sympathique resto-pub aux abords de l'Université du Québec à Trois-Rivières, le Gambrinus propose une cuisine aussi conviviale que ses bières maison. Parmi celles-ci, vous vous régalerez sûrement de la Veuve Noire, un très bon Stout aux accents chocolatés, la India Pale Ale, qui attise la soif d'amateurs de houblons feuillus et résineux, la Scotch Ale et son suave caramel fruité, ou la Viking, une ale brune forte aux envolées d'amandes sucrées. Une halte au Gambrinus est toujours recommandée, lorsque vous êtes dans la région de Trois-Rivières.

HOPFENSTARK
AVEC SALON DE DÉGUSTATION

643, boulevard de l'Ange-Gardien
L'Assomption (Québec) J5W 1T1
514 795-4678

www.hopfenstark.com
 GRANDS CRUS
PAGES 240 À 244

Ne vous fiez surtout pas à la façade aux allures de banque du bâtiment dans lequel opère cette entreprise de presqu'un seul homme. À l'intérieur, vous pourrez apprécier cette œuvre d'un passionné, assis sur l'un des canapés ou à l'une des tables de pique-nique du salon de dégustation. Il y a même de bonnes chances que Frédéric Cormier, le propriétaire et maître brasseur, soit votre barman. Et impossible de trouver serveur plus qualifié ! La diversité des styles de bières brassées ici est impressionnante, d'autant plus que Frédéric

semble les réussir tous avec brio. De sa bière Saison Station 16, brassée avec du seigle, à sa Kamarad Friedrich, un Stout impérial capiteux titrant 11 % d'alcool, de sa Yule, une bière épicée chaleureuse et festive, à la Saison du Repos, une autre Saison d'inspiration belge et aux mélodies fruitées et acidulées, chaque bière respire la créativité. Plusieurs de ces bières sont aussi offertes dans des versions vieillies en fûts de chêne, alors des comparaisons entre les deux méthodes de conditionnement sont une façon très satisfaisante de s'éduquer sur les effets du bois, lorsque vous visitez la brasserie. Puisque la carte est aussi variée, vous devriez faire ce que Frédéric suggère : apportez une collation que vous dégusterez avec ses ales. Vous ne regretterez assurément pas de pouvoir passer de longs moments ici. En effet, la scène brassicole québécoise est encore plus reluisante depuis qu'Hopfenstark existe.

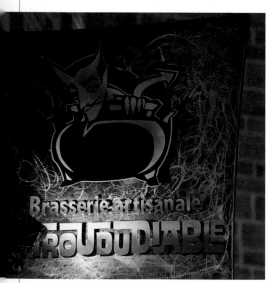

LE TROU DU DIABLE

BROUEPUB AVEC RESTAURANT

412, avenue Willow
Shawinigan (Québec) G9N 4P9
819 537-9151

www.troududiable.com

 GRANDS CRUS
PAGES 282 À 285

Voici sans aucun doute un des brouepubs les plus complets du Québec. La cuisine créative y est aussi alléchante que les bières qui, elles, sont aussi inspirantes et soignées que le décor du resto-pub. Seules une forte fibre artistique et une patience à toute épreuve peuvent faire naître un tel souci du détail. Outre leurs nombreuses bières qui ont mérité une présentation dans notre section Les grands crus, Le Trou du Diable offre une panoplie de cervoises d'une qualité assurée. Pensons à la Consummation, une ale fumée d'inspiration allemande élaborée en collaboration avec Jan-Philippe Barbeau, du Loup Rouge, à Sorel. Pensons encore à la Weizgripp Doppelweizenbock, une bière de blé forte, aussi d'inspiration allemande, pleine de saveurs de luxueux fruits confits et dont la levure épicée rappelle le clou de girofle. De calibre similaire, la Saint-André de la Claymore, une Scotch Ale forte bien caramélisée, est aussi offerte en version à la cerise. D'inspiration abbatiale, la Buteuse déploie des céréales miellées et des houblons herbacés particulièrement percutants lorsque le brassin est bien frais. Moins sucrée, la Morsure est une India Pale Ale houblonnée à l'américaine qui forcerait justement plusieurs américaines à se cacher dans un placard. Décidément, Le Trou du Diable fait dans la bacchanale s'assurant ainsi une place de prestige sur la scène brassicole québécoise.

Le tout nouveau chai de la brasserie, situé en face du resto-pub, devrait maintenant être ouvert afin que vous puissiez humer les brassins reposant dans des fûts de chêne ayant appartenu à la cidrerie Michel Jodoin. C'est dans ceux-ci qu'André Trudel, le maître brasseur du Trou du Diable, fait vieillir et assemble sa Buteuse Brassin Spécial.

BEDONDAINE ET BEDONS RONDS

BROUEPUB

255, rue Ostiguy
Chambly (Québec) J3L 2Z7
450 447-5165

www.bedondaine.com

GRANDS CRUS
PAGES 209 À 212

Bedondaine, du surnom du propriétaire et brasseur, est rapidement devenu un haut-lieu de la bière au Québec. Les soirées thématiques, l'atmosphère des plus décontractées et le personnel dévoué en font un lieu qui vibre vraiment au rythme des bulles de notre boisson favorite. Nicolas Bourgault, nul autre que Bedondaine lui-même, est un réputé collectionneur de tout ce qui concerne la bière. L'incroyable quantité d'accessoires en démonstration à la brasserie ne représente qu'une fraction de ce qu'il a amassé. Fait impressionnant, ce véritable musée n'altère en rien l'ambiance aérée de l'endroit.

Les habitués constateront le caractère bien particulier des bières de la maison. D'abord, on y recherche toujours l'équilibre par l'absence d'agressivité. Le corps est toujours riche, témoignant du goût du sucré de l'auteur des recettes. Qui plus est, l'utilisation d'ingrédients inusités y est fort appréciée. Vous remarquerez les noms à la fois audacieux et farfelus choisis par le maître brasseur et son équipe. La Mentheuse, qui contient seigle, baies de genièvre et feuilles de menthe, est un produit rond et étonnamment facile à boire. La Noix de Marmotte révèle un puissant arôme de noisette complémentaire aux malts légèrement rôtis. L'Ensorceleuse allie miel de fleurs sauvages, coriandre et écorce d'orange dans un tout sucré mais remarquablement équilibré par les épices. Plus conventionnelle, L'Agace-Pissette sent les céréales fraîchement fauchées, auxquelles s'ajoutent des houblons herbacés dans un ensemble hautement rafraîchissant. Le pire, c'est qu'une fois sur place, vous risquez fort d'avoir à choisir entre 10, voire 12 offrandes différentes du même calibre !

BRASSERIE CARDINAL
SANS SALON DE DÉGUSTATION

5420, rue Martineau
Saint-Hyacinthe (Québec) J2R 1T8
1 800 945-1934

Surtout productrice d'alcomalts, ces boissons fluorescentes aromatisées aux saveurs faussement naturelles de vrais fruits, la Brasserie Cardinal essaie aussi d'enlever une petite part de marché aux géantes brassicoles, avec ses Red Star et Red Star Light, deux bières blondes généreuses de leur insipidité. La brasserie tente également une incursion dans le monde de la bière de dégustation avec la marque Bastien Maître-Brasseur.

BRASSERIE SAINT-ANTOINE-ABBÉ
AVEC BOUTIQUE

3299, route 209
Saint-Antoine-Abbé – Franklin (Québec) J0S 1E0
450 826-4609

www.brasserie-saint-antoine-abbe.com

La Brasserie Saint-Antoine-Abbé est une de ces entreprises qui font un peu de tout : restauration, miel, vin, hydromel, bières, etc. Les propriétaires se sont plongés dans la marmite du terroir sans vraiment concentrer leurs forces, ce qui fait que certains produits sont de meilleure qualité que d'autres. Par exemple, leur miel crémeux est franchement délectable. En revanche, les bières souffrent d'une simplicité exagérée tout en affichant une qualité un peu trop variable pour une brasserie commerciale. Nous continuons d'essayer…

BRASSEURS DU TEMPS
AVEC RESTAURANT

170, rue Montcalm
Gatineau (Québec) J8X 2M2
819 205-4999

www.brasseursdutemps.com

 GRANDS CRUS
PAGES 219 ET 220

Spectaculaire est le premier mot qui vient à l'esprit lorsque nous pensons à l'envergure du projet de ce brouepub qui a vu le jour en 2009. C'est un véritable coup d'audace que d'ouvrir la brasserie ayant de loin le plus grand nombre de places assises au Québec, et cela dans une ville n'ayant pas été très impliquée dans la révolution microbrassicole des dernières décennies. Jusqu'ici, le pari semble porter ses fruits. La carte des bières maison est toujours alléchante et ne fait que prendre de l'expansion. Parmi les ales de soif, L'Allumante, de couleur orangée, dévoile une superbe extraction de malts qui transmet de bons vœux toastés et un fruité d'une rare richesse, pour une bière titrant tout juste 5,5 % d'alcool. La Au Pied du Courant repose sur des houblons américains expressifs, qui jouent principalement sur de rafraîchissantes notes d'agrumes.

Dominique Gosselin, maître-brasseur ici, nous offre aussi plusieurs créations plus puissantes, et ce, avec autant de brio. À part celles décrites dans notre section «grands crus», la Trois-Portages se démarque, se buvant presque trop facilement malgré ses 9 % d'alcool. Sa levure produit des effluves épicés en plus d'esters fruités bien équilibrés, le tout supporté par des malts légers qui se croquent tel un biscuit au miel. De son côté, la Mea Magna Culpa, un vin d'orge, scintille de son parfum de fruits confits et de caramel. Décidément, une nouvelle vedette est née sur la scène brassicole québécoise. Dans la région d'Ottawa, on ne trouve pas mieux : la cuisine vaut aussi le déplacement.

FERME BRASSERIE SCHOUNE

BRASSERIE

2075, chemin Sainte-Catherine
Saint-Polycarpe (Québec) J0P 1X0
1 877 599-5599

www.schoune.com

La Ferme Brasserie Schoune appartient à une famille d'agriculteurs d'origine belge. C'est donc sans surprise que les styles belges sont particulièrement bien représentés dans sa gamme de bières, qui voit quelques nouveautés apparaître chaque année. La stabilité des produits a toujours semblé poser un défi particulier chez Schoune. Un brassin peut être exemplaire, tandis que le suivant démontre des difficultés à l'embouteillage. Néanmoins, nous avons généralement eu de bonnes expériences avec plusieurs produits, dont la Trip des Schoune, une bière à l'effervescence piquante qui projette des saveurs d'épices originales et attachantes auxquelles se marie une richesse fruitée d'une agréable longueur.

LE BILBOQUET

BROUEPUB

1850, rue des Cascades Ouest
Saint-Hyacinthe (Québec) J2S 3J3
450 771-6900

www.lebilboquet.qc.ca

Le Bilboquet est un pub décontracté situé au cœur de Saint-Hyacinthe. De nombreux articles, voire des antiquités, liés à la bière décorent l'endroit. Le brasseur se montre généralement conservateur quant à ses recettes. Ce n'est pas un endroit où l'on s'arrête en espérant y trouver plusieurs nouveautés.

Les bières y sont servies un peu froides et semblent parfois un peu sucrées, mais elles demeurent généralement honnêtes. En particulier, La Corriveau, un Stout à l'avoine bien crémeux dans lequel des accents chocolatés sucrés répondent à des notes de tabac bien placées. Notez que Le Bilboquet embouteille maintenant une bonne partie de ses offrandes en format de 500 ml.

LES 3 BRASSEURS
BROUEPUBS AVEC RESTAURANTS

9316, boulevard Leduc
Brossard (Québec) J4Y 0B3
450 676-7215

www.les3brasseurs.ca

La populaire chaîne bien établie au centre-ville de Montréal s'est récemment soumise à la tendance à l'étalement urbain en ouvrant une gigantesque succursale dans le Quartier Dix30 de Brossard. Les recettes étant les mêmes, veuillez consulter la description qu'on en fait dans la section sur Montréal (p. 98).

LES TROIS MOUSQUETAIRES
SANS SALON DE DÉGUSTATION

3455-A, boulevard Matte (en processus de déménagement)
Brossard (Québec) J4Y 2P4
450 619-2372

www.lestroismousquetaires.ca

 GRANDS CRUS
PAGES 276 À 281

Les amateurs ont souvent l'impression que Les Trois Mousquetaires sont en affaires depuis une dizaine d'années, mais il n'y a en fait que cinq ans qu'ils ont ouvert leurs portes. Il s'agit d'une brasserie en constante évolution qui s'améliore à un rythme effréné. L'image de la maison est maintenant soignée et élégante, tandis que la gamme est plus clairement positionnée sur le marché. Le créneau retenu, peu commun en Amérique du Nord, est celui des lagers, bien que certaines ales, notamment allemandes, y méritent bien une place. Du coup, la brasserie s'impose désormais comme une des meilleures spécialistes de ce style sur le continent. L'Oktoberfest est une bière hautement rafraîchissante qui paraît nourrissante, mais tout en demeurant bien légère. Elle coule sur la langue en déployant des saveurs de noisette, de pain grillé et de houblon feuillu. La Alt Secrète utilise un profil de malt similaire mais offre davantage de rondeur et une amertume plus soutenue. La Weizen Impériale est riche en arômes d'alcool, d'esters fruités, de notes de gâteau et de houblon épicé. Il est facile d'oublier qu'elle titre 10 % d'alcool, ce qui en fait une compagne parfaite pour une chaude soirée d'été. De façon générale, retenez que, dès que vous voyez une Trois Mousquetaires en bouteille de 750 ml, il s'y trouve potentiellement un grand cru.

LOUP ROUGE, ARTISAN BRASSEUR
BROUEPUB

78, rue du Roi
Sorel-Tracy (Québec) J3P 4M8
450 551-0660

www.artisanbrasseur.com

 GRANDS CRUS
PAGES 247 À 249

Ce jeune brouepub établi sous forme de coopérative constitue sans doute la meilleure option pour goûter une bonne bière dans une périphérie de moins d'une heure de route. Le brasseur Jan-Philippe Barbeau était déjà un brasseur-amateur primé avant de s'établir au centre de Sorel. Le confortable pub attire une clientèle locale de tous âges. Elle y vient pour siroter l'une des offrandes de Jan-Philippe, ou encore une des bières invitées, souvent d'Hopfenstark ou d'À la Fût, dont les valeurs communautaires ressemblent à celles du Loup Rouge. Au palais, la qualité est déjà bien relevée, malgré la jeunesse de l'entreprise. La Saison du Loup est plutôt ronde, mais demeure relativement sèche en finale grâce à ses houblons floraux et citronnés qui rappellent le gazon. L'Île de Grâce jouit d'un houblonnage particulièrement généreux qui arpente un vaste territoire aromatique allant du conifère au pamplemousse, et de la tangerine aux feuilles herbacées. En quelque sorte, le Loup Rouge est un véritable modèle d'entreprise sociale productrice de qualité qui a su s'intégrer à sa communauté.

UNIBROUE
SANS SALON DE DÉGUSTATION

80, rue des Carrières
Chambly (Québec) J3L 2H6
450 658-7658

www.unibroue.com

 GRANDS CRUS
PAGES 286 À 290

Unibroue produit des bières de styles belges depuis déjà une vingtaine d'années. Pilier de la révolution microbrassicole québécoise, la société appartient désormais au géant japonais Sapporo. L'innovation n'y est peut-être plus ce qu'elle était, mais la gamme produite demeure toujours bien fiable, et certains produits n'ont toujours pas leur égal au Québec. La Don de Dieu contient une touche de blé aussi traîtresse que rafraîchissante, puisqu'elle se boit beaucoup plus facilement que son taux de sucre élevé et ses 9 % d'alcool le laissent croire. La Blanche de Chambly représente toujours une valeur sûre lors d'une sortie à une terrasse, misant principalement sur ses saveurs de blé et de coriandre citronnée. La Quelque Chose est plus difficile à trouver, mais elle est une offrande unique dans le monde de la bière. Elle s'inspire des glühweins allemands, ces vins sucrés et tranquilles – ou sans effervescence – que l'on boit au retour d'une longue journée de ski, après les avoir réchauffés. Unibroue propose donc de la servir chaude; elle devient alors extrêmement aromatique. Lorsque vous tremblez d'indécision devant l'immense choix de bières qui se trouve sur les tablettes, le retour aux classiques comme ceux d'Unibroue est réconfortant.

À L'ABRI DE LA TEMPÊTE
AVEC SALON DE DÉGUSTATION

286, chemin Coulombe
L'Étang-du-Nord, Îles de la Madeleine (Québec) G0B 1B0
418 986-5005

www.alabridelatempete.com

 GRANDS CRUS
PAGES 205 À 207

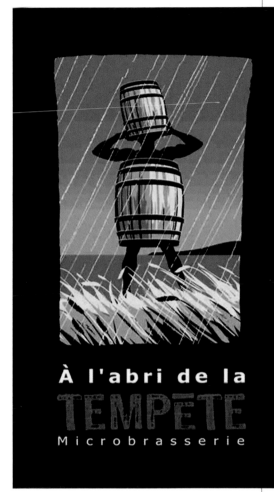

Charmant projet que ce À l'Abri de la Tempête, d'autant plus que tous ses produits retiennent l'attention, peu importe leur style ou leur objectif. Le lien étroit que cette brasserie entretient avec son terroir madelinot, que ce soit pour son orge, ses herbes ou ses habitants, fait d'elle un modèle qui serait à suivre aussi dans le secteur agroalimentaire. Leur Corps Mort en est un bel exemple, utilisant des malts fumés dans un fumoir à hareng du coin. Ce vin d'orge plein de personnalité offre aux papilles des fruits confits et des céréales caramélisées lisses qui pénètrent un fumé salin évident. L'harmonie des saveurs dans leur Écume est aussi impressionnante. C'est une douce lager blonde aux notes de paille et de houblon boisé ; une merveilleuse introduction au savoir-faire de Jean-Sébastien Bernier, maître brasseur et copropriétaire de la brasserie.

Si vous ne pouvez vous déplacer jusqu'au salon de dégustation, au bout de la plage de l'ouest, sur l'île de Cap-aux-Meules, afin de déguster leurs produits dans leur fraîcheur la plus inspirante, sachez que des bouteilles parviennent sur le continent de plus en plus fréquemment. Allez visiter leur site Web afin d'en dénicher quelques échantillons ou quelques caisses.

BREUGHEL
AVEC SALON DE DÉGUSTATION

68, route 132
Saint-Germain-de-Kamouraska (Québec) G0L 3G0
418 492-3693

www.breughel.com

Extraits de malt liquides, fermentation en touries de plastique, bouteilles qui explosent sur les étagères, saveurs infectes une fois sur deux, prix gonflés… La liste est longue, et la situation perdure depuis plusieurs années. Les bouteilles de Breughel sont peut-être aguichantes, et le salon de dégustation, enivrant par sa charmante rusticité, mais nous espérons que vous ne vous laisserez pas berner par ce brasseur qui entache la réputation des produits artisanaux. Il est vraiment dommage que l'image d'une si belle région soit ternie par la présence d'un tel illusionniste.

LE BIEN, LE MALT

BROUEPUB

141, avenue Belzile
Rimouski (Québec) G5L 3E5
418 723-1339

www.lebienlemalt.wordpress.com

Même si le salon de dégustation de cette brasserie artisanale peut vous sembler minuscule au premier coup d'œil, il deviendra vite bien chaleureux si vous y restez pour plus de quelques secondes. En plus d'être la première brasserie du milieu brassicole artisanal québécois à concocter sa propre bière sans alcool, nommée affectueusement La Poule, la maison nous offre quelques autres recettes toutes aussi humbles, non filtrées et non pasteurisées les unes que les autres. Parmi ces bières, leur Noctambule est un Stout qui se démarque grâce à son fruité évident rappelant la mûre et le cassis, et la Pie VII est une ale brune forte alliant des saveurs de réglisse à celles d'une levure épicée, et conçue pour les nostalgiques de la Belgique.

MICROBRASSERIE LA CAPTIVE

AVEC SALON DE DÉGUSTATION

Amqui (Québec)

Décidément, la région de la Gaspésie pétille de projets microbrassicoles attrayants. Le dernier dont nous avons entendu parler, à la toute fin 2009, vise une ouverture des portes pour l'été 2010, dans la ville d'Amqui. Les instigateurs du projet, Marijo Guimont et Davy Boudreault, gèrent déjà une boulangerie artisanale qui devrait déménager aux côtés de la microbrasserie. Au départ, cinq bières différentes devraient être offertes. Nous vous conseillons donc de faire vos propres recherches sur cet établissement.

LA FABRIQUE / COOP LE CABESTAN

360, rue Saint-Jérôme
Matane (Québec) G4W 3B1

coop.lecabestan@gmail.com

Au moment d'écrire ces lignes, une nouvelle coopérative brassicole est projetée pour l'été 2010 sur l'artère principale de Matane, la rue Saint-Jérôme. L'établissement de deux étages sera à la fois une vitrine culturelle et un lieu où casser la croûte. Entre quatre et six bières, dont trois régulières, orneront la carte, en plus d'une bière invitée en rotation. Les styles d'inspiration britannique seront favorisés, mais les tenanciers demeureront à l'écoute des demandes spéciales de la clientèle.

MICROBRASSERIE LE NAUFRAGEUR
AVEC SALON DE DÉGUSTATION

586, boulevard Perron
Carleton (Québec) G0C 1J0
418 364-5440

www.lenaufrageur.com

 GRANDS CRUS
PAGE 259

Malgré son nom, ce jeune joueur de la scène brassicole québécoise étonne depuis ses premiers brassins par la qualité et la richesse de ses bières. On y flotte bien plus qu'on y coule, preuve indéniable que ce n'est pas parce qu'une brasserie est établie loin d'un milieu urbain qu'elle doit diluer ses recettes afin d'amadouer lentement les palais des habitants du coin. Par exemple, leur Colborne est une ale ambrée aux accents de céréales caramélisées tournoyants autour de feuilles de houblons herbacés et de leur amertume. La Léonne est une blanche de blé d'inspiration belge professant un savant équilibre épicé-fruité que l'on doit à ses écorces d'orange, sa coriandre et son blé. La Saint Barnabé est un Stout ample capable de jongler avec des saveurs de grains de café rôtis et de chocolat dans un corps confortable et facile à boire. Et nous pourrions continuer longtemps à la louanger ainsi. Comme vous l'aurez compris, ce n'est pas le fait que Le Naufrageur façonne des styles hors du commun qui fait de cette microbrasserie une incontournable dans l'Est du Québec. C'est plutôt parce qu'elle réussit tout ce qu'elle entreprend avec brio, que vous devriez vous laisser attirer vers la Baie-des-Chaleurs.

PIT CARIBOU
SANS SALON DE DÉGUSTATION

27, rue de l'Anse
Percé (Québec) G4X 4E3
418 385-1425

www.pitcaribou.com

Les bières grand public brassées par cette microbrasserie située en périphérie de Percé se trouvent en fût dans quelques établissements de la région. Leur Bonne Aventure Rousse est une ale ambrée suggérant quelques saveurs de malts biscuités et caramélisés équilibrés par des houblons boisés et fruités. Leur blanche de blé conçue pour le 475e anniversaire de Gaspé remplissait aussi vaillamment ses objectifs, même si sur la scène québécoise elle ne pourrait pas se démarquer beaucoup. À essayer si vous avez affaire sur la péninsule gaspésienne.

BOQUÉBIÈRE
BROUEPUB AVEC RESTAURANT

50, rue Wellington Nord
Sherbrooke (Québec) J1H 5B7
819 542-1311

www.boquebiere.com

Situé en plein cœur du centre-ville de Sherbrooke, ce brouepub au décor branché, mais sobre, plus commun aux bistros de gastronomie raffinée, est très engagé dans la promotion du terroir de sa région. Le choix des ingrédients, que ce soit en cuisine ou en salle de brassage, témoigne de ce lien étroit avec les producteurs des environs de Sherbrooke que les jeunes propriétaires entretiennent. Le service toujours courtois appuie aussi cette philosophie.

Les bières régulières de la maison adjoignent souvent une couleur à plusieurs céréales moins habituelles telles que le seigle, l'épeautre et le sarrasin. Leur Extra Blonde constitue d'ailleurs une belle introduction à leurs produits, avec ses saveurs de céréales juxtaposées aux houblons herbacés et citronnés. Même avec les bières saisonnières, peu de styles précis sont visés ; on préfère laisser libre cours à l'inspiration du moment. Leur Tripale, par exemple, est une bière houblonnée à la manière d'une IPA, mais fermentée avec une levure belge. La Blanche d'Été peut même être assaisonnée avec pas moins d'une quarantaine d'herbes et d'épices. Bref, n'entrez surtout pas là avec des idées préconçues !

LA BRASSÉE
BROUEPUB EN DEVENIR

153, rue Lindsay
Drummondville (Québec) J2C 1N7
819 850-4955

C'est à l'automne 2008 que cet établissement a ouvert ses portes, avec l'intention ferme de brasser ses propres bières. Le propriétaire, Mario Chaput, se consacre au hobby du brassage maison depuis presque vingt ans. Établir une brasserie artisanale est toutefois une tâche qui requiert beaucoup de patience, si bien qu'en novembre 2009, le futur brouepub attendait toujours un des permis nécessaires pour entamer sa production. En attendant, le pub offre une sélection d'une dizaine de fûts de microbrasseries québécoises comme Brasseurs et Frères et Les Brasseurs du Hameau. Vous a-t-on déjà dit que le Québec est un terreau idéal pour l'implantation de brasseries ?

LES BRASSEURS DU HAMEAU
AVEC SALON DE DÉGUSTATION L'ÉTÉ

6, rue des Bois-Verts
Saint-Joseph-de-Ham-Sud (Québec) J0B 3J0
819 877-2201

www.lesbrasseursduhameau.ca

Le système de brassage de cette nanobrasserie campagnarde vaut le détour à lui seul. De ses transferts par gravité – le brassage se faisant à l'étage supérieur, les étapes suivantes s'effectuent toutes les unes sous les autres – à la fermentation en multiples dames-jeannes en verre, ce que vous verrez là est unique au pays. D'ailleurs, le caractère maison est évident dans les produits finis : peu importe le style indiqué sur la bouteille, vous reconnaîtrez l'effervescence marquée et les esters de levure rappelant les procédés belges. La D'Ham Noire est un bel exemple de cette personnalité intrinsèque, avec ses saveurs de malts rôtis, presque fumés, asséchés par une gazéification et une levure fruitée très actives. Les Brasseurs du Hameau concoctent aussi plusieurs bières avec ajouts de fruits et de miel, toutes basées sur les recettes de leurs Blonde, Rousse, Brune… Le salon de dégustation est doté d'une belle terrasse avec vue sur la région d'Asbestos, mais elle n'est ouverte que quelques jours au cœur de l'été.

BRASSEURS ET FRÈRES
AVEC SALON DE DÉGUSTATION

3809, rue Principale Sud, local 104
Dunham (Québec) J0E 1M0
450 295-1500

www.betf.ca

 GRANDS CRUS
PAGE 222

Brasseurs et Frères, vous l'aurez deviné, est une affaire de famille. Les Gadoua étaient déjà connus du milieu depuis plus de dix ans lorsqu'ils démarrèrent leur propre brasserie. L'œuvre est d'une qualité impeccable, que nous parlions du pub, de la décoration délicieusement soignée ou de la terrasse, qui témoignent de l'héritage historique de l'ancien relais de diligence. Le brasseur, Jean, aime particulièrement les styles anglais. Les bières principales s'apparentent donc aux styles faciles à boire que l'on retrouve au Royaume-Uni. La Récompense imite les Bitters anglais, hormis pour le conditionnement, qui n'est pas en cask, avec ses houblons terreux et épicés, et son malt biscuité aux subtiles touches fruitées. En voilà une qui se boit à la pinte ! La Mort de Rire est une Brown Ale plus fruitée que la moyenne, mais qui conserve les saveurs usuelles de caramel et de noisette. Saisonnière, La Trouille reprend le concept de la tarte

à la citrouille et des épices qui l'accompagnent. Avec un si beau pub et des bières à leur meilleur lorsqu'elles sont fraîches, nous vous prions de prendre la peine de passer par Dunham, mais vérifiez d'abord les heures d'ouverture !

BROUEMONT
BROUEPUB AVEC RESTAURANT

107, boulevard de Bromont
Bromont (Québec) J2L 2K7
450 534-0001

www.brouemont.com

 GRANDS CRUS
PAGE 224

C'est au sein d'une grande maison enso-leillée, à quelques kilomètres de la montagne de Bromont, que se brassent quelques-unes des meilleures bières de l'Estrie. Et en plus du service de qualité et de l'atmosphère décon-tractée, presque familiale, la diversité est aussi au rendez-vous sur l'ardoise des bières mai-son. Avec une dizaine d'entre elles offertes à la pompe, vous aurez l'embarras du choix. La sélection trahit une influence surtout britan-nique, mais aussi américaine. Cela dit, leur Weizen, avec sa levure offrant fièrement banane et clou de girofle, leur IPA, avec ses houblons musclés évoquant l'orange, la pêche et la résine, et leur Russian Imperial Stout, avec ses céréales torréfiées enveloppant de mélasse des hou-blons verts expressifs, démontrent à coup sûr les prouesses potentielles de Patrick Dunnigan, maître brasseur et propriétaire de l'endroit.

LE GRIMOIRE
BROUEPUB AVEC RESTAURANT

223, rue Principale
Granby (Québec) J2G 2V7
450 372-7079

www.brasseriegrimoire.com

On n'a pas ménagé les efforts pour miser sur l'image de cette microbrasserie aux allures à la fois médiévales et modernes de l'artère principale de Granby. Toutefois, puisque la qualité de ses bières s'avère carrément imprévisible d'un brassin à l'autre, il est difficile pour nous de vous recommander un produit spécifique, que ce soit en bouteille ou en fût.

LE LION D'OR

BROUEPUB AVEC RESTAURANT

6, rue College
Lennoxville (Québec) J1M 1Z6
819 562-4589

www.lionlennoxville.com

Le Lion d'Or est un des pionniers de la microbrasserie au Québec, brassant depuis l'été 1986. Abreuvant surtout la clientèle de l'Université Bishop's, le pub jouit d'une localisation à l'intersection principale de Lennoxville. L'ambiance se veut clairement inspirée de celle des pubs d'Angleterre. Le grand bâtiment aux salles multiples, à la décoration vieillotte et aux clients majoritairement anglophones permettent effectivement de s'imaginer dans la campagne anglaise. La cuisine qui y est offerte est variée, mais n'échappe pas aux choix traditionnels des pubs. Quant aux bières, elles sont fraîches et représentent des exemples typiques de leurs styles anglais respectifs. Parmi ces offrandes, leur Stout affiche des flaveurs de céréales rôties galvanisées par des houblons feuillus et une gazéification effervescente, tandis que leur Bishop's Best Bitter peut aussi se démarquer grâce à ses céréales caramélisées équilibrées par des houblons feuillus et floraux.

LA MARE AU DIABLE

BROUEPUB AVEC RESTAURANT

151, rue King Ouest
Sherbrooke (Québec) J1H 1P4
819 562-1001

La magnifique maison abritant cette brasserie artisanale trône juste devant le cénotaphe – le Monument aux Morts – de la rue King. En plus de sa terrasse invitante, elle compte plusieurs pièces aménagées où vous pouvez passer des soirées en toute intimité avec vos amis. Cependant, la qualité des bières est discutable, étant parfois intéressante, mais souvent problématique.

LA MEMPHRÉ

BROUEPUB AVEC RESTAURANT

12, rue Merry Sud
Magog (Québec) J1X 3K9
819 843-3405

Bénéficiant d'un des meilleurs emplacements de Magog, La Memphré attire une clientèle majoritairement touristique. Le vieil édifice est décoré avec soin tandis que la terrasse s'ouvre sur le lac et la marina : difficile à battre, comme décor ! Quant aux bières, la plupart d'entre elles s'adressent à ce public variable qui fréquente les lieux, sans tenter de les impressionner. Les recettes sont humbles ; on ne vise pas le grand cru, et c'est tant mieux, car les bières tendent à être minces et imprévisibles. Malgré certaines améliorations notables au cours des dernières années, la qualité toujours variable porte à croire que la confection des bières n'y est pas prioritaire.

LA MICRO DE BROMONT
SANS SALON DE DÉGUSTATION

92, boulevard de Bromont
Bromont (Québec) J2L 2K6
514 276-0744

www.myspace.com/microdebromont

En véritable phénix de la microbrasserie québécoise, La Micro de Bromont en est aujourd'hui à sa troisième incarnation. Autrefois, ce projet d'affaires était connu sous le nom Le Chaudron, puis a brièvement adopté le nom Le Centaure. Se concentrant principalement sur des styles anglais digestes, La Micro de Bromont vise moins à éblouir qu'à séduire certaines clientèles cibles comme celle des amateurs de chanvre ou de restauration indienne. Il fut un temps où des brasseurs qualifiés rehaussaient le calibre global de ses produits, mais le roulement frénétique nous empêche de vous recommander de courir au dépanneur du coin pour exiger qu'on y vende ces bières bromontoises.

MULTI-BRASSES
SANS SALON DE DÉGUSTATION

1209, rue Saint-Joseph
Tingwick (Québec) J0A 1L0
819 359-3887

www.multi-brasses.com

À part la gamme régulière des bières Buck visant un public qui commence à découvrir autre chose que les produits de masse, plusieurs bières aux fruits sont sorties des cuves de cette microbrasserie des Bois-Francs. La Belle Hélène aux poires, la Moka d'Or aux framboises et la Paula Red aux pommes, par exemple, sont toutes très simples, étant conçues pour rafraîchir et non pour épater les amateurs de bières complexes.

SIBOIRE
BROUEPUB AVEC CAFÉ

80, rue du Dépôt
Sherbrooke (Québec) J1H 5G1
819 565-3636

www.siboire.ca

 GRANDS CRUS
PAGES 265 ET 266

Âgé d'à peine deux ans, le Siboire a transformé la destination brassicole initialement morbide de Sherbrooke en un haut-lieu de pèlerinage. Le pub est perché dans une vieille gare restaurée datant de 1890 et adjacente à la station d'autobus centrale de la ville. Le travail de remise à neuf est un franc succès, alliant la modernité industrielle au cachet de l'histoire. Nous avons déjà envie d'y passer la soirée avant même d'avoir goûté leurs excellentes bières. La Ripaille semble venir directement de la côte ouest

américaine, tant ses houblons citriques et résineux explosent au nez. La Quaker Stout est peut-être plus effervescente que la moyenne, mais son avoine apporte une rondeur qui contraste grandement avec sa sécheresse et la facilité avec laquelle elle se boit. Polyvalent, le Siboire brille aussi par la confection de lagers comme sa Munich, qui étanche la soif à grandes gorgées de pain grillé élégamment complété par des petits fruits subtils. Il en va de même pour sa Dépraguée, une Pils d'inspiration tchèque à l'équilibre sans failles. Décidément, en excellant sur tant de plans, le Siboire constitue un nouvel incontournable du nord-est de l'Amérique.

BENELUX BRASSERIE ARTISANALE ET CAFÉ

BROUEPUB

245, rue Sherbrooke Ouest
Montréal (Québec) H2X 1X7
514 543-9750

www.brasseriebenelux.com

 GRANDS CRUS
PAGES 213 À 215

   Assombri par ses hauts murs industriels, mais brillant de ses tables aux reflets argentés, ce brouepub moderne est le terrain de jeu d'amateurs d'excellentes bières qui s'y pressent de plus en plus. Les bières brassées y sont très variées, qu'elles soient de styles belge, anglais, américain ou allemand. Toutes ces bières cœxistent paisiblement à la carte et réussissent à offrir une expérience gustative distinguée. Certaines de ses bières sont sélectionnées dans notre section Les grands crus. Mais le Benelux se démarque aussi grâce à sa Moonboot, une Ale brune forte, d'inspiration belge, qui présente des saveurs fruitées-épicées dans un corps bien velouté, à son Armada, une Brown Ale houblonnée à l'américaine (donc généreusement), à sa Cuda, une India Pale Ale aux houblons explosifs, avec leurs notes de fruits exotiques, à sa Yakima, une Pale Ale de style américain, avec son étreinte amoureuse de houblon terreux et floral, et à sa Magnum, une Pils aux céréales croustillantes équilibrées par des houblons herbacés et résineux. Il y a fort à parier qu'une nouvelle bière se sera ajoutée à la carte au moment de votre passage au Benelux, tellement Benoît Mercier, le maître brasseur, et son équipe prennent plaisir à étoffer une panoplie de saveurs.

BIERBRIER BREWING

SANS SALON DE DÉGUSTATION

370, rue Guy, G9
Montréal (Québec) H3J 1S6
514 933-7576

www.bierbrier.com

   La production de cette microbrasserie se concentre sur une seule bière, embouteillée mais aussi vendue en fûts à de nombreux bars de la grande région de Montréal. Cette bière, la Bierbrier Premium Ale, est toujours décontractée, offrant un assemblage de houblons fruités et de céréales caramélisées qui représente une valeur sûre pour tout amateur de bière de soif.

BRASSERIE VIEUX-MONTRÉAL (BVM)
SANS SALON DE DÉGUSTATION

6729, rue de l'Esplanade
Montréal (Québec) H2V 4P9
514 908-2337

Les deux bières grand public de cette brasserie, les Vieux-Montréal Blonde et Rousse, proposent une expérience gustative similaire à celles que permettent les bières des macrobrasseries. Vous les trouverez dans certains restaurants de la métropole, mais nous ne vous recommandons pas de partir illico à leur recherche.

BRASSEURS DE MONTRÉAL
AVEC RESTAURANT

1485, rue Ottawa
Montréal (Québec) H3C 1S9
514 788-4505

www.brasseursdemontreal.ca

Ce tout nouvel établissement du quartier Griffintown n'est peut-être pas le pub le plus invitant, vu de la rue. Entouré de clôtures grillagées, et doté d'une terrasse située sur l'asphalte d'un ancien stationnement, le vieux fermenteur qui fait office de proue publicitaire réussit malgré tout à vous confirmer que vous êtes arrivés à destination. Le restaurant servant aussi de salon de dégustation est agréable, avec ses hauts plafonds, ses grands tableaux et ses fenêtres avec vue sur l'équipement de brassage. Leurs bières sont toutes bien structurées et faciles à boire, que ce soit leurs interprétations de styles écossais et anglais comme la Black Watch et la London Ruby, ou leurs bières de style belge comme la Van der Bull Blanche ou leur Rebelle Québécoise. Toutes sont des bières bien délicates et propices aux longues conversations, tout comme aux soirées enchantées. C'est aussi un des rares brouepubs à Montréal où il fait bon dîner. Laissez-vous tenter par le jarret d'agneau.

BRASSEURS R.J.
AVEC SALON DE DÉGUSTATION SUR RÉSERVATION SEULEMENT

5585, rue de la Roche
Montréal (Québec) H2J 3K3
514 274-4941

www.brasseursrj.com

Maintenant affiliée à McAuslan Brewing, R.J. brasse plusieurs styles de bière, tous offerts en bouteille un peu partout en province. Les résultats de leur collaboration avec la Brasserie d'Achouffe, en Wallonie, la Blonde d'Achouffe et la Brune d'Achouffe, ont des chances de plaire aux amateurs de styles belges, avec leurs profils très épicés et chaleureux. La Coup de Grisou est, pour sa part, unique en son genre, déployant des esters de levure fruités et des notes de sarrasin et d'épices vibrantes. R.J. est aussi responsable de la gamme Belle Gueule, qui vise un public recherchant des bières simples qui étanchent la soif. Dans leur portfolio de bières saisonnières, la Snoreau se démarque, avec son fruité de canneberge et ses épices festives, ainsi que l'Escousse, une Schwarzbier – une lager noire de style allemand – aux accents de café torréfié. À noter que vous pouvez aussi aller à la Salle Belle Gueule – sur réservation seulement – sur les lieux mêmes de la microbrasserie, afin de goûter certains de leurs produits les plus populaires.

BROUEPUB BROUHAHA
BAR À BIÈRES BRASSANT SES PROPRES CRÉATIONS DANS D'AUTRES BRASSERIES DU QUÉBEC

5860, rue de Lorimier
Montréal (Québec) H2G 2N9
514 271-7571

www.brouepubbrouhaha.com

GRANDS CRUS
PAGE 225

En direct de Rosemont, le Brouhaha prouve que des fleurs peuvent s'épanouir n'importe où, pourvu qu'une certaine chaleur – et dans ce cas-ci, une passion indélogeable – imprègne l'endroit. Installé dans un bar désuet des années cinquante, cet antre du dégustateur sert une collection impressionnante de bières en fût issues des meilleures brasseries du Québec, en plus d'une sélection de bouteilles importées très bien choisies. Vous y trouverez, en fût, des ales et des lagers de Simple Malt, de Dieu du Ciel!, du Trou du Diable, de Charlevoix, d'Hopfenstark et de plusieurs autres. De surcroît, Marc Bélanger offre quelques bières de son cru, presque toutes d'inspiration belge. À part la bière primée dans notre section Les grands crus, vous pouvez parfois vous régaler de sa Special B, qui réjouit les amateurs de Quadrupels belges avec son fruité de raisin sec et son corps somptueux, et la Saison de Blé, avec ses rafraîchissantes épices rappelant les agrumes. Heureusement, l'endroit n'est plus la terne taverne d'autrefois, les propriétaires ayant enjolivé les lieux tout en conservant leur aspect rétro, une véritable signature historique. Le Brouhaha serait même devenu, aux yeux de plusieurs, un des nouveaux temples de la bière artisanale de la province, et cela malgré son jeune âge.

BRUTOPIA
BROUEPUB

1219, rue Crescent
Montréal (Québec) H3G 2B1
514 868-9916

www.brutopia.net

Situé à l'orée du quartier des affaires, ce brouepub où il fait bon jaser rallie les amateurs de soirées amicales et sans prétention dans les pièces invitantes d'une vieille maison montréalaise. La bière brassée sur place est souvent sans histoires, sauf peut-être la IPA et la Blackout Stout, qui peuvent offrir aux amateurs de grandes bières de quoi se faire plaisir. Il y a plusieurs autres brasseurs de bière à Montréal qui méritent d'être visités avant le Brutopia, mais ne l'oubliez tout de même pas lors de votre tournée annuelle. On ne sait jamais ce qui pourrait sortir des cuves de ce brouepub surprenant.

DIEU DU CIEL !

29, avenue Laurier Ouest
Montréal (Québec) H2T 2N2
514 490-9555

www.dieuduciel.com

GRANDS CRUS
PAGES 195 À 198
BRASSERIE D'EXCEPTION
PAGE 194

Ah, Dieu du Ciel ! Le brouepub chéri de nombreux amateurs de bières de dégustation québécois, et pour cause. Ses 16 fûts remplis de bières de styles très variés sont tellement aguichants ! Que ce soit des Stouts tous aussi sensuels les uns que les autres, des ales très racées d'inspiration belge, des bières de blé charpentées et inspirées, ou des styles américains francs et charnus, le raffinement de chaque offrande est indéniable. L'endroit est extrêmement convivial, peut-être même trop, en soirée, pour ceux qui sont plutôt en quête d'un sanctuaire de dégustation, mais les bières de Jean-François Gravel sont tellement irrésistibles que le plus ermite des dégustateurs réussira à supporter l'atmosphère festive du pub, se créant même son propre petit nid d'amis.

En plus des bières primées dans notre section Les grands crus, les dégustateurs en recherche d'éveils-papilles s'y délecteront aussi de la Chaman, une Double India Pale Ale aux fiers houblons développant agrumes et conifères. Ils y aimeront aussi la Déesse Nocturne, avec ses effluves de café torréfié et de chocolat sucré, la Cornemuse, une scotch ale dotée de saveurs de fruits des champs caramélisés, la Rigor Mortis Triple, avec ses angles épicés-fruités, ses houblons floraux et son filet d'alcool, ainsi que la Clef des Champs, un gruit d'inspiration médiévale détonnant d'une véritable explosion d'herbes et de pétales de fleurs. Il y a tellement de choix et de qualité à Dieu du Ciel !, qu'il est impossible de résumer tout ce qui y est intéressant en quelques mots seulement. Allez-y et trouvez-y vos propres coups de cœur !

À la grande joie de plusieurs, Dieu du Ciel ! a aussi maintenant pignon sur rue à Saint-Jérôme, dans les Basses-Laurentides, où on y embouteille certains des élixirs de la maison, qui sont ensuite vendus dans des dépanneurs spécialisés et des épiceries de plusieurs régions de la province.

HELM BRASSEUR GOURMAND

BROUEPUB AVEC RESTAURANT

273, rue Bernard Ouest
Montréal (Québec) H2V 1T5
514 276-0473

www.helm-mtl.ca/

Ce brouepub a longtemps servi les bières brassées par Jonathan Lafortune, de l'excellente brasserie Les Trois Mousquetaires, située à Brossard. Mais depuis un peu plus de deux ans, on a commencé à y brasser des bières maison. Bien que la période de transition semble avoir été difficile, les bières goûtées lors de notre dernière visite étaient tout à fait agréables. Il faut toutefois noter que la carte y demeure des plus conservatrices pour une ville où prospèrent tant d'établissements aventureux. Et puis nommer des bières par leur couleur nous paraît aujourd'hui un peu dépassé. Ici encore, il faut préciser que le public visé n'est pas le chercheur de grands crus. En effet, le décor branché attire plutôt la faune nocturne du Mile-End. C'est par contre un des rares brouepubs qui pourra retenir les danseurs jusque après minuit !

LABATT
SANS SALON DE DÉGUSTATION

50, avenue Labatt
Montréal (Québec) H8R 3E7
514 366-5050

www.labatt.com

La brasserie Labatt appartient au conglomérat Anheuser-Busch InBev, qui détient 25 % des parts du marché mondial. Il va sans dire que le concept de fabrication artisanale ne colle pas particulièrement bien à la philosophie d'une entreprise de cette taille. N'hésitez pas à mesurer la valeur de leurs produits pour des fins d'apprentissage, mais pour l'émotion gustative, on repassera.

L'AMÈRE À BOIRE
BROUEPUB AVEC RESTAURANT

2049, rue Saint-Denis
Montréal (Québec) H2X 3K8
514 282-7448

www.amereaboire.com

 GRANDS CRUS
PAGES 187 À 188
BRASSERIE D'EXCEPTION
PAGE 184

Voici un bijou qui brille seul dans son créneau des plus spécialisés dans tout le nord-est de l'Amérique. Il se concentre en effet sur les lagers tchèques et allemandes, en plus d'offrir des ales d'inspiration anglaise, souvent en cask. Ces mêmes lagers sont tellement authentiques, que la grande majorité des brasseries de Bohême et de Bavière seraient fières d'avoir atteint une telle qualité. D'ailleurs, la seule autre façon de boire autant d'excellentes lagers de soif en fût est de vous offrir un voyage vers ces contrées européennes. Peu importe où vous serez assis, sur les trois étages déroutants de cet estaminet, vos papilles se régaleront sûrement de leur Fin de Siècle, une ale anglaise au fruité floral bien sculpté, de leur Imperial Stout agilement chocolaté, de leur Boucanier, un Porter traditionnel aux multiples facettes chocolatées et rôties, de leur Müesli, un délicieux Stout à l'avoine au profil soutenu de cacao et

de mélasse, de leur Drak et de leur Amère Noël, deux Polotmavés d'inspiration tchèque avec leurs douces céréales biscuitées et caramélisées sur fond d'habile houblon herbacé. Ne négligez pas de goûter leur Dunkel Weizen, avec sa levure loquace exprimant clou de girofle et banane, leur Bockbier, une Dunkler Bock aux céréales caramélisées bien joufflues, ou leur Cosaque, un Porter d'inspiration balte, avec son chocolat noir et sa délicate chaleur alcoolisée. Évidemment, nous vous invitons à essayer en priorité les bières sélectionnées dans notre section Les grands crus, mais la qualité est de mise dans toutes les bières de L'Amère à Boire, ce qui rend le choix d'une pinte, soit très difficile, soit infiniment alléchant !

LE CHEVAL BLANC
BROUEPUB

809, rue Ontario Est
Montréal (Québec) H2L 1P1
514 522-0211

www.lechevalblanc.ca

 GRANDS CRUS
PAGE 235

Légendaire rendez-vous des artistes pour les 5 à 7, ce tout premier brouepub, établi à Montréal dès 1987, offre toujours des bières suaves, et parfois quelques créations éclectiques. Vous y trouverez habituellement de six à huit choix en fût et occasionnellement quelques bières spécialement embouteillées pour consommation sur place. Les nouvelles recettes y pullulent, rendant chaque visite surprenante. Outre les bières primées dans notre section Les grands crus, il fait bon boire la Sarrasin, une ale bien désaltérante, avec sa coriandre fruitée et florale, la Scottish Ale, aux confortables malts caramélisés, l'Abysse Cornue, une ale blonde d'inspiration belge bien épicée et fruitée, la Saison de Noël, d'inspiration belge, brassée avec du miel, de l'anis étoilé et deux poivres, l'Imperial India Pale Ale et son emblématique houblon de souche américaine résineux et très fruité, de même que leur Barley Wine, aux houblons résineux et aux céréales caramélisées et fruitées. Nul doute que la variété et la bonhomie qui règnent au Cheval Blanc sauront vous conquérir si vous osez y aller à répétition. Vous remarquerez alors que la carte des bouteilles importées est également d'une rare qualité.

LE SAINT-BOCK
BROUEPUB ET BAR À BIÈRES AVEC RESTAURANT

1749, rue Saint-Denis
Montréal (Québec) H2X 3K4
514 680-8052

www.lesaintbock.com

Depuis quelques années, ce bar à bières à la carte très bien garnie offre ses propres bières brassées sur place. On y conserve aussi quelques fûts réservés à des bières invitées ; alors vous y verrez des produits de Brasseurs et Frères, de La Barberie, de Simple Malt, des Trois Mousquetaires, de AMB – Maître-Brasseur, de L'Alchimiste, d'Hopfenstark et de quelques autres. Blotti au fond d'un de ses nombreux canapés, vous n'y trouverez peut-être pas de grands crus brassés maison, comme chez ses voisins de

quartier L'Amère à Boire et Le Cheval Blanc, mais vous trouverez tout de même difficile de ne pas déguster un produit qui vous plaît dans la vaste sélection de bières en fût. Leur Apôtre, par exemple, est une très belle ale brune d'inspiration belge sertie de céréales caramélisées se mêlant aux esters de la levure, façonnant des impressions de raisin sec et de confiture aux fruits des champs. Leur R.I.P., un Imperial Porter offert en bouteille seulement sur place, a déjà conquis les juges du Mondial de la Bière de Montréal avec ses flaveurs explosives de racine de réglisse, d'épices poivrées et de malts chocolat et caramel. Vous aurez sans doute compris qu'il est très difficile de passer devant le Saint-Bock sans y pénétrer pour voir ce que l'on y sert.

LES 3 BRASSEURS
BROUEPUBS AVEC RESTAURANTS

1658, rue Saint-Denis	732, rue Sainte-Catherine Ouest	1356, rue Sainte-Catherine Ouest	105, rue Saint-Paul Est
Montréal (Québec)	Montréal (Québec)	Montréal (Québec)	Montréal (Québec)
H2X 3K6	H3B 1B9	H3G 1T6	H2Y 1G7
514 845-1660	514 788-6333	514 788-9788	514 788-6100

www.les3brasseurs.ca

Très entreprenante et branchée, cette chaîne de brouepubs française compte au Québec quatre établissements à Montréal, un à Brossard et un autre à Laval. Leur sélection de bières a tendance à stagner, mais c'est sur ces produits de base que la société a établi sa réputation. Ses bières (la Blanche, la Rousse, la Brune et la Blonde) n'ont rien pour éblouir les dégustateurs, mais elles représentent habituellement des offrandes rafraîchissantes qui pourraient faire découvrir aux néophytes des bières différentes de celles que les macrobrasseries produisent. À l'occasion, une bière spéciale peut être brassée dans ses succursales québécoises, ce qui est rare dans les autres brouepubs 3 Brasseurs parsemés dans la francophonie.

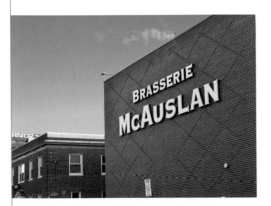

MCAUSLAN BREWING
AVEC SALON DE DÉGUSTATION SAISONNIER

4850, rue Saint-Ambroise, Suite 1
Montréal (Québec) H4C 3N8
514 939-3060

www.mcauslan.com

GRANDS CRUS
PAGE 253

Tout comme la sublime Oatmeal Stout, qui trouve place dans notre section Les grands crus, les produits de cette brasserie en expansion constante nagent dans les eaux et les styles britanniques.

On y trouve leur ligne Griffon (blonde et rousse), leur Pale Ale aussi appelée St-Ambroise Blonde, leur Scotch Ale doucement caramélisée, et leur Cream Ale, qui est une Pale Ale gazéifiée à l'azote pour solidifier le collet de mousse et construire un corps plus crémeux. Une valeur sûre depuis plusieurs années déjà, sur le marché québécois de la bière de dégustation, McAuslan offre toujours des produits qui satisfont à la fois les amateurs assoiffés et ceux qui ne cherchent que des saveurs honnêtes.

LA BRASSERIE MOLSON

SANS SALON DE DÉGUSTATION

1320, rue Notre Dame Est
Montréal (Québec) H2L 2R5
1 800 665-7661

www.molson.com

Soyons honnêtes : vous ne lisez sûrement pas ce livre pour obtenir de l'information sur les produits de la Brasserie Molson. Bien que tous leurs produits soient faciles à boire, ils ne proposent pas d'expériences gustatives assez intéressantes pour qu'elles soient analysées pour les fins de ce livre. Comme une tranche de pain blanc industriel peut convenir aux sandwichs rapides, les bières proposées par Molson peuvent accompagner des mets intéressants et ainsi satisfaire la soif de ceux qui veulent boire sans nécessairement sentir ou goûter leur boisson.

RÉSERVOIR
BROUEPUB AVEC RESTAURANT

9, avenue Duluth Est
Montréal (Québec) H2T 3L4
514 849-7779
www.brasseriereservoir.ca

Ce coquet estaminet de la rue Duluth propose une cuisine inspirée ainsi que des bières humbles mais désaltérantes dans un environnement branché et intimiste. La portée des bières brassées sur place varie, mais vous pourrez assurément en trouver une de calibre satisfaisant pour les dégustations comme pour les longues conversations. La 500, une Dubbel d'inspiration belge, a été superbe au moment de l'anniversaire de l'endroit, avec ses richesses de raisin noir séché et ses épices à dessert. Leur Ambrée de Blé, lorsqu'elle est servie fraîche, présente de belles épices fruitées et herbacées. Enfin, la Saison, une avenante blonde de style belge s'est démarquée, avec son houblon gazonné et sa coriandre. Un dîner au Réservoir avec une pinte bien choisie a des chances de vous procurer de beaux moments de dégustation. C'est aussi un excellent compromis pour qui cherche à entraîner ses amis dans un endroit à la mode sans être forcé de boire de la bière populaire.

TACOS, TAPAS, BIÈRES ARTISANALES
BROUEPUB AVEC RESTAURANT

5512, rue Jean-Talon Est
Montréal (Québec) H1S 1L9
514 303-9808

Aussi dépaysante que conviviale, cette minuscule brasserie de l'est de Montréal se doit d'être visitée si vous avez le goût de faire un voyage économique. On y diffuse sans cesse les plus grands tubes de la Colombie. Vous vous surprendrez donc peut-être à vous déhancher entre deux tables en attendant votre assiette de bandeja paisa, ce délicieux plat typique de ce pays qui contient plus de viande que tout être humain devrait en consommer dans une même journée. Le brasseur-propriétaire et son épouse qui travaillaient sur ce projet de brasserie depuis belle lurette ont finalement pu ouvrir en 2009, offrant trois bières principales toutes bien rondes et faciles à boire. La Morena est une ale brune crémeuse aux saveurs légèrement chocolatées et noisettées. La Rubia est une lager blonde aussi bien maltée, mais se concentrant sur ses céréales miellées afin d'offrir une expérience de dégustation désaltérante. La Perra Loca est une lager forte dans laquelle les malts toastés et la chaleur de l'alcool sont titillés par des esters fruités. Nous ne connaissons aucune autre brasserie en Amérique du Nord qui réussit aussi facilement à nous transporter… en Amérique du Sud !

VICES ET VERSA
BAR À BIÈRES ET BRASSEUR

6631, boulevard Saint-Laurent
Montréal (Québec) H2S 3C5
514 272-2498

www.vicesetversa.com

Sis en bordure de la Petite Italie, le Vices et Versa est venu combler un vide important lors de son ouverture, en 2004. À l'époque, Montréal ne pouvait se comparer aux grandes villes brassicoles mondiales, puisque aucun bar à bière sérieux n'y avait pignon sur rue. Le Vices et Versa a ainsi pavé la voie à quelques excellents bars qui offrent aujourd'hui une sélection intéressante de bières de microbrasseries québécoises en fût. Avec maintenant 33 fûts, ce pionnier détient toujours la palme de la sélection la plus large. En plus de sa carte bien garnie, le Vices et Versa propose une atmosphère des plus chaleureuses, clamant bien fort sa nature de pub de quartier. La cuisine offerte témoigne d'un profond souci de la qualité et d'un penchant marqué pour le terroir, qui se veut d'ailleurs un thème récurrent de l'établissement. Depuis peu, la brasserie propose ses propres bières, qui sont cependant brassées à Dunham, chez Brasseurs et Frères. La Hefeweizen est une bière de blé rafraîchissante à l'effervescence vive et dont la finale paraît épicée sans l'être réellement. De son côté, leur Imperial Pale Ale prend des allures de jus d'agrumes derrière ses onctueuses céréales. Depuis peu, Sébastien Gagnon du Vices et Versa et quelques comparses se sont portés acquéreurs de Brasseurs et Frères à Dunham, alors il sera bien intéressant de voir quelles bières maison ils nous offriront dans un avenir rapproché. Somme toute, pour obtenir le coup d'œil le plus exhaustif du savoir-faire des brasseurs québécois en une soirée seulement, le Vices et Versa n'a toujours pas son égal.

ARCHIBALD

BROUEPUB AVEC RESTAURANT

1021, boulevard du Lac
Lac-Beauport (Québec) G0A 2C0
418 841-2224

www.archibaldmicrobrasserie.ca

Avec ses allures d'énorme chalet de ski luxueux décoré de boiseries et de pierre des champs, cette brasserie artisanale attire une clientèle décontractée mais bien en moyens. Sa terrasse invitante, d'ailleurs très populaire, est un lieu plus que propice à la découverte des bières de la maison. Convenables pour de longues soirées entre amis, les bières de la maison cherchent avant tout à désaltérer, tout en convoitant un public peu habitué aux bières de dégustation. Quelques-uns de leurs produits sont d'ailleurs vendus en cannettes dans les marchés spécialisés de la région, dont une blanche à la belge, une India Pale Ale et une Pale Ale à l'américaine. La Brise du Lac est une de nos préférées, une Pils délicate et sèche dans laquelle les houblons herbacés développent une amertume poivrée aux côtés de céréales rappelant la paille. La Weiss, spécialité non offerte ailleurs qu'à la brasserie, tire aussi son épingle du jeu en nous faisant profiter des esters de banane typiques à ce style allemand et menant à une finale relativement courte.

LA BARBERIE

BROUEPUB

310, rue Saint-Roch
Québec (Québec) G1K 6S2
418 522-4373

www.labarberie.com

Une visite au pub de La Barberie, dans le quartier Saint-Roch de la basse-ville de Québec, est toujours un gage de surprises. Parfois, c'est le nombre effarant d'expérimentations brassicoles qui y sont effectuées (la fruiterie du coin au grand complet semble y être mise à contribution). Quelquefois, c'est plutôt la variabilité de la qualité de certains produits. L'esprit jovial qui y règne est cependant contagieux, alors nous sommes convaincus que vous pourrez y passer de bons moments à déguster leur Rousse Bitter plus fruitée que la moyenne, leur Brasse-Camarade caramélisée et digeste, ou peut-être leur Blonde Forte au Chardonnay, avec ses notes d'agrumes et d'épices. Veuillez toutefois prendre note que leurs bouteilles ne réussissent pas toujours à offrir la fraîcheur et la stabilité de leur conditionnement en fût, alors nous vous recommandons fortement d'essayer leurs produits sur place plutôt que dans le confort de votre salon.

LE CORSAIRE
BROUEPUB

5955, rue Saint-Laurent
Lévis (Québec) G6V 3P5
418 380-2505

www.corsairemicro.com

Après avoir admiré le Château Frontenac depuis le traversier vous menant vers la rive sud de Québec, vous n'aurez que quelques pas à faire afin de découvrir cette brasserie artisanale du Vieux-Lévis. Son maître brasseur et propriétaire affectionne particulièrement les styles britanniques, et c'est sans surprise que vous y trouverez, entre autres, la Galère, une Pale Ale bien équilibrée, avec ses houblons feuillus fondus dans ses malts biscuités, la Davy Jones, un Stout aux saveurs d'espresso mi-amer, et la Bristol, une Extra Special Bitter résultant de l'agencement réussi entre houblons floraux et céréales caramélisées. Quelques-unes de ces bières sont d'ailleurs offertes en cannette depuis peu dans certains magasins spécialisés de la province, pour ceux qui aimeraient faire durer le plaisir jusqu'à la maison.

L'INOX
BROUEPUB

655, rue Grande Allée Est
Québec (Québec) G1R 2K4
418 692-2877

www.inox.qc.ca

Le nouvel emplacement de cette brasserie artisanale doyenne de Québec, dans le cœur même du *nightlife* de la ville, lui permettra sans doute de mieux rejoindre la clientèle cible de ses bières plutôt grand public. Mais soit dit en passant, certains brassins récents nous ont laissés sur notre faim, alors nous espérons que votre expérience sera plus satisfaisante.

LA KORRIGANE
BROUEPUB

380, rue Dorchester
Québec (Québec) G1K 6A7
www.korrigane.ca

Autrefois située à un jet de pierre de la baie de Saguenay, la microbrasserie La Korrigane prévoit sa réouverture à l'hiver 2010, cette fois dans l'effervescent quartier Saint-Roch de Québec. Parmi les bières maison qui ont fait la renommée de ses brasseurs, il y a la Walkyrie, un Stout aux insistantes notes de cacao, et la Crusca, une bière riche en caramel et en fruits foncés, et aux accents tourbés. Comme nous, vous serez sans doute bien curieux de visiter la nouvelle incarnation de ce brouepub.

LE SAINT-PUB (MICROBRASSERIE CHARLEVOIX)
BROUEPUB AVEC RESTAURANT   AVEC SALON DE DÉGUSTATION SUR RÉSERVATION

2, rue Racine   6, rue Paul-René Tremblay
Baie-Saint-Paul (Québec) G3Z 2P8   Baie-Saint-Paul (Québec) G3Z 3E4
418 240-2332   418 435-3877
www.microbrasserie.com

GRANDS CRUS
PAGES 229 À 234

Déambulant de galerie d'art en galerie d'art, au centre de Baie-Saint-Paul, il vous paraîtra tout à fait naturel de chercher beaucoup mieux que des brasseurs anodins à la Microbrasserie Charlevoix. Et vous n'aurez pas tort. Nous avons effectivement affaire là à de véritables artistes de la cervoise. Confectionnant surtout des ales d'inspirations belge et anglaise, Frédérick Tremblay et Nicolas Marrant laissent libre cours à leur imagination afin de créer des bières d'une classe inouïe, et parfois même hors du commun. Nous croyons dur comme fer que leur travail représente un fleuron majeur de l'industrie brassicole québécoise.

La Microbrasserie Charlevoix a pris de l'expansion en 2008-2009, se dotant d'une nouvelle brasserie, toujours à Baie-Saint-Paul, au potentiel de production six fois plus important que le brouepub de la rue Racine. C'est pourquoi nous pouvons depuis peu trouver leurs produits à plusieurs endroits dans la province, et cela de façon régulière. En plus des bières primées dans notre section Les grands crus, nous espérons que vous goûterez la Vache Folle ESB et ses houblons floraux juxtaposés à des céréales délicatement caramélisées. La Dominus Vobiscum Triple est un élégant exemple du style belge, avec ses céréales rappelant le pain doré et réchauffées par des flaveurs d'alcool et de houblons herbacés. La maison se lance aussi quelques fois par année dans les Double India Pale Ales – dont quelques-unes, du nom de Vache Folle, sont maintenant embouteillées –, brassant des variations de ce style américain qui ont des allures de Barley Wine, avec leur consistance maltée et leur houblonnage résineux poignant. Comme si ce n'était pas assez, les Premium Lager Blonde et Rousse, d'inspiration germanique, sont toutes deux aussi bien rendues que les gammes plus spécialisées de la brasserie, même si elles sont conçues pour rejoindre un plus grand public.

MICROBRASSERIE D'ORLÉANS
AVEC SALON DE DÉGUSTATION

3887, chemin Royal
Sainte-Famille – Île d'Orléans (Québec) G0A 3P0
418 829-0408

www.microorleans.com

GRANDS CRUS
PAGE 260

De la terrasse du pub Le Mitan, à l'étage supérieur de cette brasserie artisanale de l'île d'Orléans, vous pouvez vous plaire à tomber dans la lune en regardant le fleuve se mouvoir allègrement, tout en sirotant une des sympathiques bières de la maison. Leur Sœur Marie Barbier, par exemple, est une Witbier (une blanche à la belge) exprimant un fruité bien humble distillant des saveurs de coriandre et de houblons herbacés. Leur Éléonore de Grandmaison est une ale rousse aux malts caramel francs mariés à des houblons boisés, le tout dans un corps relativement longiligne. Mais c'est une autre de leurs ales qui nous aguiche à chacun de nos passages ; elle est décrite en détail dans notre section Les grands crus.

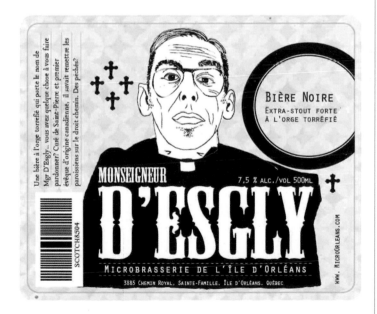

BRASSEURS R.J. – BRASSEURS DE L'ANSE
SANS SALON DE DÉGUSTATION

182, route 170
L'Anse-Saint-Jean (Québec) G0V 1J0
418 272-3045 ou 1 888 272-3012

www.brasseursrj.com

Achetée il y a près d'une dizaine d'années par Brasseurs R.J., cette brasserie de L'Anse-Saint-Jean sert maintenant de centre de production pour les bières de cette compagnie montréalaise. À la page 92, nous vous donnons une idée de ce que cette brasserie concocte.

LA CHOUAPE
BROUEPUB

1164, boulevard Sacré-Cœur
Saint-Félicien (Québec) G8K 2R2
418 613-0622

www.lachouape.com

Louis Hébert est l'héritier du savoir-faire de cinq générations de Hébert qui ont labouré la terre familiale avant lui. Un exploit rare, de nos jours, dans nos contrées! Voulant à tout prix associer l'entreprise familiale centenaire à son intérêt pour la bière de qualité, il a décidé, il y a quelques années, de cultiver ses propres céréales, le blé et l'orge, afin de les faire malter pour la production de ses bières. De plus, il fait maintenant la culture de son propre houblon, des cultivars qui devraient être fort vigoureux dans quelques années. Ses visées d'autosuffisance seront atteintes lorsqu'il pourra malter lui-même ses céréales, un processus déjà amorcé au moment où vous lisez ces lignes. Ses créations sont actuellement servies dans son pub, au centre de Saint-Félicien, non loin de la ferme. L'atmosphère y est très chaleureuse lorsque les deux salles sont pleines, ce qui ne prend jamais beaucoup de temps, étant donné l'espace modeste occupé par cet estaminet de la rue Principale. Sa Noire à l'Avoine offre des saveurs croquantes d'orge rôtie et d'avoine, sculptant un corps rondelet méticuleusement asséché par une légère amertume torréfiée. Sa 1881, qui évoque l'année de l'établissement de la famille dans la région de Saint-Félicien, est une ale d'inspiration belge développant des saveurs d'orange épicée se mariant à des céréales délicatement caramélisées et des houblons terreux. La Blanche est aussi une valeur sûre, en bouteille comme en fût, avec sa coriandre généreuse qui enlace les saveurs de mie de pain partagées par la levure.

LA GUEULE DE BOIS

BRASSEURS LOUANT L'ÉQUIPEMENT D'UNE AUTRE BRASSERIE AFIN DE CONCOCTER LEURS RECETTES

www.lagueuledebois.net

Issue d'une entreprise familiale établie à Saguenay, la ligne de produits Gueule de Bois comporte déjà quatre membres. Louant l'équipement de AMB – Maître-Brasseur, à Laval, la jeune compagnie propose ses produits en bouteilles de 500 ml. Jusqu'ici, nous avons eu affaire à des produits démontrant un certain potentiel, mais dont l'équilibre reste perfectible. Parmi ceux-ci, la Blonde Parfaite est une ale blonde à la belge au caractère levuré très marqué, tout comme la Clandestine, une brune forte aussi à la belge.

MICROBRASSERIE DU LAC-SAINT-JEAN

BROUEPUB

120, rue de la Plage
Saint-Gédéon (Québec) G0W 2P0
418 345-8758

www.microdulac.com

Un bungalow situé dans la campagne environnant le minuscule village qu'est Saint-Gédéon n'est certes pas l'endroit le plus évident pour établir un pub. En nous approchant de la Microbrasserie du Lac-Saint-Jean en voiture, nous avons l'impression d'aller visiter une vieille tante ! Dans le pub au concept ouvert mais un peu anodin lorsqu'il est peu fréquenté, vous pourrez goûter aux créations de la maison telles que la Belle Gigue, une ale d'inspiration belge à la levure très expressive couvrant les houblons herbacés et fruités, ou la Gros Mollet, une ale brune forte à la manière de celle des trappistes belges qui se décline aussi en version 10 degrés. À noter : même si cette brasserie artisanale se trouve sur la rue de la Plage, la plage en question est loin d'être aux abords de la brasserie…

LA TOUR À BIÈRES

BROUEPUB

517, rue Racine Est
Chicoutimi (Québec) G7H 1T8
418 545-7272

www.latourabieres.com

La terrasse avec vue sur le Saguenay est sans doute l'expérience la plus mémorable à vivre à cette brasserie artisanale sise au centre de Chicoutimi. Bien que ses bières en fût s'avèrent correctes, la qualité devient plus douteuse une fois que le tout est transféré en bouteille. Il est donc ardu de vous recommander un de leurs produits qui sont offerts sur les étagères des marchés spécialisés. Et depuis que La Voie Maltée a ouvert un établissement à Chicoutimi, nous devons avouer qu'une visite à La Tour à Bières est difficile à justifier.

LA VOIE MALTÉE
BROUEPUBS AVEC RESTAURANTS

2509, rue Saint-Dominique   777, boulevard Talbot
Jonquière (Québec) G7X 6K1   Chicoutimi (Québec) G7H 4B3
418 542-4373   418 549-4141

www.lavoiemaltee.com

 GRANDS CRUS
PAGE 291

    Situés au cœur de Jonquière, et depuis peu à Chicoutimi, ces pionniers de la microbrasserie saguenéenne constituent une valeur sûre pour étancher votre soif de plaisirs houblonnés dans la région. C'est bel et bien la bière qui est ici à l'avant-plan. En tout, c'est entre 7 et 11 bières qui devraient vous être offertes simultanément lors de votre visite. À leur apogée, certaines bières de La Voie Maltée sont parmi les meilleures de la province, selon leurs styles respectifs. Cependant, la plupart des recettes sont plutôt accessibles à des palais néophytes, révélant des profils de saveurs accommodants et un conditionnement des plus polis. Leur Tête de Mule, par exemple, est une ale de style belge dotée d'un fruité intrigant passant de la canneberge à la cerise, et cela sur une sécheresse boisée et des céréales sucrées et souples. Leur Grincheuse est une Saison d'inspiration belge dans laquelle le zeste d'orange et un fruité rappelant la mangue sont percés par un boisé presque sauvage. Leur Faisant Malt est une India Pale Ale aux houblons floraux et fruités savamment enracinés dans des céréales biscuitées. Que vous passiez la soirée au chaleureux brouepub de Jonquière ou au nouveau bistro plus branché de Chicoutimi, les deux établissements de La Voie Maltée seront certainement en mesure d'assouvir vos désirs de bières de qualité.

LA SCÈNE BRASSICOLE DE LA NOUVELLE-ANGLETERRE

Nous aimerions bien vous aguicher par une simple affirmation qui résumerait la Nouvelle-Angleterre en un tournemain. Malheureusement, malgré son histoire riche et ancienne, cette région affiche de nombreuses disparités. Le Connecticut et le Rhode Island sont des terres de contrastes où les richesses new-yorkaises côtoient la pauvreté des banlieues. À l'opposé, le Massachusetts et la métropole régionale, Boston, agissent comme phare culturel du nord-est des États-Unis, jouant le rôle d'épicentre du savoir. Le New Hampshire, un peu plus conservateur que les États voisins, est le reflet d'une histoire plus industrielle. Dans le très libéral Vermont, un des États les moins populeux, nature, ouverture d'esprit et artisanat sont toujours les valeurs les plus appréciées. Le Maine, au bord de l'Atlantique, est plus rural que la moyenne américaine et représente une force agricole majeure, en plus d'afficher de magnifiques paysages côtiers.

Ces paysages, tant culturels que géographiques, sont bel et bien variables, dans ces États qui constituent la Nouvelle-Angleterre. Côté bière, on ressent avec un certain amusement que, si une révolution contre l'Angleterre a éclaté sur la scène politique, ce n'est pas trop le cas sur la scène brassicole! En effet, plusieurs brasseries s'inspirent encore principalement des grandes familles de bière britanniques. C'est particulièrement vrai dans le Maine et le New Hampshire. On perçoit certes un caractère plus innovateur au Vermont, où l'imagination des artisans ne date pas d'hier, et au Massachusetts, où une population particulièrement éduquée recherche parfois plus que des bières de soif. Cependant, de façon générale, les brasseries suivent une ligne plutôt conservatrice.

Néanmoins, avec près de 15 millions d'habitants, la Nouvelle-Angleterre représente un bassin de population deux fois plus important que le Québec. La région compte donc, presque logiquement, un nombre de brasseries supérieur à celui de la Belle Province. Nécessairement, quelques brasseurs artisans se font remarquer davantage.

Si plusieurs grands joueurs comme la brasserie Samuel Adams occupent une part importante du marché, les grands bassins de population permettent la survie de plusieurs acteurs plus modestes. Par ailleurs, la compétition pour les postes de brasseurs est nettement plus affirmée qu'au Québec. Ainsi, une majorité de brasseurs pratiquent leur métier seulement après avoir suivi des programmes de formation professionnelle rigoureux, ce qui a un double effet. D'abord, les recettes tendent à être plus uniformes. On peut anticiper une qualité moyenne similaire à ce qu'on trouve au Québec, mais à notre avis, la variabilité est assurément moindre. On trouve donc généralement moins d'excellence, mais aussi moins de médiocrité. Une chose est sûre, les occasions de découvertes foisonnent dans toute la Nouvelle-Angleterre comme au Québec. La proximité de ces territoires nous assure donc de belles trouvailles de part et d'autre de la frontière.

LES BRASSERIES DU CONNECTICUT ET DU RHODE ISLAND

BRURM @ BAR

BROUEPUB AVEC RESTAURANT

234, Crown Street
New Haven (Connecticut) 06511
203 495-1111

www.barnightclub.com

À part le Broadway Pub de Shawinigan et ce BruRm @ BAR, nous ne connaissons aucune brasserie artisanale munie d'une véritable salle de danse. Mais sachez que même si les stroboscopes et l'éclairage techno-futuriste ne vous attirent pas trop, le BruRm compte deux autres salles ayant leur personnalité propre. En entrant, la salle qui se trouve à votre gauche est un bar aux murs sans finition et au plafond dégarni qui a l'air d'un bâtiment d'après-guerre. C'est là que se trouvent les quelques fermenteurs, le long des longues tables de pique-nique où vous pouvez vous asseoir. Si vous allez à votre droite, après avoir franchi la porte principale, vous vous dirigerez vers une salle à manger plus élégante où les pizzas de la maison sont préparées et servies. Peu importe où vous décidez de prendre place, les bières seront faciles à boire et peu complexes, de la Toasted Blonde aux céréales caramélisées dominantes à la Damn Good Stout et ses esters de bleuets allongés sur des malts rôtis aux saveurs de café.

CITY STEAM BREWERY CAFE

BROUEPUB AVEC RESTAURANT

942, Main Street
Hartford (Connecticut) 06103
860 525-1600

www.citysteambrewerycafe.com

Dans cet immense restaurant d'un spectaculaire édifice du très peu spectaculaire centre-ville de Hartford, de nombreuses pièces relativement intimes s'étalent sur des paliers multiples. Le caractère de bar sportif est assuré par ses nombreux téléviseurs. Une dizaine de bières brassées sur place sont offertes à tout moment, représentant des styles classiques et expérimentaux. La tendance est à la minceur et à la douceur. Par conséquent, les brassins de fermentation haute qui sortent des sentiers battus offrent un attrait particulier. Notons entre autres la Dexter Gordon, avec ses arômes fruités et ses malts de spécialité conférant des notes de grains rôtis et de toffee, et la Norwegian Wood, qui allie une base de malt juteuse et mélassée à une généreuse dose de cannelle. De quoi rappeler le temps des Fêtes.

COASTAL EXTREME BREWING CO.

307, Oliphant Lane
Middletown (Rhode Island) 02842
401 849-5232

www.newporstorm.com

Bien qu'ayant un salon de dégustation ouvert lors des heures normales de bureau, cette brasserie s'est davantage fait connaître pour sa gamme de bières embouteillées; une fourchette limitée d'interprétations libertaires de styles classiques. Ses bouteilles de petit format affichent toujours des prix démocratiques, mais la qualité est variable. La Blizzard Porter jouit d'un caractère plus fruité et moins amer que le Porter moyen. Son attention se concentre autour du malt, le houblon demeurant très subtil, à peine feuillu et épicé. Mais la réputation de l'entreprise provient davantage de sa série Newport Storm. Leurs bouteilles de 750 ml se démarquent par leur verre bleu et leur millésime. Elles ont d'ailleurs beaucoup fait parler les amateurs au début des années 2000. Chaque année, elles contiennent un nouveau produit de dégustation surpassant immanquablement les 10 % d'alcool et affichant un taux de sucres résiduels élevé. Il ne s'apprivoise donc pas à grandes gorgées. Le collectionneur de bouteilles y trouvera assurément un agréable terrain de jeu.

CODDINGTON BREWING CO.

210, Coddington Highway
Middletown (Rhode Island) 02842
401 847-6690

www.coddbrew.com

Il est rare qu'une brasserie artisanale nord-américaine se démarque par la légèreté de ses bières, mais celle-ci le fait aisément. La bière la plus forte de la maison ne titre que 5 % d'alcool... Nous nous croirions en Angleterre! Leur English Mild à 4,1 % est d'ailleurs un des rares exemples de ce style qui soient bien exécutés en Nouvelle-Angleterre. Elle offre plusieurs saveurs de céréales toastées et caramélisées dans un corps doux et rond. Leur Blueberry Blonde plaira quant à elle à l'amateur de chimie qu'il y a en vous... Les bleuets ajoutés dans le verre bougent de bas en haut, naviguant sur les bulles! Bon, à part ce spectacle pour enfants, nous pouvons vous recommander n'importe quelle bière brassée ici, mais ne venez pas y chercher des saveurs fières et complexes. Passez plutôt découvrir des bières dites « de session », c'est-à-dire des bières qui peuvent être bues en grande quantité, comme le font les Anglais, puisqu'elles sont peu alcoolisées.

COTTRELL BREWING
SANS SALON DE DÉGUSTATION

100, Mechanic Street
Pawcatuck (Connecticut) 06379
860 599-8213

www.cottrellbrewing.com

Cottrell est particulièrement reconnue pour sa Old Yankee, une Pale Ale ambrée largement distribuée dans le sud de la Nouvelle-Angleterre. Elle s'apprécie en bouteille comme en fût, mais vise plutôt un grand public, avec son profil de saveurs légèrement caramélisé, un tantinet fruité, et son amertume modérée.

JOHN HARVARD'S BREW HOUSE
BROUEPUB AVEC RESTAURANT

1487, Pleasant Valley
Manchester (Connecticut) 06040
860 644-2739

UNION STATION BREWERY

36, Exchange Terrace
Providence (Rhode Island) 02903
401 274-2739

Afin d'assurer une marge bénéficiaire accrue sur leurs boissons, ces deux succursales d'une chaîne de restaurants s'adonnent aussi à la confection de bières. Cela ne veut pas dire que les brasseurs n'y sont pas des professionnels, mais le souci d'économies d'échelle limite le potentiel créatif. Les résultats sont cependant d'une stabilité éprouvée et représentent une belle introduction à une vaste variété de styles classiques.

MOHEGAN CAFE AND BREWERY
BROUEPUB AVEC RESTAURANT

213, Water Street
Block Island (Rhode Island) 02807
401 466-5911

Située sur une île à plus de 20 kilomètres du Rhode Island continental, cette brasserie est l'une des plus difficiles d'accès de la Nouvelle-Angleterre. Une fois sur place, on constate que c'est surtout la cuisine qui y est mise à l'honneur. La proximité des fruits de mer frais inspire le chef davantage que les champs de houblon lointains ne le font pour le brasseur. Les quelques bières offertes ne voleront pas la vedette, mais elles agrémenteront néanmoins une soirée sur une île où les dégustations de bières se font rares.

NEW ENGLAND BREWING CO.
SANS SALON DE DÉGUSTATION

7, Selden Street
Woodbrige (Connecticut) 06525
203 387-2222

www.newenglandbrewing.com

Cette microbrasserie industrielle propose quelques produits en cannette offerts dans les magasins spécialisés du Connecticut. Leur Sea Hag IPA est une version humble du style où poussent des pétales de fleurs et des oranges, gracieuseté des houblons équilibrés par des malts caramélisés. Leur Elm City Lager est une Pils non filtrée d'inspiration allemande dont les céréales proposent des saveurs de foin sur lesquelles flottent des houblons gazonnés et herbacés. Mais c'est sûrement la Imperial Stout Trooper qui déclenchera la salivation des initiés, avec son malt chocolaté dense et son fumet subtilement fumé.

OLDE BURNSIDE BREWING CO.
SANS SALON DE DÉGUSTATION

776, Tolland Street
East Hartford (Connecticut) 06108
860 528-2200

www.oldeburnsidebrewing.com

D'inspiration écossaise, cette brasserie distribue une poignée de produits sous forme embouteillée et enfûtée. Leur produit le plus commun est la Ten Penny, une ale qui couvre un territoire gustatif essentiellement caramélisé, mais agréablement complété par des composantes fumées, terreuses et biscuitées. Pour la saison froide, Olde Burnside produit des versions plus relevées, mais qui se laissent boire avec une facilité nettement moindre.

RACE BOOK BREWPUB AT MOHEGAN SUN
BROUEPUB INTÉGRÉ À UN CASINO

1, Mohegan Sun Boulevard
Uncasville (Connecticut) 16382
860 204-8228

Voilà enfin une solution clé en main pour l'amateur qui aime combler ses vices par lots. Ce brouepub particulier est en fait situé dans l'enceinte d'un casino. Vous vous doutez donc que le public ciblé n'est pas nécessairement celui qui, avide de découvertes, trimballe ses papilles d'un océan à l'autre à la recherche du chef-d'œuvre qui réinventera la bière. Toutefois, si l'atmosphère d'un casino vous sied, vous y trouverez en prime une poignée de bières honnêtes.

SOUTHPORT BREWING CO.
BROUEPUBS AVEC RESTAURANTS

2600, Post Road	22, New Haven Avenue	850, West Main Street	1950, Dixwell Avenue
Southport (Connecticut) 06490	Milford (Connecticut) 06460	Branford (Connecticut) 06405	Hamden (Connecticut) 06514
203 256-BEER	203 874-BEER	203 481-BREW	203 288-HOPS

Chaîne régionale de brouepubs, Southport vise un vaste public, brassant ses propres bières mais ayant aussi un menu pour enfants. La production de bière n'est donc qu'une des activités de la maison, mais on en offre une gamme plutôt large, avec parfois une dizaine proposées en même temps. La plupart d'entre elles tendent à être légères et douces en bouche. Ce n'est pas ici qu'il faut s'attendre à de grandes surprises, mais nous ne cherchons pas toujours à être surpris, après tout !

THE CAMBRIDGE HOUSE

BROUEPUBS AVEC RESTAURANTS

357, Salmon Brook Street   84, Main Street
Granby (Connecticut) 06035 Torrington (Connecticut) 06790
860 653-2739   860 201-5666

www.cambridgebrewhouse.com

 GRANDS CRUS
PAGES 226 À 228

Les deux restaurants et brouepubs de cette compagnie ont la chance de compter sur le même maître brasseur, Stephen Schmidt, qui a entre autres fait ses classes à Allagash, dans le Maine. Les recettes brassées aux deux endroits sont les mêmes, mais personne ne s'en plaint ! Chaque brassin est préparé avec un soin méticuleux, et cela paraît dans tous les profils de saveurs, qui sont francs et raffinés. Leur IPA à l'américaine réjouira les fous du houblon avec ses explosions de pamplemousse et d'aiguille de pin. Leur Dave's Pale Ale rappelle les versions de la côte ouest américaine, avec ses houblons tout aussi expressifs, développant agrumes, épices et verdure dans un corps souple. Leur ¾ Porter étale quant à lui tous ses malts rôtis à l'orée de houblons boisés. Nombre d'autres recettes sont offertes aux deux succursales au gré des saisons, mais trois d'entre elles méritent d'être dégustées. Elles sont décrites plus en détail dans notre section Les grands crus. Vous aurez compris que, même si ces deux brasseries artisanales sont enfouies dans des recoins perdus du Connecticut, elles valent toutes deux amplement le détour, ne serait-ce que pour la qualité irréprochable de leurs bières.

THOMAS HOOKER

SANS SALON DE DÉGUSTATION

16, Tobey Road
Bloomfield (Connecticut) 06002
860 242-3111

www.hookerbeer.com

GRANDS CRUS
PAGE 273

Peu de brasseries du Connecticut travaillent sur une panoplie aussi variée de styles que Thomas Hooker. On touche à la délicatesse dans des lagers blondes telles que la Munich-Style Golden Lager, avec ses céréales aux saveurs de mie de pain. On côtoie des styles américains plus riches comme la Hop Meadow IPA, sèche et amère grâce à ses multiples houblons évoquant le conifère. On dérive aussi vers des bières liquoreuses à l'anglaise avec la Old Marley Barleywine et son caramel onctueux garni de confiture de fruits des champs et l'Imperial Porter, avec ses malts rôtis soutenus annotés d'esters fruités. C'est toutefois leur Liberator Doppelbock qui nous séduit à chaque brassin, mais nous vous en parlerons plus intimement dans la section Les grands crus, bien sûr.

TRINITY BREWHOUSE
BROUEPUB AVEC RESTAURANT

186, Fountain Street
Providence (Rhode Island) 02903
401 453-2337

www.trinitybrewhouse.com

C'est dans le centre-ville de Providence que vous trouverez ce pub d'inspiration britannique où de multiples styles de bière sont brassés chaque année, avec plus ou moins de succès. Leur Rhode Island IPA est la seule bière de la maison embouteillée et distribuée à l'extérieur de la région. Elle représente un exemple honnête du style, avec ses houblons fruités et floraux équilibrés par de rondes céréales caramélisées.

WILLIMANTIC BREWERY
BROUEPUB AVEC RESTAURANT

967, Main Street
Willimantic (Connecticut) 06226
860 423-6777

www.willibrew.com

GRANDS CRUS
PAGES 292 ET 293

Il est difficile de passer outre ce bureau de poste centenaire situé en plein centre du village de Willimantic. Ses colonnes imposantes, ses plafonds très hauts et ses deux bars pleins de cachet séduisent au premier coup d'œil. Heureusement, la qualité ne se limite pas au domaine architectural. Armé de savoir et de spontanéité, le brasseur Dave Wollner travaille ses nouvelles recettes – et elles sont innombrables ici – tel un chef cuisinier. Il conçoit une base qu'il évalue aussitôt, puis détermine la suite intuitivement. Par exemple, il peut ne choisir le houblonnage qu'une fois l'empâtage des céréales amorcé. Il avoue avoir un penchant pour les bières bien houblonnées ; c'est d'ailleurs une des raisons pour lesquelles il brasse de multiples IPA, toutes non filtrées. On en trouve souvent plus de deux simultanément inscrites à l'ardoise, un fait peu commun sauf sur la côte ouest américaine. Même ses créations hybrides, comme la Anytown USA American Special Bitter ou la India Pilsner Ale, comportent un vigoureux houblonnage aromatique des plus attrayants. Mais cela ne signifie pas que Dave s'enlise dans les houblons et qu'il n'est pas conscient de l'importance de l'équilibre. Décidément, pour voir et pour goûter, Willimantic est une halte de marque.

LES BRASSERIES DU MAINE

ALLAGASH BREWING COMPANY
AVEC BOUTIQUE SOUVENIR

50, Industrial Way
Portland (Maine) 04103
207 878-5385 ou 1 800 330-5385

www.allagash.com

GRANDS CRUS
PAGES 180 À 183
BRASSERIE D'EXCEPTION
PAGE 177

Commencer sa découverte des bières du Maine par celles d'Allagash, c'est débuter tout en haut de l'échelle de la qualité. Si haut, même, que la descente pourrait occasionner des déceptions persistantes. D'abord, les styles belges favorisés par la maison se font très rares dans cet État qui produit presque uniquement des ales d'inspiration britannique. Ensuite, la complexité de ses créations diffère grandement de celle de la brasserie type du Maine. À Allagash, non contents de satisfaire le client avec des produits faciles d'accès, on pousse l'art du brassage vers des sommets de complexité et de nuance, que ce soit dans les bières phares comme la White ou dans leurs expériences plus ambitieuses comme la Gargamel, une ale sûre aux framboises issue d'une fermentation aux levures sauvages. Tout ce qui sort des cuves d'Allagash mérite d'être goûté, regoûté, stocké et louangé.

ANDREWS BREWING COMPANY
SANS SALON DE DÉGUSTATION

4975, High Street
Lincolnville (Maine) 04849
207 763-3305

Andrews, une minuscule brasserie artisanale située à la campagne, près de la côte centrale du Maine, brasse des styles anglais distribués en bouteille dans quelques établissements de la région. Ces bières étant toutes honnêtes et faciles à boire, vous les trouverez sans doute très correctes pour accompagner vos guedilles de homard dans les nombreux *lobster pounds* du coin. Leur St. Nick's Porter, par exemple, avec ses malts rôtis aux notes de chocolat amer, est aussi digeste que leur Summer Golden aux céréales miellées qui équilibrent des houblons feuillus. Il en va de même de leur English Pale Ale dotée de houblons boisés et floraux épiçant ses céréales caramélisées. Leurs étiquettes illustrant un golden retriever malhabilement « photoshoppé » sur fond de paysage vallonné ne gagneront jamais de prix, mais vous saurez sans doute reconnaître là l'absence de prétention de cette brasserie qui fait tout bonnement de la bière de soif.

ATLANTIC BREWING COMPANY
AVEC SALON DE DÉGUSTATION ET PUB

30, Rodick Street
Bar Harbor (Maine) 04609
207 288-9513

www.atlanticbrewing.com

Une blanche et pittoresque maison de campagne vous souhaite la bienvenue, vous forçant presque à venir la visiter, tellement elle peut être charmante vue de la route. Ici, vous pourrez visiter la brasserie et acheter quelques bouteilles de ses ales d'inspiration anglaise, mais surtout déguster leurs multiples bières en mangeant quelques viandes de leur propre fumoir, situé dans la cour arrière. Nous vous recommandons particulièrement leur SOB – Special Old Bitter Ale, avec ses houblons feuillus légèrement piquants sertis de saveurs caramélisées fugaces, leur Coal Porter et ses malts aux accents de noisette, de vanille et de chocolat noir, leur Bar Harbor Blueberry Ale au parfum de bleuet un peu acidulé, et leur MacFoochies 7+ Scottish Ale, avec ses céréales caramélisées et rôties juxtaposées à la bruyère, une herbe remplaçant les houblons, dans ce cas-ci. Prenez garde, cette brasserie n'est pas située près du centre du village de Bar Harbor, mais plutôt en périphérie, dans la bourgade de Town Hill, fusionnée à Bar Harbor.

BAR HARBOR BREWING (MAINTENANT PROPRIÉTÉ D'ATLANTIC BREWING)
ANCIENNE MICROBRASSERIE ET BOUTIQUE SOUVENIR

8, Mount Desert Street
Bar Harbor (Maine) 04609
207 288-4592

www.barharborbrewing.com

GRANDS CRUS
PAGE 208

Il n'y a pas si longtemps, la petite île de Mount Desert et son parc national Acadia comptaient trois brasseries artisanales : Maine Coast, Atlantic et Bar Harbor. En 2009, Atlantic a acheté Bar Harbor, une de ses concurrentes principales. Contre toute attente, elle a décidé de donner encore plus de visibilité aux produits créés par cette toute petite brasserie artisanale auparavant blottie dans la cour arrière de la maison de son propriétaire. La nouvelle boutique, située en plein centre du village de Bar Harbor, vend maintenant les bières phares conçues par l'ancien maître brasseur, mais brassées chez Atlantic. Les étiquettes ont été changées, mais les recettes demeurent les mêmes et profitent désormais du vaste réseau de distribution d'Atlantic. La Thunder Hole Ale est toujours une Brown Ale bien amicale aux accents de marron rôti et de caramel, et la Cadillac Mountain Stout mérite une fiche détaillée dans notre section Les Grands Crus !

BEAR BREWPUB / BLACK BEAR BREWERY
AVEC PUB

36, Main Street
Orono (Maine) 04473
207 866-2739

www.blackbearmicrobrew.com

Comme la majorité des brasseries de l'État, cette petite brasserie du centre-nord du Maine brasse des styles anglais conçus pour étancher la soif. Ses bières sont offertes en bouteilles de 22 oz, en cruchon de 2 litres ou en fût, mais seulement à la brasserie et dans quelques établissements autour d'Orono. Leur pub à trois étages est surtout fréquenté par des collégiens. Ici, vous trouverez quelques-unes de leurs offrandes à la carte, mais surtout plusieurs bières de multinationales. Si vous êtes chanceux, vous tomberez sur une Voodoo Bear Porter sertie de flaveurs de céréales aux légères pointes de mélasse fruitée ou sur une Pail Ale, avec ses houblons terreux et résineux équilibrant des malts miellés et caramélisés. La qualité des bières semble cependant varier, alors nous ne pouvons vous garantir une expérience identique à la nôtre.

BRAY'S BREWING
BROUEPUB ET RESTAURANT

À la jonction des routes 305 et 32
Naples (Maine) 04055
207 693-6806

www.braysbrewpub.com

Ce brouepub se trouve le long d'une route rurale qui prend naissance dans la métropole de Portland même. La maison ancestrale abrite un pub confortable et une minuscule salle à dîner familiale, et est dotée d'une sympathique cour arrière avec tables de pique-nique, vieux fûts de chêne et bar extérieur. On se croirait presque dans un *biergarten* allemand. Leurs bières maison sont toutefois bien typiques de la scène brassicole du Maine : elles sont de styles anglais, simples et plaisantes à boire, mais peu mémorables. Vous trouverez toujours trois ou quatre de ces bières à la carte, complémentées par quelques bières invitées. Parmi les bières de la maison, nous pouvons vous suggérer d'essayer une pinte de leur Quaker Ridge Oatmeal Stout, avec ses malts caramel et chocolat allégés par des esters de raisin, leur Brandy Pond Blonde Ale, avec ses notes de blé citronné et de pain frais, leur Bald Pate Celebration Rye, dans laquelle les saveurs de seigle côtoient celles de houblons feuillus et terreux, ou leur Burnt Mountain Meadow Peated Porter, au corps svelte dans lequel pataugent des saveurs rôties et subtilement fumées. Comme elles sont toutes gazéifiées de façon naturelle, il ne faut pas s'attendre à obtenir des bières bien effervescentes chez Bray's. Profitez de l'occasion pour remarquer les différences de gazéification entre les produits plus courants et ceux qu'on sert ici sans bonbonne de gaz carbonique.

D.L. GEARY'S BREWING CO.
SANS SALON DE DÉGUSTATION

38, Evergreen Drive
Portland (Maine) 04103
207 878-2337

www.gearybrewing.com

Il n'y a pas de pub ou de restaurant adjoint à cette microbrasserie du secteur industriel de Portland, mais vous pourrez trouver leurs bières de styles anglais sans problème dans plusieurs établissements de la région, que ce soit en bouteille ou en fût. Nous vous conseillons la Wee Heavy, une Scotch Ale aux rondeurs caramélisées garnies de fruits des champs, la London Porter aux malts rôtis ayant des allures de café moka, ou leur Hampshire Special Ale et son alliage de pain toasté, de caramel et de houblons fruités et amers. Cette dernière est peut-être la bière au profil de saveurs le plus complexe de la maison, mais elle se laisse déguster sans effort.

FEDERAL JACK'S BREWPUB
BROUEPUB, RESTAURANT ET BOUTIQUE SOUVENIR

8, Western Avenue
Kennebunk (Maine) 04043
207 967-4322

www.federaljacks.com

En vérité, cette brasserie artisanale fait partie de la famille Shipyard Brewing et offre donc majoritairement des bières de la géante Shipyard (voir p. 129), mais aussi quelques rares spécialités maison. Le restaurant familial avec vue sur la marina de Kennebunk vaut peut-être un repas si vous vous prélassez déjà non loin, sur les plages du sud du Maine, mais le dégustateur de bières en quête de grands crus ne devrait pas faire de détour pour venir s'abreuver aux pompes du Federal Jack's.

FREEPORT BREWING COMPANY
SANS SALON DE DÉGUSTATION

46, Durham Road
Freeport (Maine) 04032
207 767-2577

Avis aux amateurs de rareté, cette minuscule brasserie établie dans une grange est située tout juste à l'extérieur du village de Freeport. Ses bières sont très peu distribuées, alors votre meilleure chance de les goûter se trouve dans les estaminets de Freeport même. Leur bière phare est la Brown Hound Brown Ale, une ale brune d'inspiration anglaise aux céréales toastées et caramélisées rappelant le marron. Dans le temps des Fêtes, vous aurez peut-être la chance de goûter à leur Christmas Ale au profil de saveurs épicé, avec ses malts caramel dessinant des fruits confits à l'aide des esters de la levure.

GRITTY MCDUFF'S
BROUEPUBS AVEC RESTAURANTS ATTITRÉS

396, Fore Street	187, Lower Main Street	68, Main Street
Portland (Maine) 04101	Freeport (Maine) 04032	Auburn (Maine) 04210
207 772-BREW	207 865-4321	207 376-BREW

www.grittys.com

Microbrasserie légendaire du Maine, Gritty McDuff's est en fait une petite chaîne de brouepubs qui distribue ses bières en bouteille partout dans le Maine, tout en offrant plusieurs occasions d'essayer ses produits en fût. Nous sommes ici encore en présence d'ales anglaises, toutes conçues pour agrémenter des soirées conviviales. Le pub de Portland, le premier de la chaîne, est particulièrement charmant avec ses murs et ses arches en brique, son ambiance chaleureuse et sa quantité impressionnante de chopes en grès garnissant l'arrière du bar. Vous pourrez évidemment goûter leur Best Bitter en cask, question de vraiment vivre le service à l'anglaise. Ses céréales toastées et légèrement caramélisées accentuent les notes florales du houblon East Kent Golding. Essayez aussi leur Black Fly Stout, un autre exemple classique de ce genre, avec ses angles de grain de café rôti, de chocolat noir amer et de raisin. Si vous avez la dent sucrée, leur Scottish Ale devrait vous plaire un peu plus que la Best Bitter, grâce à ses malts caramel bien développés. Cela dit, les brouepubs Gritty McDuff's ne vous offriront pas d'expériences de dégustation mémorables, mais ils pourraient tout de même vous faire passer d'agréables moments en bonne compagnie.

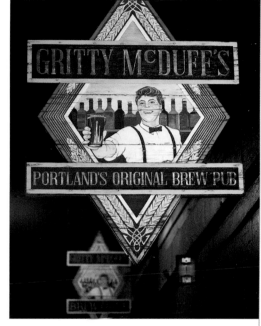

KENNEBEC RIVER BREWING
BROUEPUB ET RESTAURANT

1771, US Route 201
The Forks (Maine) 04985
207 663-4466

Cachée au beau milieu des grandes forêts du nord-ouest du Maine, cette petite brasserie est surtout une auberge pour motoneigistes ou adeptes de rafting, selon la saison. Leurs bières sont servies en fût au bar-restaurant, en plein centre du vaste hall du gîte, mais vous verrez peut-être leur Magic Hole IPA en bouteille dans certains magasins spécialisés de l'État. Le fait saillant d'une visite à cet endroit se doit d'être le grand bain tourbillon, sur le balcon arrière de l'auberge. Vous pouvez y relaxer en dégustant les bières de la maison servies dans des pots Mason... Bien que vous ne trouverez jamais là de bière de grand calibre, une dent sucrée devrait trouver satisfaction avec leur Arthur's Hazelnut Brown Ale aux accents noisettés et caramélisés.

LIBERAL CUP PUBLIC HOUSE AND BREWERY
BROUEPUB ET RESTAURANT

115, Water Street
Hallowell (Maine) 04347
207 623-2739

www.theliberalcup.com

Ce pub de facture anglaise doté d'un tout petit système de brassage réussit à offrir à ses habitués un endroit chaleureux et convivial. Ses bières visent à désaltérer, comme toutes les bières légères d'inspiration britannique. Leur Backhouse Bitter est la classique de la maison, avec ses céréales caramélisées qui tendent à dominer ses houblons gazonnés et fruités. L'hiver, la Smelt Camp Strong Ale propose un profil de saveurs similaire, quoique légèrement plus fruité et amer. Les recettes du Liberal Cup sont aussi brassées dans le sud de l'État, à Saco, plus précisément, dans un nouveau brouepub portant le nom de Run of the Mill (voir p. 127).

LION'S PRIDE
BAR À BIÈRES ET RESTAURANT (ET BROUEPUB EN DEVENIR)

112, Pleasant Street
Brunswick (Maine) 04101
207 373-1840

Le fait d'avoir établi l'un des meilleurs bars à bières dans le nord-est de l'Amérique, l'Ebenezer Kezar's Restaurant and Pub, à Lovell (Maine), n'était pas suffisant pour Chris Lively. Il désirait offrir une expérience similaire aux gens du sud du Maine, en plus d'avoir son propre brouepub. Si vous connaissez Chris, vous savez que ce ne pouvait être une brasserie comme les autres. Il fallait que son brasseur puisse tout de suite concocter des ales de calibre international capables de faire bonne figure aux côtés des chefs-d'œuvre qu'il sert en tout temps, en fût ou en bouteille, à Lovell comme à Brunswick. La solution était simple, mais il fallait y penser ! En plus du talentueux brasseur maison, Chris souhaite inviter quelques vedettes internationales du milieu brassicole à venir concevoir des produits originaux dans sa brasserie. Excellente façon d'attirer les dégustateurs en quête de grands crus, dites-vous ? Au moment où nous rédigeons, les premières bières du Lion's Pride n'ont pas encore vu le jour, mais force est d'admettre que la pression est grande s'ils veulent atteindre les mêmes sommets que leurs bières invitées. Mais nous avons tellement confiance que nous nous prêterons avec plaisir au jeu du cobaye, et cela à maintes reprises dans les années à venir.

MAINE BEER COMPANY
SANS SALON DE DÉGUSTATION

1, Industrial Way
Portland (Maine) 04103
207 221-3159

www.mainebeercompany.com

La Maine Beer Company, à vocation écologique, se limite pour l'instant à la production d'une seule bière, la Spring Peeper Ale, offerte dans de rares magasins spécialisés du Maine. C'est une ale blonde non filtrée au parfum houblonné envoûtant, surprenant même, par ses notes de gazon fraîchement coupé et d'aiguille de conifère. En bouche, les houblons laissent place à la douceur des levures fraîches et à une effervescence marquée, mais l'amertume finale rappelle aisément le parfum initial. Voilà une vaillante entrée en scène sur le marché du Maine généralement trop conservateur.

MAINE COAST BREWING COMPANY / JACK RUSSELL'S STEAKHOUSE
BROUEPUB ET RESTAURANT

102, Eden Street
Bar Harbor (Maine) 04609
207 288-5214

www.bhmaine.com

Bien que trois brasseries soient situées dans les limites officielles de la ville de Bar Harbor, ce brouepub est le seul à être près du centre historique. Si vous ne voulez pas marcher les vingt-cinq minutes nécessaires pour vous rendre dans la zone hôtelière où se trouve le Jack Russell's, sachez que la navette gratuite Island Explorer #2 peut vous y emmener rapidement. Les bières de la maison sont d'inspiration anglaise, comme la très grande majorité des bières de la région. Elles sont donc toutes conçues pour étancher la soif. Leur Wild Blueberry Ale vous étonnera peut-être, avec son parfum explosif de bleuet sucré s'achevant sur un filet acidulé. Leur Oatmeal Stout procure quant à elle l'expérience à laquelle on s'attend de ce style, c'est-à-dire des céréales caramélisées et rôties s'exprimant en sucres résiduels bien calculés. Si vous préférez une potion plus houblonnée, leur Precipice Pale Ale pourrait bien vous plaire, elle qui remue agrumes et terre dans un corps effervescent et relativement sec. Cela dit, nous vous suggérons fortement d'essayer leurs bières en fût au restaurant, plutôt que d'acheter quelques-unes de leurs bouteilles vendues en ville, la qualité de celles-ci étant très variable.

MARSHALL WHARF BREWING CO. (THREE TIDES RESTAURANT)
BRASSERIE ET RESTAURANT

2, Pinchy Lane
Belfast (Maine) 04915
207 338-1707

www.marshallwharf.com

 GRANDS CRUS
PAGE 250

Une perle se cache sur les berges de la côte du Maine, à deux heures de voiture au nord de Portland ou, si vous préférez, à une heure au sud du parc national Acadia. C'est dans deux coquettes maisons grises que s'exprime l'audace d'un maître brasseur qui offre une carte située à des lieues des normes conservatrices adoptées par les brouepubs du Maine. La brasserie et sa petite boutique se trouvent dans le bâtiment de droite, mais c'est au restaurant et pub Three Tides que vous pourrez vivre l'expérience complète prévue par Marshall Wharf Brewing. La salle à manger et son bar sont peut-être exigus, mais les deux magnifiques terrasses avec vue sur la baie et les voiliers au mouillage à quelques mètres de vous sont mémorables. C'est d'autant plus vrai lorsque la brume de la baie les nimbe. D'ailleurs, la terrasse située au niveau de la mer a comme plancher les galets de ce bord d'océan et utilise

d'énormes bûches comme sièges. Peu importe où vous êtes assis, c'est au rythme de mélodies jazzées que vous pourrez déguster les multiples styles de bière offerts, de la Phil Brown, une ale brune à l'anglaise brassée avec une portion de malt fumé à la tourbe et gazéifiée d'un mélange de gaz carbonique et d'azote, à la Weisse Grip, une blanche de blé à l'allemande aux riches esters de banane couvrant le blé et ses angles citronnés, en passant par des Double IPA à l'américaine. Parmi celles-ci, la Big Twitch titrant 9 % d'alcool, avec ses houblons floraux et résineux aux parfums d'agrumes, et sa grande sœur, la Cant Dog, avoisinant les 10 % d'alcool, plus ronde et puissante, et offrant ses houblons au goût d'aiguille de pin sur un lit de céréales sucrées et d'alcool chaleureux. Si vous trouvez un autre endroit où vous pouvez jouer à la pétanque sur le bord d'un feu de foyer extérieur à deux pas de la mer tout en sirotant une excellente bière issue d'une carte aussi inspirée, prière de nous aviser le plus rapidement possible.

OAK POND BREWERY
AVEC PETITE BOUTIQUE

101, Oak Pond Road
Skowhegan (Maine) 04976
207 474-3233

www.oakpondbrewery.com

Cette grange gris et rouge enfouie dans les terres du nord-ouest du Maine cache une brasserie artisanale qui brasse des ales et des lagers vendues en bouteille dans les bons magasins du centre du Maine, et quelquefois en fût, dans des établissements spécialisés de la région. Bien que la gamme de ses produits soit un tantinet plus diversifiée que celle de la brasserie type du Maine, ses profils de saveurs demeurent simples et de calibres semblables. Leur Nut Brown Ale plaît aux amateurs du style anglais, présentant un équilibre entre des malts caramel et rôtis, et des houblons terreux, tandis que leur Oktoberfest et ses accents de céréales toastées mariés à des houblons herbacés rappellent effectivement des exemples posés de ce style de lager à l'allemande. Leur White Fox Ale, quant à elle, sied aux papilles en quête de houblons un peu plus expressifs, avec ses notes poivrées, fruitées et feuillues.

PEAK ORGANIC BEER
BRASSEURS LOUANT L'ÉQUIPEMENT D'UNE AUTRE BRASSERIE POUR FAIRE LEURS BIÈRES

110, Marginal Way #102
Portland (Maine) 04101

www.peakbrewing.com

L'absence de fertilisants et de pesticides chimiques dans la culture de l'orge et des houblons n'est pas monnaie courante dans le monde de la bière, mais les brasseurs de Peak Organic s'assurent que tous leurs ingrédients sont bel et bien certifiés biologiques avant d'entreprendre un brassin. Parmi leurs créations avenantes, la India Pale Ale marie des sucres résiduels aux allures de toffee à des houblons résineux aux notes d'orange, et la Espresso Amber Ale est une ale ambrée additionnée de café espresso.

PENOBSCOT BAY BREWERY

BRASSERIE ET VIGNOBLE AVEC SALON DE DÉGUSTATION

279, Main Street
Winterport (Maine) 04496
207 233-4500

www.winterportwinery.com

Fait inattendu et pour le moins inusité, ce vignoble situé au nord de l'État s'est récemment mis à brasser de la bière, et ses bouteilles sont offertes à proximité de la brasserie jusqu'à la côte centrale du Maine. Pour l'instant, aucune de leurs deux bières – la Whig Street Blonde Ale, surtout maltée, et la Old Factory Whistle Scottish Ale, encore plus linéaire – n'a réussi à nous épater. Mais ce ne sont que les premiers balbutiements de ce nouveau projet, alors nous serions bien contents de vous dire dans quelques années que la vapeur a été renversée.

RUN OF THE MILL PUBLIC HOUSE AND BREWERY

BROUEPUB ET RESTAURANT

100, Main Street
Saco (Maine) 04072
207 571-9648

Nouveau projet des propriétaires de la brasserie Liberal Cup, ce brouepub offre une expérience très similaire à celle du pub de Hallowell, mais la terrasse qui donne sur la rivière Saco ajoute un charme supplémentaire, les jours de beau temps. Grosso modo, on y brasse et sert les mêmes bières qu'à Hallowell (voir p. 123), avec quelques bières saisonnières maison apparaissant à la carte de temps à autre. Dans le désert brassicole au sud de Portland, cet endroit peut devenir très intéressant.

SEA DOG BREWING

ALLIÉE À QUELQUES RESTAURANTS ATTITRÉS

1, Bowdoin Mill Island, suite 100	125, Western Avenue	26, Front Street
Topsham (Maine) 04086	South Portland (Maine) 04106	Bangor (Maine) 04401
207 725-0162	207 871-7000	207 947-8004

www.seadogbrewing.com

Les deux adresses Sea Dog hors de Portland possèdent des terrasses surplombant une rivière. Cela crée des endroits bien sympathiques pour qui envisage de découvrir les ales d'inspiration anglaise de la brasserie-mère. Les bières, servies en fût, en bouteille ou en cask, sont toutes habiles dans l'art de faire découvrir de nouvelles saveurs à des papilles néophytes, mais elles ne satisferont probablement pas les palais plus aguerris. Leur Riverdriver Hazelnut Porter est peut-être la plus accomplie, avec ses saveurs de noisette, de datte séchée et de malts rôtis. Cette microbrasserie appartient maintenant à Shipyard, la plus grosse des brasseries du Maine.

SEBAGO BREWING CO.
ALLIÉE À QUELQUES RESTAURANTS ATTITRÉS

48, Sanford Drive (brasserie et boutique)
Gorham (Maine) 04038
207 856-2537

201, Southborough Drive (restaurant)
Scarborough (Maine) 04074
207 874-2337

29, Elm Street (restaurant)
Gorham (Maine) 04038
207 839-2337

164, Middle Street (restaurant)
Portland (Maine) 04101
207 775-2337

www.sebagobrewing.com

Un peu comme Sea Dog et Gritty McDuff's, ses compétiteurs du même État, cette brasserie possède trois restaurants dans lesquels ses bières sont mises en valeur aux côtés d'une cuisine humble mais savoureuse. Leurs bières sont un peu plus audacieuses que la norme dans le Maine, notamment leur Fryes Leap IPA, une des rares India Pale Ales du Maine à utiliser fièrement des houblons de souche américaine, qui distille un parfum de pamplemousse rose sur une amertume résineuse soutenue. Leur Lake Trout Stout saura séduire les amateurs de saveurs chocolatées avec ses angles de grain de café rôti et ses esters de bleuet. La brasserie ose même tenter l'expérience des bières dites extrêmes en servant une Double IPA nommée Full Throttle, mais celle-ci se perd dans l'intensité plutôt que de se raffiner dans la complexité et la fraîcheur.

SHEEPSCOT VALLEY BREWING COMPANY
SANS SALON DE DÉGUSTATION

74, Hollywood Boulevard
Whitefield (Maine) 04353
207 549-5530

www.photo-ne.com/sheepscot

Voici une autre minuscule brasserie campagnarde qui brasse des ales à la britannique pour certains bars et restaurants de la région. Leur Bold Coast Pemaquid Ale est bien avenante, avec ses flaveurs de prune et de caramel, alors que leur Boothbay Special Bitter Pale Ale est tout aussi équilibrée, avec ses houblons floraux et fruités soutenus par des céréales judicieusement caramélisées. Bien que leurs produits ne soient pas les plus faciles à trouver, ils valent tous la peine d'être goûtés, que vous les aperceviez en fût ou en cruchon de 2 litres dans certains magasins spécialisés du Maine.

SHIPYARD BREWING
SANS SALON DE DÉGUSTATION

86, Newbury Street
Portland (Maine) 04101
207 761-0807

www.shipyard.com

En plus de brasser sa propre gamme d'ales à l'anglaise, cette mégabrasserie possède plusieurs autres marques commerciales telles que Belfast Bay, Tremont et Casco Bay, et elle brasse aussi les bières « maison » de The Bag and Kettle à Carrabassett Valley, de Hartford Better Beer Co., de The Inn on Peaks Island et de St. John Brewers aux Îles Vierges. Parmi les nombreux produits concoctés ici, la Belfast Bay McGovern's Oatmeal Stout sait satisfaire l'amateur, avec ses malts rôtis aux notes chocolatées et ses esters fruités. La Shipyard Fuggles IPA est une bonne introduction aux saveurs diplomatiques du houblon Fuggles, et les ales fortes de la Pugsley Signature Series font de même avec des styles souvent trop explosifs pour des palais craintifs, dont les Barley Wine, Imperial Porter et Double IPA. Cela dit, le succès commercial de Shipyard a surtout été atteint grâce à ses bières faciles d'accès, qui offrent des saveurs pas trop différentes de celles des produits des géantes corporatives de notre continent. Ce sont surtout ces bières que vous retrouverez sur le marché du Maine.

SUNDAY RIVER BREWING CO.
BROUEPUB AVEC RESTAURANT

1, Sunday River Road
Bethel (Maine) 04101
207 824-3541

www.stonecoast.com

C'est près de la frontière du New Hampshire et de ses spectaculaires White Mountains que vous trouverez ce pub et restaurant familial servant skieurs et touristes en quête d'un repas et d'une bière sans prétention. Si vous ne savez pas quelle bière choisir, la palette de dégustation – qui est un ski coupé en deux avec 6 trous pour les verres – vous confirmera que tout ce qui est brassé ici est très digeste, sans complexité et sans même de cohésion quant aux profils de saveurs. Il y a quelques années, les meilleures bières de la brasserie étaient brassées et embouteillées à Portland sous le nom de Stone Coast, mais depuis le retour au brassage unique à Bethel, nous ne pouvons vous affirmer qu'une qualité similaire soit toujours de la partie.

LES BRASSERIES DU MASSACHUSETTS

AMHERST BREWING COMPANY
BROUEPUB AVEC RESTAURANT

36, North Pleasant Street
Amherst (Massachusetts) 01002
413 253-4400

www.amherstbrewing.com

La charmante ville étudiante d'Amherst regorge de magnifiques maisons typiques de la Nouvelle-Angleterre. En plein centre, son brouepub abrite quelques salles sur deux étages. Cet aménagement, combiné avec un éclairage tamisé, permet de maintenir une ambiance relativement intime même quand le pub est plein. À l'occasion de nos visites bien espacées, nous avons toujours eu droit à un service exemplaire et à un goûter supérieur à la moyenne de ceux des brouepubs américains typiques. Ajoutez à cela une impressionnante sélection de bières comptant une douzaine de spécimens à la fois, et vous vous trouvez dans une situation fort enviable, pour cette région du monde. De la Heather Ale bien parfumée et brassée sans houblon, à la riche et torréfiée, mais modérée, Two Sisters, en passant par une North Pleasant Pale Ale aux parfums d'agrumes qui porte particulièrement bien son nom quand elle est servie en cask, vous en trouverez pour tous les goûts. Et puisque vous êtes à Amherst, profitez-en donc pour faire un crochet par l'excellent bar à bières Moan and Dove, situé à quelques kilomètres à l'extérieur de la ville. Vous ne le regretterez pas !

BARRINGTON BREWERY AND RESTAURANT (BERKSHIRE MOUNTAIN BREWERY)
BROUEPUB AVEC RESTAURANT

420, Stockbridge Road
Great Barrington (Massachusetts) 01203
413 528-8282

www.barringtonbrewery.net

« Barn brewed » dit l'enseigne de la brasserie. Ce n'est pas assez révélateur ? Sachez que Barrington s'est aussi procuré récemment des panneaux solaires afin de fournir l'énergie nécessaire au fonctionnement de l'équipement de brassage. Côté ambiance, lorsque vous entrerez, vous apercevrez sans doute un gigantesque gâteau sous cloche, comme si vous visitiez votre grand-mère. Les murs en bois de toutes les pièces sont d'ailleurs ornés de vieilles cannettes et de vieilles bouteilles. De toute évidence, l'endroit est sans prétention et attire une clientèle qui s'amuse sûrement à chiner dans les nombreux magasins d'antiquités du coin. Les bières de la maison sont tout aussi conviviales, de la désaltérante Vienna, avec ses saveurs de pain, à la Hopland Pale Ale aux houblons épicés, fruités et feuillus, et à la Black Bear Stout et ses céréales rôties développant un sucre rappelant la mélasse mais allégé par des esters de mûre. Le reste de la carte mérite aussi un palais attentif, même si les amateurs de bière en quête de sensations fortes retourneront probablement chez eux bredouilles.

BEER WORKS

BROUEPUB AVEC PLUSIEURS RESTAURANTS

61, Brookline Avenue	112, Canal Street	203, Cabot Street	278, Derby Street
Boston (Massachusetts) 02215	Boston (Massachusetts) 02214	Lowell (Massachusetts) 01854	Salem (Massachusetts) 01970
617 536-BEER	617 896-BEER	978 937-BEER	978 745-BEER

www.beerworks.net

La localisation principale se situe à deux pas du Fenway Park et de ses adulés Red Sox. Vous vous attendez donc à un bar sportif, et vous avez bien raison. Néanmoins, la douzaine de bières en fût, si ce n'est pas davantage, distingue l'endroit des autres établissements similaires. Il ne faut pas s'attendre à faire là des découvertes particulièrement ébahissantes, mais la grande variété, de même que la localisation relativement centrale dans une ville majeure, où peu d'autres brouepubs se sont établis, en font une visite logique. En passant, sachez que la brasserie promet des bouteilles pour bientôt.

BLUE HILLS BREWERY

SANS SALON DE DÉGUSTATION

1020, Turnpike Street #3B
Canton (Massachusetts) 02021
781 821-2337

www.bluehillsbrewery.com

Cette toute nouvelle microbrasserie située à l'extérieur de Boston distribue ses bières en fût et en bouteille dans quelques établissements de la région. Sa Wamputuk Wheat a été la première à voir le jour. C'est une blanche de blé à l'allemande (Weizen), très bien construite, avec des esters d'agrumes et un profil levuré épicé (aux notes de clou de girofle, entre autres) qui sied à merveille aux délicates céréales miellées. Nous avons évidemment très hâte de découvrir leurs recettes futures, sachant que la majorité des brasseries ne font que s'améliorer en se familiarisant avec leur équipement.

BERKSHIRE BREWING CO.

SANS SALON DE DÉGUSTATION

12, Railroad Street
South Deerfield (Massachusetts) 01373
413 665-6600

www.berkshirebrewingcompany.com

C'est dans le nord-ouest du Massachusetts, tout près du Vermont, que se trouve cette microbrasserie qui embouteille et distribue ses produits un peu partout en Nouvelle-Angleterre. Suivant le profil type de l'entreprise brassicole de la région, elle brasse uniquement des styles anglais, tous faciles d'approche. Leur Coffeehouse Porter est digeste, avec ses saveurs de café à la noisette. Leur Lost Sailor IPA est aussi douce, pour ce style de bière, se concentrant sur les saveurs d'agrumes et de conifères de ses houblons.

Même leur Imperial Stout, un style habituellement plus riche et liquoreux, s'aborde aisément, avec ses céréales rôties créant chocolat et caramel au-dessus d'un fruité rappelant le raisin sec. À Brattleboro, dans le sud du Vermont, le Flat Street Brew Pub, qui n'est pas un brouepub, mais un bar, sert au moins huit des bières de Berkshire en fût, et cela en tout temps.

BOSTON BEER COMPANY (SAMUEL ADAMS)
SANS SALON DE DÉGUSTATION

30, Germania Street
Boston (Massachusetts) 02116
617 482-1332

www.samueladams.com

L'omniprésente Samuel Adams Boston Lager est un franc succès commercial. Elle est en fait une des premières bières ne provenant pas des mégabrasseries américaines à être distribuée un peu partout sur le territoire américain, en plus d'être exportée dans nombre de pays sur plus d'un continent. Mais cette géante ne peut se résumer au succès de sa bière phare. Elle a conçu au fil des années une très grande variété de bières, contribuant ainsi grandement à l'éducation des consommateurs en leur présentant des styles aussi précis les uns que les autres. De leur Winter Lager, une belle bière de blé d'inspiration allemande aux reflets acajou, à leur Utopias, un vin d'orge titrant un gargantuesque 27 % d'alcool (!) et défiant les conceptions habituelles de ce qu'est une bière, cette brasserie demeure toujours innovatrice, bien que son marché principal ne soit évidemment pas les amateurs de bières de dégustation. Chapeau !

BREWMASTER'S TAVERN
AVEC RESTAURANT

4, Main Street
Williamsburg (Massachusetts) 01039
413 268-7741

www.thebrewmasterstavern.com

C'est ici que se trouve la nouvelle brasserie du brouepub Opa-Opa, situé à Southampton (voir p. 140), dans l'ouest du Massachusetts. L'entreprise avait déjà commencé à embouteiller ses produits, mais cette expansion récente leur permettra de prendre beaucoup plus d'espace sur les tablettes de l'État. Le restaurant attenant à l'usine de Williamsburg propose une impressionnante gamme d'une trentaine de bières en fût, la majorité étant bien évidemment de marque Opa-Opa.

CAMBRIDGE BREWING COMPANY
BROUEPUB AVEC RESTAURANT

1, Kendall Square
Cambridge (Massachusetts) 02139
617 494-1994

www.cambrew.com

GRANDS CRUS
PAGES 191 À 193
BRASSERIE D'EXCEPTION
PAGE 189

Il fallait toute une brasserie artisanale pour satisfaire la curiosité de la population estudiantine branchée de Cambridge. Avec les années, Will Meyers a su relever brillamment le défi de plaire, tant aux diplômés de l'Université Harvard et du MIT, qu'à l'amateur de bière en quête de grands crus. Quatre bières grand public se retrouvent en permanence à la carte, toutes façonnées avec soin sans jamais décoiffer ceux qui désirent relaxer leurs papilles. Mais ce sont surtout les nombreuses bières saisonnières qui attirent les dégustateurs. Ceux-ci font souvent de longs détours dans le seul espoir de goûter les dernières créations de Will. Quelques exemples pour vous chatouiller un peu? La Skibsøl, une bière fumée d'inspiration danoise, la Jedi Mind Trick, une ale de souche belge mais houblonnée comme une IPA américaine, You-EnjoyMyStout, un Stout impérial vieilli en fûts de bourbon, L'Amour du Jour, un Gruit, ou recette ancienne aromatisée entre autres au thé du Labrador, la Tripel Threat, une Tripel de style belge aux céréales miellées épicées à la coriandre. D'innombrables autres bières s'y côtoient et s'y succèdent à un rythme effarant. La Cambridge Brewing Company est non seulement le meilleur brouepub de la région de Boston, il vous offre sans contredit une des plus mémorables expériences de dégustation en Nouvelle-Angleterre.

CAPE ANN BREWING
AVEC SALON DE DÉGUSTATION

27, Commercial Street
Gloucester (Massachusetts) 01930
978 281-4782

www.capeannbrewing.com

Tout près du New Hampshire, dans l'extrême nord-est du Massachusetts, Cape Ann Brewing brasse des ales d'inspiration anglaise et allemande pour amateurs de bières de soif. Leur Fisherman's Bavarian Wheat, par exemple, est une Weizen tout en douceur, avec des houblons épicés et une levure bien typée rappelant la mie de pain et offrant banane et clou de girofle. De son côté, leur Fisherman's Brew est une lager ambrée munie d'une bonne base maltée, toastée et légèrement caramélisée. Mais c'est la Pumpkin Stout, une bière noire à la citrouille, qui réveille habituellement les ardeurs des papilles aventurières en mariant des saveurs de café et de chocolat à celles d'un gâteau à la citrouille. Ces produits peuvent tous être dégustés en fût à leur chouette salon de dégustation tout neuf. Des bouteilles sont aussi en vente dans les magasins spécialisés de l'est du Massachusetts.

CAPE COD BEER
SANS SALON DE DÉGUSTATION

1336, Phinney's Lane
Hyannis (Massachusetts) 02601
508 790-4200

www.capecodbeer.com

La région touristique de Cape Cod compte maintenant sur sa propre brasserie, située dans un quartier industriel en périphérie de Hyannis. Aucune raison de se présenter à la brasserie même, à moins que vous ne vouliez la visiter ou acheter quelques cruchons de leurs bières, car celles-ci sont distribuées dans plusieurs restaurants de la péninsule et même sur les traversiers de la compagnie Hy-Line. La Cape Cod Red, une rousse ronde et bien caramélisée décorée de houblons boisés est celle que vous retrouverez le plus souvent en fût dans la région. À l'opposé, vous devrez user de votre flair de dégustateur averti pour dénicher une pinte d'une de leurs bières saisonnières, que ce soit leur Old Man Winter de type Old Ale, ou leur Harvest Ale d'inspiration allemande.

CISCO BREWERS
AVEC SALON DE DÉGUSTATION

5-7, Bartlett Farm Road
Nantucket (Massachusetts) 02584
508 325-5929

www.ciscobrewers.com

 GRANDS CRUS
PAGE 236

Heureusement pour nous, il n'est pas nécessaire d'emprunter le très coûteux traversier qui mène à l'île de Nantucket pour déguster les produits de Cisco Brewers. Vendues en bouteille dans la majorité des bons magasins du Massachusetts, leurs bières de styles anglais sont souvent complexes, malgré ce que la norme de la Nouvelle-Angleterre semble dicter. Vous désirez une ale blonde ? La Bailey's Ale vous surprendra, avec ses céréales aux notes de foin équilibrées à des houblons citronnés et résineux. Vous voulez une IPA qui ne sombre pas dans une amertume agressive ? La India Pale Ale est une version sage de ce style dans laquelle les houblons expriment un fruité rappelant l'abricot et s'étendent sur un délicat malt caramel. Vous penchez habituellement vers les profils de saveurs chocolatés ? La Captain Swain's Extra Stout et la Moor Porter possèdent toutes deux des malts rôtis aux angles de chocolat noir, la première étant un tantinet plus sucrée. Bref, bien que cette brasserie ne tente pas d'en mettre plein la vue, ses bières sont toujours empreintes d'une personnalité indéniable propre à la maison.

DEADWOOD CAFÉ AND BREWERY
BROUEPUB AVEC RESTAURANT

820, Morrissey Boulevard
Dorchester (Massachusetts) 02122
617 825-3800

www.deadwoodbrewery.com

Une section de ce complexe d'amusement et salon de quilles situé en banlieue de Boston a été tout récemment convertie en café, auquel on a adjoint une petite brasserie. Cinq bières de styles classiques – Pils, Stout, Brown Ale, Red Ale et Bock – y sont offertes. L'ouverture tardive du café nous a empêchés d'aller déguster leurs produits au moment où nous y passions. Mais qu'à cela ne tienne ! Pourquoi ne pas nous communiquer vos propres impressions ?

GARDNER ALE HOUSE
BROUEPUB AVEC RESTAURANT

74, Parker Street
Gardner (Massachusetts) 01440
978 669-0122

www.gardnerale.com

« Hey Sweetie ! » vous lance la serveuse que vous ne connaissez pas alors que vous franchissez le seuil de l'établissement. Elle sait très bien que vous êtes à quelques heures de chez vous, mais elle essaie résolument de vous mettre à l'aise comme si vous étiez un habitué de la maison. Vous voici donc dans un restaurant familial qui fait vaillamment figure de brouepub américain : une cuisine simple, un service amical, un décor sobre et des bières maison désaltérantes. Voilà la formule, et le Gardner Ale House l'utilise efficacement. Sa Old School Pils est de style tchèque, offrant des malts aux saveurs de paille et de miel. Sa Chair City Pale Ale propose un équilibre de houblons résineux et fruités sur des céréales généreusement caramélisées. La Facelift IPA est une version anglaise du style, démontrant de beaux malts toastés et biscuités sur fond de houblons feuillus. Vous quitterez probablement le Gardner Ale House bien repu et souriant, satisfait de la chaleur avec laquelle on vous a abordé. Mais il se peut bien que vous oubliiez l'identité propre de cette brasserie artisanale, puisqu'elle en a peu.

HARPOON BREWERY
AVEC BOUTIQUE SOUVENIR

306, Northern Avenue
Boston (Massachusetts) 05089
617 574-9551

www.harpoonbrewery.com

L'usine originale de la brasserie Harpoon se trouve ici, à Boston, à quelques centaines de kilomètres de leur nouvel établissement situé au centre du Vermont. Contrairement à cette deuxième brasserie, celle de Boston n'a pas de restaurant intégré. Cependant, vous pouvez tout de même vous procurer de la bière à emporter, en bouteille ou en cruchon, une fois la visite de la brasserie terminée. Pour une description des produits Harpoon, consultez la fiche de la brasserie du Vermont, à la page 158.

HIGH AND MIGHTY BREWING
BRASSEUR LOUANT L'ÉQUIPEMENT D'UNE AUTRE BRASSERIE POUR CONCOCTER SES RECETTES ET LES EMBOUTEILLER

www.highandmightybrewing.com

 GRANDS CRUS
PAGE 238

Will Shelton a longuement travaillé avec son frère afin de bâtir Shelton Brothers, une compagnie d'importation qui a presque à elle seule fait du Massachusetts un des États de la côte est les mieux nantis en bières importées de qualité. Quelques années après sa mission accomplie, Will a décidé de confectionner ses propres bières. Celles-ci traduisent les fruits du savoir accumulé au fil de ses nombreux voyages de par le monde pour dénicher les meilleurs produits à importer. C'est donc à la Paper City Brewing, dans l'ouest du Massachusetts, qu'il loue l'équipement pour brasser ses propres créations, d'inspiration allemande et belge. Sa Purity of Essence est une lager allemande non filtrée dotée d'un flair américain. Ses céréales toastées et subtilement caramélisées soutiennent des houblons herbacés, presque fruités. La St. Hubbins Abbey Ale est quant à elle une ale d'inspiration belge épicée et au fruité volubile. Mais c'est sa Beer of the Gods qui retient notre attention, une ale blonde toute simple mais qui présente tout un monde de saveurs… À découvrir dans notre section Les grands crus !

HONEST TOWN BREWERY
BROUEPUB AVEC RESTAURANT

12, Crane Street
Southbridge (Massachusetts) 01550
508 764-1100

www.12crane.com/honesttown

Oubliez l'extérieur fade et grisâtre. Le 12 Crane Street est un centre commercial d'antan partiellement rénové en surface, mais qui a préservé son charme d'une autre époque à l'intérieur. L'étage compte une salle à dîner, sombre mais élégante, et dotée d'une cuisine complète. Si vous cherchez une ambiance un peu plus décontractée, il vous faut rebrousser chemin vers le rez-de-chaussée et emprunter la petite porte sur votre droite. Celle-ci mène à un escalier et au palier inférieur du bâtiment. C'est là que vous trouverez une rangée de vieux fauteuils autrefois somptueux en vous dirigeant vers un petit mais néanmoins chic bar du nom de Dark Horse Tavern. Des boiseries foncées y encadrent des bodhrans celtiques, des luminaires d'époque et encore plus de fauteuils, tirés, dirait-on, d'un luxueux manoir. Cinq à sept bières maison sont offertes en haut comme en bas, ainsi que six bières invitées (en moyenne). Parmi les choix de la Honest Town, la Uberaschen Hefeweizen est bien désaltérante, avec ses esters de banane et de poire, et la Padraig's Red plaira aux amateurs d'ales rousses, avec ses malts caramel très fruités rappelant le raisin sec.

HYLAND ORCHARD AND BREWERY (PIONEER BREWING COMPANY)

BROUEPUB

199, Arnold Road
Fiskdale/Sturbridge (Massachusetts) 01518
508 347-7500

www.hylandbrew.com

Nous ne pensions jamais dire une chose pareille, mais… cette brasserie est parfaite pour vos enfants ! Et pour vous aussi, évidemment ! Lorsque vous verrez le petit poney dans son enclos, les canards dans l'étang d'à côté et un lama émergeant de sa cabane toute proche, vous comprendrez que le Hyland Orchard and Brewery est bien plus qu'une brasserie artisanale. L'atmosphère bucolique de la campagne environnante, tout juste à l'extérieur de Sturbridge, vous fait oublier tout souci. Prenez place à une des tables de pique-nique à l'intérieur du Stein Hall, le petit salon de dégustation de la brasserie, ou à l'extérieur, au *biergarten* derrière la brasserie. Si les agréables odeurs de boulangerie ne sont pas présentes, vous pourrez au moins humer et goûter leur Pioneer Pale Ale, avec ses malts biscuités menant à une amertume de houblon gazonné, leur Pioneer Double Bock, vieillie en fût à bourbon, déployant des notes soutenues de vanille, de caramel et de cacao, ainsi que quelques autres bières construites afin de plaire à tout voyageur.

JOHN HARVARD'S BREWHOUSE
BROUEPUBS AVEC RESTAURANTS

33, Dunster Street
Cambridge (Massachusetts) 02138
617 868-3585

1, Worcester Road
Framingham (Massachusetts) 01701
508 875-2337

www.johnharvards.com

Signe de prospérité, cette chaîne de brouepubs du nord-est de l'Amérique ouvre succursale après succursale. Tous ces pubs sont maintenant gérés par des maîtres-brasseurs indépendants de la maison-mère, ce qui donne des possibilités de dégustation multiples. Cependant, vous trouverez sûrement les bières phares de la chaîne dans chacun d'eux comme à la succursale de Cambridge, à deux pas du Harvard Square.

JUST BEER / BUZZARDS BAY BREWERY
AVEC BOUTIQUE SOUVENIR

98, Horseneck Road
Westport (Massachusetts) 02790
508 636-2288

www.buzzardsbrew.com

L'environnement bucolique de cette brasserie donne le goût de visiter cette région peu fréquentée du Massachusetts, située près de la frontière du richissime État du Rhode Island. C'est entouré de fermes, non loin d'une magnifique baie, que vous pourrez goûter à quelques produits exclusifs, en plus de repartir avec des bouteilles des bières phares de la brasserie. Autrefois productrice de la ligne de lagers à l'allemande Buzzard's Bay, la brasserie se concentre maintenant sur des produits génériques à la facture américaine. La brasserie loue aussi ses équipements à des brasseurs indépendants comme Dann Paquette, de Pretty Things, et d'autres brasseries cherchant à prendre de l'expansion.

MAYFLOWER BREWING COMPANY
AVEC BOUTIQUE SOUVENIR

12, Resnik Road Suite 3
Plymouth (Massachusetts) 02360
508 746-2674

www.mayflowerbrewing.com

Voilà une autre jeune brasserie, œuvrant au sud de Boston, qui conçoit des ales désaltérantes et très professionnelles. Parmi sa gamme encore en évolution, elle produit une IPA équilibrée qui fourmille de houblons résineux et citronnés. La Summer Rye, une ale blonde de seigle légère et croustillante, met en valeur des houblons herbacés et citronnés aux côtés de notes de foin. Un Porter donne quant à lui dans les malts chocolatés mouillés de cerise subtile. Vous pouvez aussi acheter des cruchons de 2 litres à la brasserie même, sur le chemin de Cape Cod.

MERCURY BREWING

SANS SALON DE DÉGUSTATION

25, Hayward Street
Ipswich (Massachusetts) 01938
978 356-3329

www.mercurybrewing.com

 GRANDS CRUS
PAGE 258

    C'est une brasserie un peu difficile à suivre que cette Mercury Brewing… Ce qui est frustrant, puisqu'on y concocte souvent des ales d'une qualité impeccable et très faciles d'approche. En plus de louer leur brasserie à d'autres entrepreneurs pour qu'ils y fassent leurs propres bières (quelle bière est brassée en sous-traitance, et laquelle ne l'est pas?), la brasserie offre deux gammes de produits de marques différentes – Ipswich et Stone Cat –, mais de styles très similaires… Qu'à cela ne tienne, cette stratégie peu orthodoxe semble fonctionner, puisqu'une toute nouvelle brasserie de 36 000 pieds carrés est maintenant en fonction, brassant toutes les ales de la maison. La marque Ipswich est beaucoup plus facile à trouver et semble offrir les meilleurs produits de la maison pour l'instant. La Ipswich Winter Ale est très accueillante pour une ale hivernale, avec ses saveurs de prune et de caramel s'unissant dans une complexité certaine. La Ipswich Harvest Ale est une IPA aux houblons expressifs développant des mélodies fruitées et terreuses menant vers une amertume résineuse musclée.

NASHOBA VALLEY WINERY

AVEC RESTAURANT ET BOUTIQUE SOUVENIR

100, Wattaquadoc Hill
Bolton (Massachusetts) 01740
978 779-5521

www.nashobawinery.com

    Voici un autre vignoble qui produit aussi des bières (comme Penobscot Bay, dans le Maine), mais qui n'obtient que des résultats mitigés. Vous pouvez visiter la brasserie et le vignoble, bien sûr, mais vous pouvez essayer tous leurs produits du moment en fût au J's Restaurant, situé sur le même terrain. Leur Barley Wine est très simple, pour ce style habituellement riche et complexe, partageant quelques saveurs florales, fruitées et caramélisées dans un corps longiligne. Leur Peach Lambic, plus expérimental, n'honore pas le grand style belge dont il emprunte le nom.

NORTHAMPTON BREWERY
BROUEPUB AVEC RESTAURANT

11, Brewster Court
Northampton (Massachusetts) 01060
413 584-9903

www.northamptonbrewery.com

Le lien familial avec le propriétaire fondateur de Smuttynose Brewing, au New Hampshire, a donné lieu à un partage de quelques recettes, mais c'est là que s'arrêtent les comparaisons entre Northampton et la grande brasserie de Portsmouth. La qualité est plus standard à Northampton, et la différence par rapport à d'autres bières de styles semblables brassées dans la région est plutôt mince. Dans une ville collégiale où l'exceptionnel bar à bières, The Dirty Truth, règne en maître, nous avons bien peur que cette brasserie artisanale reste un second violon assez longtemps aux yeux du dégustateur de grands crus.

OFFSHORE ALE COMPANY
BROUEPUB AVEC RESTAURANT

30, Kennebec Avenue
Oakbluffs (Massachusetts) 02557 (sur l'île de Martha's Vineyard)
508 693-2626

www.offshoreale.com

Une traversée aller-retour depuis Woods Hole vers Martha's Vineyard est bien abordable, surtout lorsque vous savez qu'il vous mènera vers le somptueux village de Oak Bluffs et sa brasserie artisanale, Offshore Ale Company. En plus de la sélection variée d'huîtres qu'on y trouve, vous pourrez déguster quelques bières à l'anglaise tout en zieutant les fermenteurs au deuxième plancher en mezzanine. La Steeprock Stout plaira certainement aux amateurs du style, avec ses flaveurs de café au lait, de rôti et de caramel, tout comme la Hop Goddess, qui réveillera les papilles de ceux qui seront fatigués de l'omniprésence des recettes à la britannique en démontrant ses aptitudes métissées : tropicale et résineuse par ses houblons américains, puis florale et fruitée par sa levure belge. Leurs IPA et Amber, très dociles, sont offertes en bouteille, bien qu'au pub vous puissiez aussi vous procurer un cruchon de 2 litres de votre choix.

OPA-OPA STEAKHOUSE AND BREWERY
BROUEPUB AVEC RESTAURANT

169, College Highway
Southampton (Massachusetts) 01073
413 527-0808

www.opaopasteakhousebrewery.com

Un steakhouse grec décoré à la western est bien un des derniers endroits où nous chercherions de la bière de dégustation. Preuve indéniable que tout est possible in America, le Opa-Opa Steakhouse brasse également sa propre bière et, croyez-le ou non, ce sont des produits de qualité. Que vous ayez le goût d'une salade grecque ou d'une pièce de viande bien charnue, vous pourrez les accompagner en vous désaltérant à l'aide d'une des bières maison, que ce soit la Adonis Gold aux houblons floraux et citronnés valsant sur des céréales subtilement toastées, la American Wheat aux notes d'agrumes et de blé croustillant, ou la Marshall Brown Ale, fruitée et noisettée. Tout ici est agréable à boire, même si aucun défi d'analyse n'est posé aux papilles. L'entreprise a récemment pris de l'expansion, ouvrant une deuxième brasserie bien plus grande, afin de donner plus de visibilité à sa gamme de bières embouteillées. L'endroit compte aussi un restaurant, le Brewmaster's Tavern (voir p. 132).

PAPER CITY BREWERY
SANS SALON DE DÉGUSTATION

108, Cabot Street
Holyoke (Massachusetts) 01040
413 535-1588

www.papercity.com

En plus de louer ses équipements à d'excellents brasseurs itinérants comme High and Mighty (p. 136), Paper City brasse une gamme d'ales qui lui sont propres, mais qui tardent à se faire une place sur le marché local. Malgré tout, la brasserie continue de nous proposer des bouteilles intéressantes, que ce soit leur Denogginator, une Doppelbock aux céréales rappelant le pain rôti, leur Summer Brew aux houblons fruités se fondant dans des malts légèrement miellés ou leur Blonde Hop Monster, qui bizarrement est sans artifices, avec ses houblons amers, boisés et gazonnés.

THE PEOPLE'S PINT
BROUEPUB AVEC RESTAURANT

24, Federal Street
Greenfield (Massachusetts) 01301
413 773-0333

www.thepeoplespint.com

 GRANDS CRUS
PAGE 262

Si vous venez à cette brasserie artisanale du nord-ouest du Massachusetts à vélo, vous obtiendrez des rabais ! Certes, c'est un peu loin du Québec pour y aller en pédalant, mais une soirée à s'empiffrer des produits locaux au People's Pint vaut grandement la peine. Le bœuf des burgers vient d'une ferme des environs, la moutarde placée sur la table est en fait une moutarde en grains (pas le type jaune fluorescent), les serveurs sont sympathiques et attentionnés. Bref, tout respire l'authenticité, ce qui est très rafraîchissant pour un restaurant de brouepub américain. Les bières maison sont tout aussi intéressantes, et ne froissent pas les papilles, malgré des saveurs intenses. Leur Hope Street ESB met en évidence des malts toastés et caramélisés agencés à des houblons épicés et feuillus. La Pied PIPA offre des houblons aux saveurs d'orange et de résine sur un lit de céréales bien caramélisées. La Oatmeal Stout est quant à elle plutôt sucrée, déployant des flaveurs de caramel brûlé et de café. Ces bières et plusieurs autres sont aussi offertes dans certains magasins de la région, mais assurez-vous de la fraîcheur des bouteilles avant d'en acheter. De toute façon, la visite de ce pub chaleureux vaut grandement le détour, surtout si vous êtes dans le sud du Vermont.

PITTSFIELD BREW WORKS
BROUEPUB AVEC RESTAURANT

34, Depot Street
Pittsfield (Massachusetts) 01201
413 997-3506

www.pittsfieldbrewworks.com

Vue de l'extérieur, cette brasserie artisanale au centre de Pittsfield n'est pas très inspirante, mais une fois ses portes franchies, vous pourrez facilement vous trouver un endroit confortable dans une des pièces de la maison. Toutes les bières brassées sur place sont bien construites, bien qu'elles ne suivent pas nécessairement les règles de l'art dans chaque cas, démontrant un caractère maison évident. Même la Donohey's Gold, la « petite blonde » de la carte, présente une fraîcheur indéniable, avec ses céréales croquantes parfumées de houblons citronnés. C'est la bière parfaite pour vous préparer à la célébration du houblon qu'est la Legacy IPA, grouillante de houblons floraux et fruités, et fondée sur des céréales rappelant le pain toasté. Ah oui… Si votre verre commence à trembler sur la table, ne cherchez pas un cadre de porte sous lequel vous réfugier ! Ce n'est pas un séisme, ce n'est qu'un train qui passe tout près.

PRETTY THINGS BEER AND ALE PROJECT
BRASSEUR LOUANT L'ÉQUIPEMENT D'UNE AUTRE BRASSERIE AFIN DE FAIRE SA BIÈRE ET L'EMBOUTEILLER

www.prettythingsbeertoday.com

Pretty Things est un projet de Dann Paquette, brasseur-itinérant et créateur, entre autres, de la superbe Leatherlips IPA, de The Tap, à Haverhill (voir p. 145). Ce n'est que depuis 2008 que ses nouvelles potions sont offertes sur les étagères du Massachusetts. Sa Jack d'Or est une Saison d'inspiration belge mais américanisée à l'aide de la présence soutenue de houblons épicés et herbacés. Sa American Darling respire la même fraîcheur, avec ses céréales aux allures de foin craquant supportant des houblons poivrés et herbacés légèrement amers. Sa Baby Tree, une ale brune forte de style Quadruple avec ajout de prune propose des arômes de raisin sec, de clou de girofle et de bonbon, forgeant un fascinant élixir de dégustation. Même si Dann n'est pas propriétaire des cuves qu'il utilise, vous pouvez être assuré que tous les produits qui sortent de son imagination valent de multiples verres chacun.

RAPSCALLION
BRASSEUR LOUANT L'ÉQUIPEMENT D'UNE AUTRE BRASSERIE AFIN DE PRODUIRE SES BIÈRES

www.drinkrapscallion.com

Autrefois brassés à la Concord Brewery de Lowell, dans le nord-est du Massachusetts, les produits Rapscallion sont maintenant devenus itinérants, étant brassés à contrat dans diverses brasseries de la région. Voulant se concentrer davantage sur la fraîcheur des produits, l'organisation a préféré abandonner le conditionnement en bouteille en faveur du fût. Six bières sont offertes sporadiquement dans plusieurs établissements du Massachusetts, du Rhode Island et du New Hampshire. La bière phare se nomme Premier. Elle offre un bouquet floral à souhait supporté par une charpente maltée biscuitée et un étalement fruité à l'amertume convaincante. De son côté, la Blessing se démarque par ses esters presque juteux qui rappellent la pêche et ses houblons résineux prononcés.

ROCK BOTTOM
BROUEPUBS AVEC RESTAURANTS

115, Stuart	250, Granite Street
Boston (Massachusetts) 02116	Braintree (Massachusetts) 02184
617 742-2739	781 356-2739

www.rockbottom.com

La chaîne de brouepubs et restaurants Rock Bottom est maintenant présente dans 15 États américains. Chacun de ses établissements se veut familial et convivial, offrant un peu de tout sans jamais briser le moule établi par les attentes prévisibles de sa clientèle. Les bières confectionnées sont généralement agréables à boire, même si peu d'entre elles possèdent une personnalité propre. Si vous voulez découvrir certains styles de bière, vous y trouverez sûrement une pinte intéressante à boire, mais n'y allez surtout pas en quête de grands crus.

SHERWOOD FOREST BREWERS
BRASSEUR LOUANT L'ÉQUIPEMENT D'UNE AUTRE BRASSERIE AFIN DE PRODUIRE SES BIÈRES

655, Farm Road
Marlborough (Massachusetts) 01752
508 466-8082

www.sherwoodbrewers.com

Robin des Bois et sa joyeuse bande ont inspiré cette brasserie confectionnant des ales faciles à boire. Mais au fait, est-ce vraiment une brasserie ? Au moment où nous écrivons ces lignes, une transition semble s'opérer entre le brassage effectué à la Mercury Brewing d'Ipswich et le travail qui est fait à l'adresse de Marlborough indiquée ci-dessus. Parmi leurs créations, leur Sheriff's IPA offre de rafraîchissantes tangerines épicées qui s'étirent en une amertume herbale prolongée. La Friar's White propose

un autre style désaltérant, la blanche de blé à la belge, sertie de graine de coriandre et de zeste d'orange.

THE TAP (HAVERHILL BREWERY)
AVEC RESTAURANT

100, Washington Street
Haverhill (Massachusetts) 01830
978 374-1117
GRANDS CRUS
PAGES 268 À 272

Le dédale que l'on doit emprunter afin de visiter les deux bâtiments en brique rouge abritant ce restaurant et cette brasserie du centre historique de Haverhill est un véritable voyage dans le temps. En 1889, plus précisément. C'est dans ces lieux que Jon Curtis, encore dans la vingtaine, et ses comparses élaborent quantité de styles dont vous pouvez vous abreuver. Les cervoises sont servies du côté pub à l'anglaise ou du côté salle à manger, tous deux ornés de magnifiques fresques. L'été, la très grande terrasse avec vue sur la rivière devient un incontournable. C'est tout près de son étang à poissons intérieur, au sous-sol du bâtiment non occupé par le restaurant, que Jon conçoit des produits aussi audacieux que captivants. Son fourquet virevolte allègrement d'une Dortmunder croustillante à un Lambic à la belge, en passant par un Barley Wine bien malté et une Weizenbock pleine de notes épicées provenant de la levure. La brasserie embouteille une partie de sa production régulière. Deux bières de cette gamme sont décrites en détail dans la section Les grands crus, en plus d'une autre, servie seulement en fût au restaurant, en saison estivale.

Si vous voulez éviter à un proche de devenir le conducteur désigné lors de votre visite de cette brasserie artisanale des plus diversifiées, notez que vous pouvez vous rendre à Haverhill en train, sur le Downeaster de la compagnie Amtrak qui relie Boston à Portland, dans le Maine. Haverhill est un arrêt situé à 50 minutes au nord de Boston, ou à 90 minutes au sud d'Old Orchard Beach, dans le Maine.

WACHUSETT BREWING
SANS SALON DE DÉGUSTATION

175, State Road East and Route 2A
Westminster (Massachusetts) 01473
508 874-9965

www.wachusettbrew.com

Toute tranquille dans sa campagne du nord du Massachusetts, la brasserie Wachusett confectionne des bières construites avec soin, mais qui ne feront jamais les premières pages des magazines brassi-coles. La Green Monsta est une Pale Ale aux céréales caramélisées agencées aux houblons citronnés et boisés. La Winter Ale est une douce boisson, pour la saison, conçue de malts aux notes de caramel et de pain rôti enduits d'esters de fruits. La Black Shack Porter répond aux règles du style, avec ses malts rôtis développant la noisette aux côtés de flaveurs de café. Le reste de la gamme est tout aussi poli, mais nous sommes forcés d'admettre qu'aucune des bières n'y est vraiment mémorable.

WATCH CITY BREWING
BROUEPUB AVEC RESTAURANT

256, Moody Street
Waltham (Massachusetts) 02453
781 647-4000

www.watchcitybrew.com

À mi-chemin entre le bar de jazz et ses boiseries et le bar sportif et ses écrans colorés, le Watch City demeure simple et confortable. Le pub offre généralement huit bières, dont la moitié sont saisonnières. Les Pale Ales y sont particulièrement bien réussies. La Totem se veut un hommage aux houblons agrumes, alors que la Hops Explosion IPA combine malts biscuités et houblons aux effluves de fruits tropicaux en une bière où les arômes sont rois. Néanmoins, leur bière la plus spectaculaire est selon nous la Skye High Scotch Ale. Ce puits sans fond de complexité maltée joue d'abord dans des pâturages biscuités et toas-tés aux forts accents de caramel, voire de mélasse. On croirait humer un pudding chômeur, jusqu'à ce que la complexité se dévoile, avec ses touches fumées et terreuses. Mais selon nos expériences, les bouteilles vendues sur place sont parfois problématiques, étant loin de rendre hommage aux bières bien conçues que les pompes de Waltham proposent.

LES BRASSERIES DU NEW HAMPSHIRE

ANHEUSER-BUSCH
SANS SALON DE DÉGUSTATION

221, Daniel Webster Highway
Merrimack (New Hampshire) 03054
605 595-1202

www.anheuser-busch.com

Avez-vous déjà entendu le nom Anheuser-Busch quelque part ? Cette multinationale responsable de marques commerciales telles que Budweiser, Busch, Michelob, O'Douls et Rolling Rock (entre autres) appartient maintenant à InBev, un conglomérat brassicole de plus en plus énorme et siégeant en Europe. Les bières aux profils de saveurs aqueux d'Anheuser-Busch peuvent très bien se boire sans qu'on ait besoin de les analyser. En effet, si vous êtes à la recherche de saveurs franches et non diluées, ce n'est pas ici que vous les trouverez. Il est distrayant de remarquer que la brasserie confectionne quelques produits supposément « artisanaux » depuis quelques années, mais sans jamais mentionner leur réelle provenance sur les étiquettes.

ELM CITY BREWING COMPANY
BROUEPUB AVEC RESTAURANT

222, West Street
Keene (New Hampshire) 03431
603 355-3335

www.elmcitybrewing.com

Cette brasserie artisanale située dans le sud-ouest du New Hampshire, à quelques minutes à l'est de Brattleboro dans le Vermont, est un endroit bien intéressant pour faire connaissance, entre autres, avec des styles d'ales et de lagers allemands. Située à l'arrière du centre commercial Colony Mill, sa terrasse et son design intérieur prolongent le décor du marché, qui met en valeur la brique et les arbres. L'endroit est à la fois convivial et branché. La cuisine va dans le même sens ; essayez la bisque de crabe servie avec un pain maison aux olives. Côté bière, la Maibock est très satisfaisante, avec ses céréales rondes et mielleuses agencées aux houblons herbacés. La Smoked 420 est une Rauchbier exemplaire, alors que la Keene Kolsch unit des saveurs de paille craquante et de houblons boisés dans un corps des plus digestes, et que la No Name, d'inspiration américaine cette fois, met en valeur des houblons citronnés et résineux équilibrés par un doux malt caramel. Sans épater la galerie, ce brouepub représente tout de même un plaisant arrêt gastronomique, si vous vous promenez dans la région.

FLYING GOOSE BREWPUB
BROUEPUB AVEC RESTAURANT

40, Andover Road
New London (New Hampshire) 03257
603 526-6899

www.flyinggoose.com

Il est toujours étonnant de trouver une brasserie artisanale servant autant de bières maison en fût (plus d'une douzaine en tout temps), en étant aussi éloignée de toute civilisation. Ce Flying Goose est un restaurant familial en plein milieu d'une campagne tranquille du centre-ouest de l'État, avec une vue saisissante sur la nature qui l'entoure. Parmi la vaste sélection d'ales brassées sur place, nous vous suggérons la Isle of Pines Barley Wine, une ale forte, soyeuse, aux houblons fruités et aux malts caramel subtils, la Long Brothers Strong Ale, pour sa belle amertume résineuse, ou la Robert Strong Brown, une ale brune d'inspiration britannique au sucré de noisette bien agréable. Aucun grand cru ne s'est présenté à nous à ce brouepub, mais l'arrêt facile pas trop loin de l'autoroute nous incline à vous recommander d'y faire halte.

ITALIAN OASIS RESTAURANT AND BREWERY
BROUEPUB AVEC RESTAURANT

106, Main Street
Littleton (New Hampshire) 03561
603 444-6995

Les tapis fleuris de ce restaurant à la cuisine d'inspiration italienne semble vouloir attirer les aînés plus que les amateurs de bières artisanales. Qu'à cela ne tienne, ce petit restaurant situé au centre du village historique de Littleton possède quand même certains charmes. Par exemple, prenez la large véranda ou la chouette terrasse, sur le côté de ce bâtiment du XIXe siècle. Les mets qu'on y sert, ainsi que les bières qu'on y brasse dans une salle à proximité, sont sans prétention et surtout sans complexité, mais grand-mère ne fait pas dans le flafla, de toute façon. Si vous voulez passer rapidement pour une palette de dégustation, mieux vaut vous attabler à la Elliott Tavern, juste à côté, dans le même édifice commercial.

MANCHESTER BREWING
SANS SALON DE DÉGUSTATION

119, Old Turnpike Road
Concord (New Hampshire) 03301
603 617-2409

www.manchesterbrewing.com

Amante de la variété, cette toute jeune microbrasserie confectionne des ales rondes, sans vraiment viser l'émulation de styles particuliers. Vous vous retrouverez sans doute devant une pinte bien avenante, que ce soit leur Studly Monk, d'inspiration belge, mais beaucoup plus sucrée, avec ses notes de caramel brûlé parsemées de zeste d'orange, leur Devil's Rooster, une Märzen à l'allemande, mais aux céréales unidimensionnelles développant des notes de pain, leur Imperial Censored Blonde aux malts toastés et sucrés presque équilibrés par des houblons herbacés en finale, ou leur Koncord Kombat, basée sur les Extra Special Bitter britanniques, aux accents de pain, mais moins sucrée et remplie de houblons feuillus. Ces bouteilles sont pour l'instant vendues surtout dans la périphérie de Concord, ce qui est logique, puisque la brasserie est encore en rodage sur certaines recettes.

MARTHA'S EXCHANGE RESTAURANT AND BREWING CO.
BROUEPUB AVEC RESTAURANT

185, Main Street
Nashua (New Hampshire) 03060
603 883-8781

www.marthas-exchange.com

 GRANDS CRUS
PAGES 251 ET 252

Le New Hampshire ne regorge pas d'établissements de la qualité du Martha's Exchange. En partie salle à dîner tendance, en partie bar avec télés synthonisées sur la chaîne des sports, en partie chocolaterie et bonbonnerie au décor classico-gréco-kitsch, l'amateur de décoration intérieure ne peut s'ennuyer. La cuisine y est malgré cela toujours relevée (pour une brasserie artisanale, bien sûr), et la sélection de bières est souvent alléchante. Vous pourrez peut-être goûter à leur MacLeod's Scotch Ale, remplie de malts caramel et de saveurs fruitées et sucrées rappelant la confiture, à leur Lackey's Brown, avec ses accents de terre et de caramel légèrement rôti, à leur Smoked Porter, avec ses esters de mûre et ses malts fumés, à leur Summah Bock, dans laquelle s'exprime un équilibre de céréales miellées et de houblons épicés. Avec un brin de chance, vous croiserez même un de leurs grands crus, dont la McGann's London Ale, qui fait partie des bières régulièrement proposées par la carte.

MILLY'S TAVERN
BROUEPUB AVEC RESTAURANT

500, North Commercial Street
Manchester (New Hampshire) 03101
603 625-4444

www.millystavern.com

C'est un bâtiment tout en brique situé sous un pont de Manchester qui abrite cette taverne à l'atmosphère glauque. On ne s'en douterait pas à première vue, mais il s'y trouve aussi une brasserie artisanale. Les vieux tapis et la cuisine de base ne sont peut-être pas propices à un lieu où la bière de dégustation doit primer, mais les pintes sont souvent à 1 $ pendant le *happy hour* de la maison… Difficile de se plaindre du rapport qualité-prix ! La brasserie propose généralement huit bières régulières, de l'ale blonde classique à l'India Pale Ale tout en agrumes et en conifères, et au Porter bien chocolaté et facile à boire. Le brasseur a cependant la possibilité de

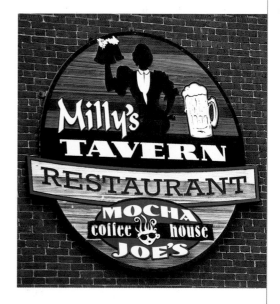

faire preuve de plus de créativité avec les huit pompes supplémentaires réservées aux bières « spéciales » du moment, des Pale Ales généreusement houblonnées aux expérimentations plus audacieuses comme des lambics belges et une Berliner Weisse aux fruits. Ce n'est certainement pas le brouepub le plus attrayant visuellement, mais la diversité des bières conçues et leur nombre vous garderont assurément occupés pendant quelques heures.

MOAT MOUNTAIN SMOKE HOUSE AND BREWING CO.
BROUEPUB AVEC RESTAURANT ET AUBERGE

3378, White Mountain Highway (Route 16)
North Conway (New Hampshire) 03860
603 356-6381

www.moatmountain.com

Difficile à croire, mais cette charmante auberge jaune en périphérie des White Mountains du New Hampshire concocte des bières artisanales de toutes sortes et des mets enivrants. Il est effectivement difficile de résister aux parfums du fumoir lorsque vous humez votre pinte, alors ne vous gênez surtout pas pour sélectionner quelques items de la cuisine. La liste de bières maison est intéressante, même si quelques bières insipides venant de mégabrasseries les côtoient. Leur Hoffmann Weiss, par exemple, est une blanche d'inspiration allemande pleine d'esters de banane. Leur Maibock est la scène d'un heureux

mariage de céréales miellées et de houblons terreux. Leur Iron Mike Pale Ale vise à plaire aux amateurs de houblons américains, avec ses angles citronnés et amers, et leur Belgian Triple ramène le concept des esters de banane sur des céréales sucrées et savoureuses. Si vous êtes dans la région après une journée de randonnée sur les sommets et que vous êtes affamés, essayez le pub ou la salle à dîner du Moat Mountain. Vous devriez en ressortir repus.

OLD NUTFIELD BREWING COMPANY

ANCIENNE BRASSERIE SANS SALON DE DÉGUSTATION

22, Manchester Road
Derry (New Hampshire) 03038
603 434-9678

www.nutfield.com

Comme plusieurs de ses semblables, cette ancienne microbrasserie fait maintenant brasser ses recettes chez Shipyard, à Portland, dans le Maine. La brasserie de Derry se concentre maintenant sur la production de racinette et d'autres boissons gazeuses. L'objectif des produits Nutfield étant très similaire à celui des bières de la Shipyard, nous vous recommandons de lire la fiche sur Shipyard, à la page 129

PENNICHUCK BREWING COMPANY

AVEC BOUTIQUE

127, Elm Street, Unit C
Milford (New Hampshire) 03055
603 672-2750

www.pennichuckbrewing.com
 GRANDS CRUS
PAGE 261

Microbrasserie au potentiel énorme, Pennichuck offre un portfolio diversifié de bières de styles anglais, allemands et américains de types ales autant que lagers. Ses bouteilles sont d'ailleurs distribuées de plus en plus loin sur la côte est américaine, depuis le New Hampshire jusqu'en Floride. Leur Saint Florian Doppelbock nous a séduits grâce à ses céréales caramélisées et toastées dans un corps doux mais plein de substance. Leur Big O Oktoberfest est une autre lager qui joue dans les mêmes gammes tout en étant confectionnée pour la consommation sans trop de contraintes. La Pozharnik Espresso Russian Imperial Stout présente quant à elle des flaveurs de café généreuses sur un tracé de mélasse ; idéale pour une fin de soirée chaleureuse à la maison. Cependant, c'est leur Feuerwehrmann Schwarzbier, une lager presque noire, d'inspiration allemande, qui mérite nos plus grandes louanges dans la section Les grands crus.

PORTSMOUTH BREWERY
BROUEPUB AVEC RESTAURANT ET BOUTIQUE SOUVENIR

56, Market Street
Portsmouth (New Hampshire) 03801
603 431-1115

www.portsmouthbrewery.com
 GRANDS CRUS
PAGE 263

Connaissez-vous plusieurs brasseries où les amateurs entretiennent la tradition de faire la file à l'occasion du lancement annuel du « grand cru nouveau » ? Le phénomène existe à Portsmouth, en l'honneur de la Kate the Great. C'est toutefois en tout temps que le resto-bar de la Portsmouth Brewery, situé en plein cœur du quartier historique de la ville, est le lieu de rencontre des bièrophiles de tous les âges. Puisque le fondateur est le même que pour Smuttynose, non loin de là, il est évident que la portée de ses bières se doit d'être à la hauteur. C'est pourquoi de multiples bières saisonnières d'inspirations variées se retrouvent à la carte, et changent même presque toutes les semaines. Elles accompagnent les élixirs réguliers de la maison, lesquels sont toujours bien charpentés, comme la charnue Oatmeal Stout, par exemple. Parmi les innombrables brassins particuliers, leur Weenie Rocket se démarque. Elle est une superbe version miniature (à 4 % d'alcool) d'une India Pale Ale à l'américaine, avec ses houblons citronnés et résineux ressortant sur fond de céréales biscuitées. Elle a clairement été créée pour les longues soirées conviviales. Leur Bière de Garde, une ale forte inspirée par les bières fermières du nord de la France, impressionne autant par ses céréales aux saveurs de paille et de biscuit sec épicé que par ses houblons herbacés et fruités. Sauf exception, les expériences tirées directement du fût ou du cask de la brasserie sont souvent plus délectables que celles des bouteilles vendues à la boutique adjacente. Ce brouepub reste donc un endroit incontournable pour assouvir ses désirs d'ales de qualité dans le sud-est du New Hampshire.

REDHOOK ALE COMPANY
AVEC RESTAURANT

35, Corporate Drive
Portsmouth (New Hampshire) 03801
603 430-8600

www.redhook.com

Redhook possède une brasserie sur chaque côte américaine : une en Oregon, et celle-ci, dans le quartier industriel de Portsmouth, au New Hampshire, avec un restaurant attenant. La majorité de leurs bières peuvent être considérées comme de bonnes introductions aux divers styles pour monsieur et madame Tout-le-monde, mais certaines réussissent quand même à se démarquer, comme la Double Black Stout, une ale noire forte brassée avec du café, la Tripel, d'inspiration belge, avec des ajouts de vanille, de clou de girofle et de cannelle, la Blackhook Porter, un exemple classique du style londonien, avec ses flaveurs de chocolat et de céréales rôties, ou la ESB, produit phare de la brasserie, offrant de rafraîchissants houblons citronnés. Les amateurs de bières simples et faciles à boire trouveront sûrement chaussure à leur pied à la Redhook Ale Company.

SEVEN BARREL BREWERY
AVEC RESTAURANT

Plainfield Road
Route 12A à la sortie 20 de la I-89NH
West Lebanon (New Hampshire) 03784
603 298-5566

www.7barrel.com

Avec sa brasserie établie sur deux étages entourés de murs de verre, ce resto-bar est très facile à voir de l'autoroute. Ne soyez pas surpris si tout le monde vous regarde à votre entrée dans l'enceinte du bar. Malgré son emplacement facile d'accès pour les voyageurs, l'endroit est surtout fréquenté par des habitués. Sa carte des bières semble moins inspirée que celle du restaurant, se contentant de brasser des styles de couleurs différentes. Six ales régulières sont servies du fût en tout temps (leurs cuves de service ornent d'ailleurs l'arrière du bar) et deux saisonnières se partagent les pompes. Leur New Dublin Brown est une ale brune à l'anglaise sans artifices, mais qui peut satisfaire, avec ses saveurs de malts caramel et rôti. Leur Red #7 a les mêmes modestes objectifs, mettant en valeur quelques houblons citronnés et résineux. Nous devons cependant avouer, qu'en règle générale, rien ici ne nous donne le goût de payer une tournée générale.

SMUTTYNOSE BREWING COMPANY
SANS SALON DE DÉGUSTATION

225, Heritage Avenue
Portsmouth (New Hampshire) 03801
603 436-4026

www.smuttynose.com

 GRANDS CRUS
PAGES 200 À 203
BRASSERIE D'EXCEPTION
PAGE 199

En expansion constante, cette microbrasserie n'a pas fini de nous surprendre. Sa marque est maintenant bien établie dans l'esprit des amateurs comme un gage de qualité. Habile jongleuse de styles faciles d'approche autant que de bières de dégustation, elle nous offre, année après année, saison après saison, des créations aussi

savoureuses que fiables. Leur fidèle Old Brown Dog, par exemple, présente toujours des malts généreux aux notes de noix rôtie et de butterscotch. Leur Finestkind IPA, quant à elle, déborde de houblons citronnés et gazonnés; il y en a assez là-dedans pour combler tous ceux qui auraient développé une dépendance aux houblons aromatiques d'origine américaine. Smuttynose élabore aussi une Big Beer Series dont fait partie leur Wheat Wine, équilibrant houblons résineux et citronnés à des céréales caramélisées. Il y a tellement de produits de calibre élevé brassés ici que nous préférons vous parler d'eux dans un environnement plus propice : notre section Les grands crus !

TUCKERMAN BREWING CO.
SANS SALON DE DÉGUSTATION

64, Hobbs Street
Conway (New Hampshire) 03818
603 447-5400
www.tuckermanbrewing.com

Les modestes ales de cette microbrasserie de la vallée du mont Washington commencent tout juste à être distribuées à l'extérieur du New Hampshire. Leur Pale Ale aligne houblons aux parfums d'agrumes sur des malts caramel et biscuit; leur discrète 6288 Stout étale du grain de café rôti sur des flaveurs de pain sucré; et leur Headwall Alt est un exemple svelte et effervescent de ce style d'ale rousse d'inspiration allemande. Sans être mémorables, les trois sont très efficaces pour désaltérer à la suite d'une randonnée sur les sommets rocheux, non loin de là.

WHITE BIRCH BREWING
SANS SALON DE DÉGUSTATION

1368, Hooksett Road, Unit 6
Hooksett (New Hampshire) 03106
603 244-8593
www.whitebirchbrewing.com

Un peu comme Lawson's Finest Liquids, dans le Vermont, cette minuscule brasserie artisanale est issue des rêves d'un brasseur maison expérimenté voulant faire le grand saut vers le monde professionnel, sans toutefois troquer ses marmites pour d'immenses cuves nécessitant l'embauche de plusieurs employés et une plus vaste structure d'entreprise. Étant un brasseur amateur de bières de dégustation, il s'est lancé à la fin de 2009 dans ses premiers brassins commerciaux ambitieux. Des ales de styles belges devraient voir le jour sous peu, telles que les Saison, Tripel et bières issues de la fermentation avec levures sauvages. Des styles plus liquoreux suivront rapidement, souvent vieillis en fût de bourbon. Les amateurs de Scotch Ales bien caramélisées et de Barley Wines à l'anglaise se réjouiront sûrement de sa production. Reste à savoir si la qualité des produits sera à la hauteur des ambitions du brasseur.

WOODSTOCK INN BREWERY
BROUEPUB AVEC RESTAURANT ET AUBERGE

135, Main Street
North Woodstock (New Hampshire) 03262
603 745-3951

www.woodstockinnnh.com

Si vous passez par l'entrée principale de cette coquette maison ancestrale, vous remarquerez rapidement que la brasserie du Woodstock Inn n'est qu'une partie de cette entreprise, comptant aussi un restaurant, une boutique et une trentaine de chambres réparties dans six maisons situées au centre du village de North Woodstock. Le restaurant avec bar, à l'arrière, est peut-être le meilleur endroit où déguster les bières de la maison, quoique la tapisserie à fleurs des murs de sa salle à dîner risque malencontreusement de voler la vedette... Parmi leurs ales d'inspiration anglaise, leur Pig's Ear Brown Ale peut s'avérer goûteuse, avec ses notes d'huile de noix et de céréales caramelisées. Leur Old Man Oatmeal Stout devrait réussir à juxtaposer céréales rôties et houblons feuillus, et leur Pemi Pale Ale a de bonnes chances de vous rafraîchir, avec ses houblons aux allures de pamplemousse et ses malts légèrement toastés. Cependant, la qualité y est un tantinet variable, alors il se peut que votre expérience ne soit pas identique aux nôtres.

THE ALCHEMIST PUB AND BREWERY

BROUEPUB AVEC RESTAURANT

23, South Main Street
Waterbury (Vermont) 05676
802 244-4120

www.alchemistbeer.com

GRANDS CRUS
PAGES 174 À 176
BRASSERIE D'EXCEPTION
PAGE 172

Avis aux gens pressés : évitez The Alchemist, vous prendriez du retard sur votre précieux horaire. À une vingtaine de minutes au sud de Burlington, John et Jen Kimmich ont bâti ce modeste temple du houblon. Propriétaires du bâtiment depuis quelques années, ils ont eu les coudées franches pour aménager l'endroit et ses menus à leur goût, ce qui est très rare pour un maître brasseur. Les tables espacées du côté salle à manger, la décoration éclectique, mais épurée, qui n'étouffe pas les murs, comme dans plusieurs restaurants et bars américains, la cuisine franche, l'ambiance décontractée, les barmans professionnels et enthousiastes, tout ici respire la convivialité et le respect d'autrui. Et comme si ce n'était pas suffisant, John Kimmich brasse une panoplie de bières d'une qualité irréprochable, ce qui fait de lui, à notre avis, un des plus grands artistes du monde brassicole de la Nouvelle-Angleterre. De la Light Weight, une ale très légère remplie de malts pilseners, aux multiples ales fortes comme la Rapture, avec sa haute-voltige houblonnée aux élans de conifères et d'agrumes, tout est bon. Très bon ! À un point tel que nous avons décidé de prendre plus d'espace pour décrire les nombreux chefs-d'œuvre de la maison dans la section Les Grands Crus.

AMERICAN FLATBREAD HEARTH

BROUEPUB AVEC RESTAURANT

115, St. Paul Street
Burlington (Vermont) 05401
802 861-2999

www.flatbreadhearth.com

Situé en plein cœur de la capitale brassicole du Vermont, l'American Flatbread représente un incontournable de la Nouvelle-Angleterre. Cette pizzeria est tellement populaire qu'on y trouve toujours une file d'attente dès l'ouverture, même le dimanche à 17 heures. Quand on y entre, les effluves en provenance du magnifique four à bois en brique confortent une telle popularité. Après avoir goûté ses croquants, épicés, beurrés et naturels *flatbreads*, vous aurez vite fait, comme nous, de prendre l'habitude de vous y arrêter au moindre passage sur l'autoroute 89. Mais revenons à la bière. Ce brouepub offre à tout moment près de huit de ses propres productions sous le nom de Zero Gravity. Celles-ci sont toujours de très bonne qualité et touchent à toutes les influences brassicoles afin d'offrir une variété des plus alléchantes aux amateurs. Des rafraîchissantes et aromatiques Wheat IPA aux lagers allemandes bien authentiques, en passant par un Extra Stout rond et convaincant, tous y trouveront leur compte. Les plus exigeants pourront de surcroît bénéficier de la meilleure sélection de fûts de brasseries invitées et de bouteilles du Vermont, avec respectivement près de 15 et de 60 représentants. Plus rien ne vous retient d'y aller, car c'est à moins de 45 minutes de la frontière canado-américaine.

BOBCAT CAFÉ AND BREWERY
BROUEPUB AVEC RESTAURANT

5, Main Street
Bristol (Vermont) 05443
802 453-3311

www.bobcatcafe.com

GRANDS CRUS
PAGES 216 À 218

Bristol est un autre village du Vermont desservi par un splendide estaminet cuisinant des mets faits d'ingrédients locaux frais et brassant des bières avenantes et façonnées avec soin. En prime, comme plusieurs brouepubs de l'État, au Bobcat la carte des bières est toujours diversifiée. L'arrivée récente du brasseur Mark Magiera semble même avoir développé le créneau des lagers, avec quelques créations méritant amplement une mention spéciale dans notre section Les grands crus. Leur Baltic Porter, par exemple, est un digne représentant du style, professant raisin sec et biscuit évoluant en angles rôtis et chocolatés. Du côté des ales, leur App-Gap IPA marie malts anglais et houblons américains, en l'occurrence le Simcœ, pour un profil de saveurs jouant sur des notes de mangue, de pamplemousse et de caramel. Si vous planifiez une soirée complète au Bobcat afin de profiter de tout ce qui y est offert, vous vous imprégnerez de l'essence même du Vermont.

HARPOON BREWERY
AVEC SALON DE DÉGUSTATION ET RESTAURANT

336, Ruth Carney Drive
Windsor (Vermont) 05089
1 888 HAR-POON
www.harpoonbrewery.com

Cet établissement est le deuxième qui appartient à la brasserie Harpoon, le premier se trouvant dans la région de Boston, au Massachusetts. Vous y decouvrirez une brasserie industrielle, mais aussi un tout nouveau pub servant une cuisine adaptée aux nombreuses bières de la maison. Après avoir longtemps conçu des produits aux profils de saveurs timides, Harpoon s'est récemment lancée, comme le veut la mode aux États-Unis, dans la confection de bières plus goûteuses. La 100 Barrel Series est une gamme de bières concoctées par un des brasseurs de la compagnie, et de styles variés, mais souvent obscurs. Sa Rauchfetzen, par exemple, une bière fumée inspirée de la région de Bamberg, en Bavière, mais fermentée à des températures plus élevées comme une ale, suggère la tangerine en plus du caramel et du hêtre. La série Leviathan propose quant à elle des bières plus liquoreuses. La Imperial IPA de cette gamme est d'ailleurs bien juteuse pour le style, pleine de saveurs d'agrumes et de résine qui naviguent au-dessus de céréales miellées veloutées. La Quad sert bien tout amateur de ce style de bière brune belge, avec son fruité expressif instillé par la levure et son corps rond et douillet. Décidément, cette brasserie est en train de passer de l'anodin à l'alléchant.

HILL FARMSTEAD BREWERY
AVEC BOUTIQUE-SOUVENIR

403A, Hill Road
Greensboro (Vermont) 05841
802 535-9548
www.hillfarmstead.com

Shaun Hill est un maître brasseur dont la réputation n'est plus à faire dans les cercles d'initiés. Ayant épaté les dégustateurs chevronnés avec ses brassins spéciaux confectionnés lors de son séjour à The Shed, à Stowe, il a passé les dernières années à parfaire ses connaissances chez l'excellente Nørrebro Bryghus, au Danemark. C'est avec le plus grand plaisir que nous le retrouvons, depuis quelques mois seulement, en Nouvelle-Angleterre. Ses premiers brassins puiseront dans le savoir-faire américain, avec des Pale Ales, India Pale Ales et Double India Pales de tous genres, parfois houblonnées avec des cultivars issus de sa ferme personnelle. Une gamme à la belge suivra, remplie de Saisons et d'ales sures de fermentation spontanée. La ferme-brasserie comptera aussi sur une vingtaine de fûts de chêne de provenances diverses dès ses premiers jours. Shaun y fera mûrir ses créations haut de gamme. Et comme si notre curiosité n'était pas déjà à son zénith, Shaun planifie aussi plusieurs collaborations avec de grands maîtres brasseurs de ce monde, dont Mikkel Borg Bjergsø, de Mikkeller, et Will Meyers, de la Cambridge Brewing. Nous confessons ne pas avoir été aussi excités par un nouveau projet de brasserie depuis belle lurette !

JASPER MURDOCK'S ALEHOUSE
BROUEPUB AVEC RESTAURANT

325, Main Street
Norwich (Vermont) 05055
802 649-1143

www.norwichinn.com

Derrière cette auberge typique de la Nouvelle-Angleterre se cache un coquet pub campagnard beaucoup plus convivial que la salle à dîner un peu guindée située à l'avant. La cuisine qu'on y sert, tout comme la bière d'ailleurs, est humble mais savoureuse. Le burger de fèves noires et avocat, frites de patate douce et aïoli au chipotle étant particulièrement délicieux, vous désirerez sans doute l'essayer avec une pinte d'une des ales équilibrées de la maison, plus souvent qu'autrement désaltérantes et munies d'une touche de personnalité. La Oh Be Joyful par exemple est une Mild Ale blonde dans laquelle les céréales biscuitées sculptent un corps confortable additionné de houblons aux saveurs de tangerine. Another Ale est bien plus que ce que son nom laisse croire ; des houblons feuillus et terreux entourés de malts caramélisés et toastés se laissent boire sans effort aucun. Et la Dr. Bowles' Elixir est du même gabarit : des fruits rouges et des noix rôties sont habilement juxtaposés à des houblons de souche anglaise aux angles feuillus. Même si la gamme régulière de la brasserie est surtout destinée à plaire aux clients moins aventuriers et que certaines bières saisonnières manquent la cible à l'occasion, d'autres – comme celles qui sont décrites ci-dessus – sauront probablement vous offrir des moments fort agréables.

LAWSON'S FINEST LIQUIDS
MAISON PRIVÉE SANS SALON DE DÉGUSTATION

Warren (Vermont) 05674
802 272-8436

www.lawsonsfinest.com

GRANDS CRUS
PAGE 245

Lawson's Finest est une des brasseries les plus modestes du territoire couvert par ce livre. Peut-être même la plus petite. C'est que Sean Lawson, brasseur expérimenté, brasse encore dans ce que certains appelleraient des casseroles. Dans le confort de sa maison, il confectionne des recettes maintes fois brassées à encore plus petite échelle pour sa consommation personnelle. En 2008, il réalisa un de ses rêves : celui d'obtenir le permis de vendre ses créations, qu'il peaufinait depuis si longtemps. Nous pouvons donc maintenant nous procurer ses meilleures ales au magasin général du village, ainsi que dans quelques bars de l'État.

Sean a des recettes pour tout type d'amateur de bière. Sa Papelblonde Ale, par exemple, est une blondinette qui met en valeur des houblons épicés aux allures de conifères et d'agrumes. Sa Chinooker'd IPA est une version plus musclée de la Papelblonde, avec un profil houblonné similaire, mais beaucoup plus aromatique, résineux et amer. C'est là une des rares India Pale Ales en Nouvelle-Angleterre à être aussi lumineuses. Sa Maple Tripple est quant à elle un bel exemple de l'inventivité de Monsieur Lawson. En remplaçant l'eau nécessaire au brassage par de la sève d'érable, il a créé plusieurs ales au caractère distinctement vermontois, dont celle-ci, qui est basée sur une Tripel de style belge, mais alliant des houblons boisés à des céréales sagement enduites d'érable. L'ensemble constitue une bière de fin de soirée réconfortante.

LONG TRAIL BREWERY
AVEC PUB ET BOUTIQUE SOUVENIRS

À la jonction des Route 4 et Route 100A
Bridgewater Corners (Vermont) 05035
802 672-5011
www.longtrail.com

Approvisionnée à l'eau d'un lac souterrain situé à 70 mètres sous la brasserie, en plein centre de la forêt vermontoise, la brasserie Long Trail crée des ales limpides et désaltérantes depuis plusieurs années maintenant. Bien que la visite de cette brasserie nécessite un détour, peu importe d'où vous partez, nous vous suggérons quand même de considérer y faire un bref passage, puisque leur terrasse est sans doute le meilleur endroit pour s'imprégner de l'âme de leurs bières. Une rivière peu profonde y roucoule tranquillement, exposant à l'occasion galets et branches. Idéal pour apprendre à connaître leur amicale Double IPA et ses houblons citronnés et boisés qui allongent une chaleur d'alcool supportée par des céréales miellées. La Double Bag est aussi propice à la dégustation en nature, avec ses houblons nobles croquants et enveloppés de sucres résiduels aux notes de pain au caramel. Et que dire de la Coffee Stout, sinon que son corps coussiné et sa généreuse infusion de café font d'elle un meilleur dessert que bien des gâteaux. Aucune bière ici ne prétend à devenir une vedette, mais toute bière de la Long Trail Brewery atteint quand même l'objectif visé.

MADISON BREWING COMPANY AND PUB
BROUEPUB AVEC RESTAURANT

428, Main Street
Bennington (Vermont) 05201
802 442-7397

Nous sommes toujours perplexes devant une si grande disparité entre la qualité des mets offerts par un restaurant et celle des bières concoctées par la brasserie artisanale de la même compagnie. Lorsque l'eau servie avant le repas est la boisson la plus intéressante d'une brasserie, il y a problème.

MAGIC HAT BREWING COMPANY
AVEC BOUTIQUE SOUVENIRS

5, Bartlett Bay Road
South Burlington (Vermont) 05403
802 658-BREW

www.magichat.net

Zing ! Pan ! Abracadabra ! Telle est la subtilité du marketing de la brasserie Magic Hat. Celle-ci essaie d'en mettre plein la vue aux consommateurs sur ses étiquettes et son site Web, et encore davantage à sa boutique de souvenirs, les trois étant « flyées » à souhait. Bizarrement, les bières de cette brasserie grandissante (qui a récemment acheté Pyramid, en Oregon, afin de pouvoir desservir la côte ouest américaine) sont on ne peut plus diplomatiques, plaisant davantage aux palais en quête de bières de soif polies : pas trop amères, pas trop sucrées, pas trop… pas trop trop ! Pour voir, allez goûter à quelques échantillons gratuits au petit salon de dégustation de la boutique de souvenirs. Vous pourrez sûrement essayer la #9, une ale effervescente au jus d'abricot, la Single Chair Ale, une Cream Ale aux chuchotements céréaliers rappelant le pain, ou même une des Odd Notions du moment, cette gamme d'ales expérimentales qui s'avèrent finalement aussi légères et croustillantes que les produits réguliers.

MCNEILL'S BREWERY
BROUEPUB EN VILLE ET BRASSERIE SANS SALON DE DÉGUSTATION EN PÉRIPHÉRIE

90, Elliot Street
Brattleboro (Vermont) 05301
802 254-2553

www.myspace.com/mcneillsbrewery

GRANDS CRUS
PAGES 254 À 257

Lorsque vous ouvrez les portes du pub de cette brasserie artisanale, vous vous retrouvez au sein d'une faune d'un autre temps. Chez McNeill's, on se croirait soit dans le sous-sol d'un vieil ami, soit dans une minuscule cabane à sucre familiale désaffectée. Et Brattleboro étant certainement la capitale vermontoise du barbu marginal, ne soyez pas surpris si vous ne voyez que des sandales en dessous des longues tables de bois. Cela dit, cette taverne de quartier appartient à un brasseur et violoncelliste de renom : Ray McNeill. C'est ici qu'il a commencé à brasser ses savoureuses bières avant d'investir dans une microbrasserie à l'extérieur du village afin de les embouteiller. Plusieurs de ses compositions valent au moins une pinte, que ce soit la Firehouse Amber au houblonnage de caractère floral dansant sur des céréales caramélisées, la Old Ringworm sertie de notes de toffee et de fruits séchés, la Reagin's Stout au long caramel fruité précédant une amertume rôtie et boisée, ou toute autre bière décrite en détails dans la section Les grands crus. Ne vous laissez surtout pas intimider par le bruit des chaises qui craquent et les silences prolongés entre deux « tounes » reggae. Bien que l'embouteillage semble donner du fil à retordre au brasseur, de vraies perles coulent des fûts et des casks de la McNeill's Brewery.

OTTER CREEK BREWERY
SANS SALON DE DÉGUSTATION

793, Exchange Street
Middlebury (Vermont) 05753
1 800 473-0727

www.ottercreekbrewing.com

Tout juste au sud de Burlington, cette microbrasserie fait son bonhomme de chemin sur le marché brassicole du Vermont depuis belle lurette, mais sans jamais faire de vagues. Il y a quelques années, la gamme régulière de produits destinés à un grand public, dont fait partie la docile et chocolatée Stovepipe Porter, a été agrémentée de la World Tour Series, qui compte des bières inspirées par des styles éclectiques et(ou) traditionnels issus de plusieurs pays étrangers. C'est un défi ambitieux, pour le brasseur, que d'essayer de maîtriser toute cette variété, ce qu'il ne réussit que plus ou moins, dans certains cas.

Depuis que la loi du Vermont permet aux brasseries d'embouteiller des bières de plus de 8 % d'alcool, plusieurs brasseries ont tenté leur chance avec une gamme de bières dites extrêmes, et Otter Creek ne fait pas exception. Sa série Imperial a d'ailleurs fait naître une belle Russian Imperial Stout aux notes de café et de crème brûlée assaisonnée de houblons résineux emmitouflés dans une chaleur d'alcool. Finalement, la brasserie offre la marque Wolaver's, un assortiment de bières certifiées biologiques aux profils de saveurs un peu dans la lignée des bières régulières d'Otter Creek. Leur Pale Ale, entre autres, atteint ses objectifs avec ses flaveurs de mie de pain et de houblons citronnés et herbacés.

ROCK ART BREWERY
AVEC BOUTIQUE SOUVENIRS

254, Wilkins Street
Morrisville (Vermont) 05656
802 888-9400

www.rockartbrewery.com

Rock Art a sauté dans le bateau des bières aux profils de saveurs intenses bien avant que ce courant ait atteint la Nouvelle-Angleterre. Et même si plusieurs de ses brassins furent reçus froidement par manque de cohérence et(ou) de nuance, certains, comme la Magnumus ete Tomahawkus ESB3 et la Vermontster, frappent la cible, mais sans jamais réinventer l'art de tenir le fourquet. Les amateurs de subtilité n'y trouveront pas leur compte, mais l'inverse est aussi vrai.

THE SHED RESTAURANT AND BREWERY
BROUEPUB AVEC RESTAURANT

1859, Mountain Road
Stowe (Vermont) 05672
802 253-4364

Ce gigantesque établissement touristique est doté de plusieurs salles aux intentions complémentaires. La partie restaurant compte sur une section plus familiale où veranda et trônes en osier se côtoient, ainsi que sur une salle plus intime agrémentée d'un foyer et de teintes plus chaleureuses. La section bar se veut plus bruyante et animée ; elle était pleine à chacune de nos visites. Quant aux bières, elles changent assez fréquemment, puisque le taux de rétention des brasseurs qui y sont embauchés est plutôt bas. Autrefois hautement expérimentales, les bières de The Shed semblent s'être assagies, sans toutefois perdre de leur intérêt. On y trouve généralement six recettes de base, ainsi que deux ou trois bières saisonnières. La Mountain Ale a conservé ses valses à la fois rôties et caramélisées, tandis que les Double IPA sont toujours de dignes représentantes de ces hommages au houblon.

SWITCHBACK BREWING COMPANY
SANS SALON DE DÉGUSTATION

160, Flynn Avenue
Burlington (Vermont) 05401
802 651-4114

Sans prétention, cette microbrasserie peu publicisée ne brasse que quelques bières (Switchback Ale, Switchback Amber) qu'elle distribue dans certains bars de Burlington et des environs. Les objectifs de ses bières sont bien humbles : désaltérer les assoiffés de saveurs simples et digestes. Et de temps à autre, elles y réussissent.

THREE NEEDS BREWERY AND TAPROOM
BROUEPUB

207, College Street
Burlington (Vermont) 05401
802 658-0889
 GRANDS CRUS
PAGES 274 ET 275

Une table de billard et quelques collégiens discutant aux tables éparses ou au bar ; tous les quartiers de chaque ville ont ce même endroit générique facile à oublier, mais où vous rejoignez vos amis de temps en temps pour prendre un verre. Vous ne devineriez jamais que ce bar de quartier du nom de Three Needs est en fait aussi une brasserie artisanale, si ce n'était du mot Brewery écrit au-dessus de la porte d'entrée. Leurs quatre ou cinq bières maison ne sont pas vraiment mises en valeur à l'intérieur non plus, leurs simples noms couvrant un tout petit tableau derrière le bar. Étonnamment, même si le maître brasseur change souvent de pâturage, ce brouepub se retrouve avec plusieurs recettes fort intéressantes qui peuvent satisfaire les papilles les plus exigeantes. La Scottish Wee, par exemple, est une Scotch Ale décadente dans laquelle des céréales caramélisées grasses se prélassent dans une fumée de tourbe rappelant les scotchs d'Islay. Si vous préférez une bière moins liquoreuse, la ESB est toujours un bon choix, offrant houblons feuillus et poivrés sur malts caramel et toastés. Mais il y a de fortes chances pour que vous vous retrouviez devant une carte fort différente chaque fois que vous visiterez le Three Needs, alors laissez-vous aller et essayez une des multiples nouvelles créations du brasseur du moment.

TRAPP FAMILY LODGE
(le nom officiel de la brasserie est inconnu pour l'instant)
BROUEPUB

700, Trapp Hill Road
Stowe (Vermont) 05672
1 800 826-7000

www.trappfamily.com

Le nom Trapp vous est-il familier ? Mais si ! Rappelez-vous la charmante famille autrichienne à l'accent britannique du film *The Sound of Music*. L'auberge de Stowe est toujours gérée par leurs descendants. Tout récemment, ce lieu de villégiature prisé situé dans les Green Mountains s'est doté d'une brasserie pour offrir une expérience autrichienne encore plus authentique. Celle-ci se spécialisera en lagers, une audace rare, en Nouvelle-Angleterre, surtout à cause de la longue maturation nécessaire à cette famille de styles de bières.

TROUT RIVER BREWING COMPANY
AVEC PETIT RESTAURANT

58, Broad Street
Lyndonville (Vermont) 05851
802 626-9396

www.troutriverbrewing.com

Le nord-est du Vermont recèle bien peu de commerces, et encore moins de brasseries. Une seule, en fait, comble les besoins d'une population clairsemée : la Trout River Brewing Company. On peut trouver les bières embouteillées ici dans les marchés spécialisés de l'État. Toutefois, ce n'est qu'en soirée, le vendredi et le samedi, que vous pourrez les déguster en fût au restaurant de la microbrasserie. Prenez soin de demander à votre serveur une description des saveurs des bières. Si vous vous fiez uniquement aux dénominations stylistiques aléatoires, vous pourriez être franchement déçus, ayant l'impression de boire un peu n'importe quoi. En revanche, l'atmosphère sans prétention et la bonhomie qui règnent à Lyndonville vous feront possiblement passer un bon moment.

VERMONT PUB AND BREWERY
BROUEPUB AVEC RESTAURANT

144, College Street
Burlington (Vermont) 05401
802 865-0500

www.vermontbrewery.com

Véritable institution de la Nouvelle-Angleterre, le Vermont Pub and Brewery est l'œuvre de Greg Noonan, un maître brasseur visionnaire. Il y a une quinzaine d'années, alors que l'originalité brassicole nord-américaine n'était représentée que par une IPA bien houblonnée, Greg travaillait avec des levures sauvages de type Brettanomyces avec un équipement de brassage qu'il avait lui-même construit. Nous pouvons d'ailleurs goûter aujourd'hui au pub à une incarnation plus récente de cette création, la Spuyten Duyvil, qui développe un fruité rappelant les griottes autour de céréales timidement biscuitées et qui se termine en pointes acidulées et fermières.

La terrasse de cet estaminet situé en plein centre de Burlington, à deux pas de l'American Flatbread Hearth (p. 156) et à quelques pas de plus du Three Needs (p. 164), est un lieu magnifique pour déguster leur Chiwill XXX, une Tripel d'inspiration belge dans laquelle poivre et agrumes sautillent sur d'élégantes céréales miellées, ou leur Bombay Grab IPA, une bombe houblonnée avec ses pétarades résineuses et fruitées bien amères. Décidément, cette brasserie artisanale sait toujours nous combler avec tout ce qu'elle offre, même si aujourd'hui elle ne se démarque plus autant qu'à sa naissance.

HOMMAGE À GREG NOONAN
1951-2009

Lorsque Greg nous souhaita la bienvenue au Vermont Pub and Brewery pour la séance de photos, il nous est apparu physiquement affaibli. Mais loin de lui l'idée d'annuler notre rencontre; sa bonne humeur et sa volonté d'être avec autrui supplantaient tout ce qui pouvait l'affecter. Son attention n'a été détournée que quelques fois au cours de toute la journée… Et c'était tout simplement pour saluer ses nombreux amis que nous croisions dans un pub ou dans la rue.

Greg n'était pas seulement le créateur de brouepubs bien avant que la Nouvelle-Angleterre foisonne de ces brasseries artisanales, mais également l'âme pionnière qui a fait revivre certains styles de bière en voie de disparition afin de les faire connaître de tous dans le Nord-Est de l'Amérique, le mentor de plusieurs brasseurs talentueux et l'auteur de livres importants sur les Lagers ou les Scotch Ales. Ce sont sa générosité légendaire et son rire de géant qui ont conféré à l'ensemble de son œuvre une si grande portée. Il était un monument aux côtés duquel tous se sentaient à l'aise et positivement influencés. Quand vous apercevrez les yeux pétillants de passion de votre brasseur favori, dites-vous qu'il y a un peu de Noonan en lui.

LES BRASSERIES D'EXCEPTION ET LES GRANDS CRUS DU QUÉBEC ET DE LA NOUVELLE-ANGLETERRE

LES BRASSERIES D'EXCEPTION

Au cours de nos délibérations dont l'objet était de décider si telle ou telle bière méritait une fiche Grand Cru, nous avons vite fait de constater que certaines brasseries dominaient le palmarès. Et puis pourquoi pas? Notre objectif étant de présenter les meilleures bières des meilleures brasseries, il serait injuste d'exclure certains crus sous prétexte que leur créateur a déjà été suffisamment récompensé, tout comme il serait injuste d'interdire à Michael Phelps de nager aux Jeux olympiques de 2012 parce qu'il a déjà gagné beaucoup de médailles aux Jeux précédents.

Quelques brasseries ont accompli une œuvre monumentale. Elles ont souvent acquis une réputation digne de mention à l'échelle internationale. Pour cette raison, plutôt que de leur accorder une part importante de la section Les Grands Crus, nous avons choisi de distinguer ces brasseries en les présentant d'une façon un peu plus globale dans cette section spécifique appelée Les brasseries d'exception. Nous y expliquons comment elles se démarquent et nous mettons évidemment l'accent sur certaines de leurs créations les plus remarquables.

Nous avons retenu six de ces institutions que nous qualifions de brasseries d'exception. Dans la section Les Grands Crus, nous présentons plutôt des produits dont nous vous recommandons fortement l'essai dès la première occasion. Pour les brasseries d'exception, nous considérons simplement que tous leurs produits valent la peine d'être essayés et qu'ils représentent à tout le moins des bières plus qu'intéressantes. C'est le critère principal qui a guidé notre sélection. Ces brasseries présentent une remarquable constance année après année, et brassin après brassin. Ce sont des valeurs sûres.

THE ALCHEMIST PUB AND BREWERY
23, SOUTH MAIN STREET, WATERBURY (VERMONT)

TRAITS DISTINCTIFS

Ce n'est pas parce que John Kimmich utilise un équipement modeste recyclé de plusieurs brasseries qu'il n'est pas d'une efficacité imbattable dans tous les styles qu'il brasse. Ses bières d'inspirations américaine, allemande, anglaise et belge sont toutes rendues avec talent et créativité, peu importe qu'elles soient simples ou complexes, légères ou liquoreuses. Les parfums qu'il obtient sont toujours envoûtants, et l'envie de boire ses nectars s'avère d'autant plus grande. Passionné du houblon et de ses possibilités aromatiques, John brasse plusieurs India Pale Ales très différentes, explorant la palette entière de flaveurs qui lui est offerte par ses feuilles chéries. Perfectionniste, il refuse de vendre sa bière à l'extérieur de son bar, puisqu'il veut s'assurer qu'elle soit toujours servie dans des conditions optimales. Vous n'avez donc pas le choix. Vous devrez passer par Waterbury afin de découvrir ses produits ! Ça tombe bien, les montagnes de Stowe et le glacier Ben & Jerry's sont presque voisins.

UN MOMENT MAGIQUE

Lorsque la première pinte d'IPA de la soirée nous est servie et que son parfum de houblon frais parvient à nos narines, le poids de nos paupières devient insupportable, tellement le moment est jouissif.

DOMAINES D'EXCELLENCE

La fraîcheur déconcertante de ses bières spécialement houblonnées nous plonge directement dans l'essence de cette plante vénérée. John Kimmich est sans contredit le grand maître du houblonnage à froid dans tout le nord-est de l'Amérique.

UN PROJET D'AVENIR

L'achat de plusieurs nouveaux fûts de chêne permettra à John de servir sa Wild Child toute l'année durant. Lorsque le nombre de barils visé sera enfin en place, cette superbe ale sure sera enfûtée le premier de chaque mois. De plus, sa série spéciale de bières anniversaires continuera d'envoûter les palais en quête d'aventure. Après les thèmes gustatifs de la Rapture et de la Heretic (décrites ci-dessous), la Tribulation sera lancée le 10 du 10 2010, la Millennium, le 11 du 11 2011 et la Final Judgment, le 12 du 12 2012. Ne cherchez pas à savoir quels styles ces bières émuleront ; elles seront d'autres expressions libres fondées sur l'inspiration de John.

LES BIÈRES D'EXCEPTION

HARVEST ALE

Cette recette change chaque année, mais a toujours pour but de mettre en valeur des houblons fraîchement récoltés ; c'est pourquoi vous ne la trouverez en fût au pub qu'en automne. Cependant, elle est conçue pour être facile d'approche et peu amère : une superbe introduction aux vertus du houblon sans jamais faire peur aux palais néophytes.

HERETIC

Barley Wine ? Double IPA ? Peu importe ! Son envoûtant parfum de feuilles et de résine de houblon est emblématique de tout ce qui se brasse ici. Cette ale titre bien 9,99 % d'alcool (elle a été créée pour célébrer le neuvième anniversaire de la brasserie), mais elle se boit comme si elle n'en titrait que 6 %. La fraîcheur intrinsèque des houblons, la gazéification posée et le taux contrôlé de sucres résiduels présentant quelques céréales miellées font de cette ale forte une expérience de dégustation mémorable.

HOLY COW IPA

À la grande joie de tout amateur du style, cette IPA bouillante de vie se retrouvera au menu à perpétuité. Son bouquet de houblons évoque pamplemousse et citron autant que conifères et feuillus. De douillets malts biscuités aux notes de mie de pain transportent cette ode au houblon vers une amertume poignante traçant plusieurs pointes poivrées et résineuses soutenues.

HEADY TOPPER

Voilà une des bières phares de la maison : une Double IPA classique (une parmi les nombreuses qui sont brassées chez The Alchemist, vous me direz) aux arômes mirobolants de pamplemousse, d'orange et de résine de conifères. Des malts biscuités s'accrochent aux saveurs houblonnées, nous entraînant jusqu'à l'amertume complexe qui demeure sur la langue ad vitam aeternam. Un vrai rayon de soleil en cette Nouvelle-Angleterre plutôt sous-houblonnée.

MORTAL SIN

Un parfum houblonné délirant hypnotise les sens avec ses acrobaties feuillues et résineuses teintées de malts caramélisés aux angles de noisette. Cette Black IPA est tout aussi avenante que n'importe quelle autre IPA conçue en Amérique et ne sombre jamais dans les excès de l'amertume. Une bière à humer jusqu'à la dernière goutte.

PAPPY'S PORTER

Des céréales rôties soulèvent les caramels, faisant jaillir quelques vagues de chocolat et de capuccino. Généreuses et aguichantes, les rondeurs sucrées de cette Porter nous mènent vers une finale où des notes biscuitées talonnent une amertume terreuse équilibrée.

PETIT MUTANT

Trois souches de Brettanomyces rencontrent la cerise Montmorency lors du vieillissement de cette bière de blé vieillie en anciens fûts de pinot noir. La recette paraît, certes, ambitieuse, mais nous sommes forcés d'admettre qu'elle est aussi spectaculairement réussie que n'importe quelle autre création de The Alchemist. En bouche, le fruité de la griotte accompagne des notes de zeste d'orange, alors que la levure sauvage confère une sécheresse non négligeable. La finale acidulée est douce, tandis que la gazéification tout en retenue sculpte un corps souple.

SHUT THE HELL UP

Cette ale, euh, sympathique, titrant seulement 3,3 % d'alcool, ne manque pas de caractère, malgré sa légèreté. Les houblons Horizon lui confèrent d'impressionnantes envolées boisées et gazonnées, toujours à l'unisson avec les humbles saveurs de céréales. Désaltérante et aussi savoureuse et nuancée que les bières plus fortes de la maison, elle constitue une preuve indéniable du grand talent de John Kimmich.

THE CRUSHER

Une autre Double IPA ? Qui a dit qu'un artiste devait s'en tenir à une seule expression d'un même courant artistique ? Celle-ci est un peu plus corpulente que la Heady Topper, par exemple, mais elle offre toujours une performance aromatique des plus hallucinantes, déployant agrumes, conifères et fleurs sur un corps oreiller aux flaveurs miellées réchauffées par une pointe d'alcool.

WILD CHILD

Des assemblages diversifiés donnent des versions différentes de cette ale acidulée d'inspiration belge parfumée à la griotte. La version « régulière », qui ne compte qu'une faible portion vieillie en fûts

de chêne, marie l'acidité et le fruité de la griotte aux suggestions d'amande provenant des malts Munich. La version Oak-Aged, non issue d'un assemblage, mais provenant entièrement du baril de chêne, est plus tannique, plus acidulée, plus fruitée et plus vineuse… Plus intense, quoi ! Le travail de la levure sauvage Brettanomyces lambicus est merveilleusement bien intégré au profil de saveurs dans les deux cas, ajoutant un soupçon forestier à la complexité déjà bien tangible.

TRAITS DISTINCTIFS

Depuis une quinzaine d'années, Allagash reconstitue la Belgique en Amérique du Nord. Le fondateur et brasseur original, Rob Tod, voulait combler cette lacune qu'était le manque de bières d'inspiration belge sur nos tablettes. C'est pour lui mission accomplie, alors que ses élégantes bouteilles offrent des élixirs sur lie et portent fièrement le bouchon de liège. Le territoire stylistique de la famille de bières régulières de cette brasserie couvre ainsi une fraction considérable des principales familles de cervoises belges.

Malgré le succès de sa gamme, dont la Allagash White originale est toujours le porte-étendard, la brasserie n'a jamais cessé d'innover. Des expérimentations avec levures sauvages mûrissent en barils de chêne, et des bières spéciales d'anniversaire figurent constamment à l'ordre du jour du brasseur. Comme les vénérables brasseurs de lambics, Allagash dispose même d'un kœlship, un grand bassin, voire une piscine, servant à favoriser l'inoculation du moût avec les levures sauvages ambiantes tandis qu'il refroidit. Il est difficile de se rapprocher davantage de la Belgique ; d'ailleurs, plusieurs brasseurs belges n'envisageraient jamais de s'exposer à un tel traditionalisme et aux risques qu'il comporte !

Outre ses qualités aventurières, Allagash brille encore davantage par l'irréprochable qualité de sa gamme régulière, laquelle se détaille à des prix fort modestes pour des produits d'une telle qualité.

UN MOMENT MAGIQUE

La découverte de l'Interlude, qui combine si savamment l'élégance belge à l'audace américaine, a constitué une véritable étreinte amoureuse pour nos papilles en quête de découvertes.

DOMAINES D'EXCELLENCE

Oubliez ici les Pales Ales et autres redondances qu'offrent la majorité des brasseries de la Nouvelle-Angleterre. Allagash a pour mission de vous faire découvrir la Belgique sous forme liquide. Anticipez donc des interprétations exemplaires des grands classiques, surpassant même à l'occasion les archétypes qui les ont inspirées. Attendez-vous aussi à un penchant marqué pour l'innovation.

Recettes originales et brassins exclusifs qui résistent à l'épreuve du temps vous sont accessibles, pour peu que vous entriez dans un magasin qui a l'heureuse d'idée d'inclure Allagash à son inventaire.

UN PROJET D'AVENIR

Depuis 2007, les nombreux barils de chêne de la brasserie sont remplis des brassins fermentés dans le kœlship, ce bac de refroidissement destiné à l'inoculation à la levure contenue dans l'air ambiant. Allagash désire faire de ceux-ci les premiers véritables lambics à la belge brassés sur la côte est américaine. Un tel projet nécessitera entre autres un assemblage de brassins d'âges divers (de un an à trois ans, habituellement), et c'est pourquoi la première création issue de cette fermentation spontanée devrait être embouteillée sous peu.

LES BIÈRES D'EXCEPTION

ALLAGASH TRIPEL RESERVE
Ah, si seulement l'élégance pouvait être mise sous forme liquide et embouteillée… En fait, c'est possible ! Et la Tripel Reserve en est une preuve irréfutable. Cette attachante cervoise dorée est ornée d'une mousse infatigable. Malgré cet obstacle, les ébats aromatiques fruités et joliment poivrés de la levure répondent à l'appel et traversent cette muraille de bulles pour transporter le message mielleux des nobles céréales qui les ont alimentés. Aussi fine à chaque réjouissance, cette Tripel Reserve constitue véritablement le champagne de la bière, étant bien sèche et florale.

ALLAGASH CURIEUX
Que peut devenir l'exceptionnelle Tripel Reserve au terme d'un séjour de deux mois en barils de bourbon Jim Beam ? Vous voilà curieux, n'est-ce pas ? À Allagash, on l'était aussi, d'où le nom de cette improbable expérience. La levure, les sucres résiduels et les adorables traits fermiers du malt demeurent, mais le bourbon, avec l'intensité de son baril, son aspect fumé et son alcool plus relevé, engendre une boisson fort intéressante et on ne peut plus idiosyncratique. Il fallait une brasserie américaine pour afficher pareille audace, mais il fallait un esprit belge pour établir ses fondations avec une telle expertise.

ALLAGASH DUBBEL

Les doubles belges varient grandement d'une brasserie à l'autre, mais la qualité de celle d'Allagash en fait un modèle pour les Belges eux-mêmes. Une mousse éternelle trône sur le caramel liquide. Un étalage de flaveurs fruitées et épicées émane tant des esters levurés que du malt bien compact. Le malt multipalier apporte tantôt des effluves chocolatés, tantôt des nuances de bonbon au caramel. L'effervescence vigoureuse, de même que l'atténuation bien précise de cette bière, limitent l'impression de sucré, mais d'une gorgée à l'autre, ses multiples facettes et son corps bien dense captivent.

ALLAGASH GRAND CRU

Voilà une agréable bestiole qui refuse d'emprunter les chemins déjà arpentés. Elle vous invite au souk dès le premier abord, alors que fleurs, épices et agrumes tournent en un caroussel bien gazéifié. Les malts restent évanescents, puisque levure et grosses bulles estompent rapidement leurs rythmes sucrés. Les ingrédients se volent la vedette entre eux, alors que nous assistons, passifs, à leurs amicales échauffourées.

ALLAGASH INTERLUDE

Cette charmante blonde têtue ne tombe pas dans le stéréotype, nous séduisant immédiatement par le parfum sauvage de ses levures de type Brettanomyces. Celui-ci livre une belle complexité composée de fruits exotiques et d'angles vineux en provenance des barils qui les lui ont transmis. En effet, le mûrissement en barils de merlot et de syrah apporte une rare élégance fruitée, voire juteuse, en milieu de bouche, mais que le bois vient assécher en finale. Bien qu'elle soit plus dispendieuse que les Allagash plus traditionnelles, nous ne saurions trop vous presser de vous laisser tenter par son indéniable charisme.

ALLAGASH WHITE

Porte-étendard de la brasserie, celle-ci se veut avant tout traditionnelle et rafraîchissante. Ces deux qualités, elle les possède, certes, mais ne s'y limite pas. L'arôme franc et frais réfute rapidement son humilité. Une agréable richesse épicée révèle immédiatement une complexité étonnante. Blé et malt cohabitent en parfaite harmonie, procurant ainsi une rare amplitude à ce produit. Ses saveurs citriques et herbacées confirment derechef son statut de grande bière de soif. Il n'est pas surprenant que le succès financier de la brasserie soit assuré presque totalement par cette excellente blanche de blé.

ALLAGASH GARGAMEL

Cette sublime ale sanguine est le résultat de l'assemblage d'une ale rouge acidulée d'inspiration belge vieillie dans trois barils de chêne français différents, mais ayant tous déjà contenu du vin. Par la suite, elle est fermentée dix-huit mois à l'aide d'une souche de levure sauvage, poursuivant son conditionnement avec un ajout de framboises locales. Ses flaveurs fruitées et bien acidulées séduisent depuis l'arôme jusqu'à l'arrière-goût, là où une sécheresse ne laisse qu'une trace de framboises sur les papilles qui en redemandent.

ALLAGASH CONFLUENCE

Voici une autre élégante ale de fermentation mixte complétée avec une souche de levure sauvage de type Brettanomyces. Le profil de saveurs obtenu est diplomatique, proposant un fruité tropical liant les angles boisés de la levure et les céréales blondes aux allures de paille. La sécheresse tapissant la finale est typique aux ales sauvages, et laisse amplement d'espace pour l'expression d'une amertume de houblon feuillu.

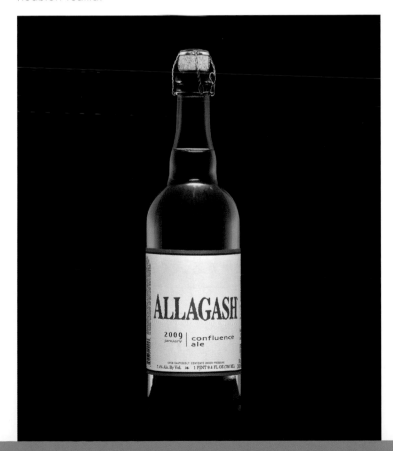

L'AMÈRE À BOIRE
2049, RUE SAINT-DENIS, MONTRÉAL (QUÉBEC)

TRAITS DISTINCTIFS

C'est depuis 1996 que rigueur et authenticité battent la mesure dans la minuscule salle de brassage de ce temple de la bière de la rue Saint-Denis, à Montréal. L'Amère à boire n'est pas établissement à faire grand bruit. On ne court pas les festivals, on ne manifeste pas d'ambition pour l'embouteillage, et encore moins pour l'exportation. Ce qu'on comprend, grâce à cette noble brasserie, c'est que la passion se transmet aussi bien par l'attachement aux traditions, le travail méticuleusement accompli et le retour constant aux origines que par l'adoption continuelle des nouvelles modes. L'Amère à boire transmet le savoir-faire des fabricants de lagers des grandes nations brassicoles que sont entre autres la République tchèque et l'Allemagne. L'Amère à boire nous fait voyager sans prendre l'avion, le temps d'une pinte qui se boit toujours plus vite qu'ailleurs, tant elle est fraîche et désaltérante. Ce n'est pas le genre d'endroit où vous ne savez jamais à quoi vous attendre, car les bières au menu changent bien peu en cours d'année. C'est au contraire un endroit où l'excellence n'a pas manqué un seul rendez-vous. L'Amère à boire illustre ainsi l'adage selon lequel on ne change pas une recette gagnante.

UN MOMENT MAGIQUE

L'arrivée annuelle du houblon Saaz en feuilles, qui, comme si cela était possible, rend la Cerna Hora encore plus fraîche.

DOMAINES D'EXCELLENCE

Les lagers de L'Amère à boire sont possiblement les plus abouties, hors de l'Europe. On y honore les maîtres avec une extraction irréprochable de saveurs à partir d'ingrédients scrupuleusement sélectionnés. La constance des produits est impressionnante, compte tenu du modeste équipement utilisé.

UN PROJET D'AVENIR

Le développement de la Série Éléphant, qui cherche à démentir l'illusion selon laquelle seules les bières fortes sont goûteuses. Déjà élaborée et en cours de production, nous pouvons goûter à la Éléphant 10 degrés, une sublime Pils à la tchèque titrant seulement 3,7 % d'alcool !

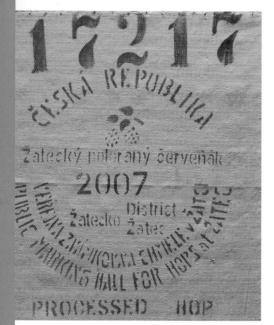

ČERNÁ HORA
LAGER BLONDE 5%
PILSNER
D'INSPIRATION TCHÈQUE
_____

"PARFUM DE HOUBLON
FIN. SAVEUR DE
CARAMEL LÉGER."

Verre : 4⁰⁰
Pinte : 5⁰⁰/5⁷⁵
Pichet : 15⁰⁰/16⁵⁰

Černá Hora

LES BIÈRES D'EXCEPTION

BOCKBIER

Lager de type Bock, elle est donc plus costaude du fait de ses 6,8 %. Brune aux reflets rubis, elle n'étale qu'un mince filet de mousse, qui est toutefois persistant. L'habile mariage entre les sucres résiduels vanillés et les asséchantes notes toastées et noisettées n'est pas célébré sans témoins. Une horde de petits fruits des champs et d'amis raisins participe à la noce, portant ce corps rond et voluptueux dans un long arrière-goût à peine effleuré par l'amertume.

CERNA HORA

Une mince mousse blanche surmonte le blond doré légèrement voilé de cette merveille. De calmes malts biscuités servent de coussins sur lesquels le houblon Saaz huileux et épicé bondit. Ça sent la Tchéquie ! Les biscuits du malt Pilsener étreignent les houblons terreux et épicés avec amour. Des agrumes marchent non loin de là, conversant amicalement avec tous les invités de cette fête. C'est méticuleux, frais, savoureux : le corps de velours est terriblement facile à boire. Une amertume herbacée et gazonnée s'étale longuement : c'est le triomphe du Saaz.

CELEBRATUS

Voici une Weizenbock, donc une bière de blé brunâtre d'origine allemande. Un drap de mousse beige protège le crépuscule de couleur caramel. Une riche fragrance de purée de banane tartine la levure aux effluves de pain, alors que du clou de girofle suggère qu'on vous a servi un dessert. Des malts biscuités saluent aussi cette mie nourrissante. Un profil plutôt sucré présente de la banane caramélisée. Le corps luxuriant profite d'une gazéification oreiller. Tel un gâteau aux fruits confits, une personnalité bonbon colle aux esters de banane, rendant ce verre plus pesant que la Weizenbock typique (la Aventinus de Schneider, par exemple). Le clou de girofle suggéré par la levure prend de l'ampleur dans la dernière moitié de chaque gorgée.

ÉLÉPHANT 10

Voici peut-être bien la toute première Světlé Výcepní à être brassée dans le nord-est de l'Amérique. Cette version légère en alcool de la Pils tchèque (elle titre seulement 3,7 %) est en effet peu connue hors de la Tchéquie, alors que nous retrouvons toujours des Světlý

Ležák, popularisées par les omniprésentes Pilsner Urquell et Budvar. Cette Éléphant propose un profil de saveurs très semblable à celui de la superbe Cerna Hora, mais en plus délicat. La personnalité épicée du houblon Saaz aborde cordialement les céréales aux notes de pain, et une complicité remarquable s'installe immédiatement. En Amérique du Nord, rares sont les bières sous la barre du 4 % d'alcool qui possèdent tant de nuance et de fraîcheur.

MONTRÉAL HELL

Des teintes dorées scintillent sous un film collant de mousse blanche. L'arôme poli propose un bel assortiment de houblons floraux et gazonnés parmi des céréales douillettes. Tout est si frais ! Sa douce base de céréales, crémeuse et légèrement sucrée, laisse percer des houblons floraux craquants. Le tout rafraîchit à souhait, alors que le corps suave se laisse boire tout simplement. Une amertume de houblon vert émerge, s'estompant dans une sécheresse furtive.

VOLLBIER

Cette bière est apparentée aux lagers bavaroises. Ce type de lager mise normalement sur l'équilibre entre ses céréales et ses houblons, le tout dans un corps propice aux grandes gorgées. Ici, un filet de mousse décore la robe ambrée voilée. Nous assistons à un équilibre parfait de céréales ultra-fraîches et de houblons herbacés. Cette divine union de subtilités caramélisées et de houblons épicés sévit dans un corps convivial très facile à boire. D'une délicatesse déconcertante.

TRAITS DISTINCTIFS

Comme les autres lauréats de ce livre, la Cambridge Brewing Company est désignée exceptionnelle parce qu'un futur artiste de renom, Will Meyers, œuvre dans la salle de brassage. Capable d'exécuter des bières aux styles bien traditionnels aussi bien que des bières de son propre cru, parfois ambitieuses, il sait ravir les dégustateurs aguerris autant que les néophytes par ses ales blondes croustillantes, son Porter aux belles notes chocolatées et ses nombreuses créations, certaines étant décrites ci-dessous. Le bistro a célébré son vingtième anniversaire récemment, mais ce n'est que depuis quelques années que le reste de l'Amérique commence à entendre parler du travail magistral de Will. Son ascension vers les sommets de la bière de dégustation ne fait que commencer.

UN MOMENT MAGIQUE

Le retour imprévisible de la Benevolence au menu donne la chair de poule à tout amateur de bière de dégustation qui la connaît. Cette ale a marqué un tournant important dans la carrière de Will, le faisant passer aussitôt de brasseur journalier exécutant des recettes préconçues à celui de maître brasseur faisant preuve d'imagination… et de génie. Cette somptueuse ale forte étant maintenant presque un objet de spiritualité pour Will, elle n'a fait jusqu'ici que deux apparitions à l'ardoise depuis sa création.

DOMAINES D'EXCELLENCE

Sa créativité inouïe, la classe et l'équilibre de ses bières et son utilisation judicieuse des barils de chêne font de Will Meyers une référence dans plusieurs domaines du monde de la bière artisanale.

UN PROJET D'AVENIR

Dans les recoins souterrains de la brasserie, où se terrent des douzaines de barils de chêne contenant les créations de Will, se trouve un tunnel condamné. C'est là, croyez-le ou non, que Will planifie d'embouteiller et de stocker plusieurs de ses ales au potentiel de vieillissement notable. Ainsi, les amateurs de ce créneau pourront, à l'année, consommer divers millésimes de ces bières d'exception.

LES BIÈRES D'EXCEPTION

ARQUEBUS

Will Meyers pousse l'anticonformisme jusqu'à créer un Barley Wine d'été. Oui, un vin d'orge « d'été » ! C'est donc une interprétation d'un vin de dessert qui a comme objectif d'être dégusté lors de soirées chaudes. Le concept vous laisse encore perplexe ? La fermentation malolactique utilisée dans les barils de Chardonnay de la vallée de Napa ajoute en effet une touche acidulée qui équilibre merveilleusement le profil sucré plus habituel à un Barley Wine. Brassée avec un miel local ainsi que du raisin des cépages viognier et gewürztraminer, cette ale forte propose des saveurs de raisin blanc accompagné de céréales toastées et miellées qui plongent dans l'acidulé créé par la fermentation et saupoudrée de chaleur d'alcool vers la toute fin. Voilà un accord merveilleux avec le Local Pick Plate de la maison, particulièrement le pain enduit de miel avec un morceau de fromage à pâte ferme.

BENEVOLENCE

Cette majestueuse ale forte a été brassée pour la première fois lorsque Will traversait une crise existentielle. Fatigué de toujours brasser les mêmes bières simplettes pour le pub, il se donna le défi de créer la bière la plus audacieuse qu'il puisse imaginer à ce moment. Il concocta alors la Benevolence, une ale combinant les traditions d'assemblage des lambics du Payottenland, des ales sures des Flandres, des fermentations sauvages et des ales fortes anglaises vieillies en barils de chêne. Comme si cela ne suffisait point, l'ajout de raisin noir séché vient accompagner les huit sortes de malt utilisées (dont le Special B, lui-même aux flaveurs de raisin sec) dans le moût. Ce dernier est fermenté à l'aide de plusieurs souches de levures différentes, et transféré dans des fûts de bourbon américain de marque Buffalo Trace. Puis une autre fermentation dans ces barils de bourbon est stimulée par l'addition de dattes, de griottes et de miel local. Après trois ans de vieillissement dans le chêne, cette bière puissante et bien acidulée est assemblée à une ale forte plus jeune et ouf… Benevolence est née. L'histoire dit que le résultat initial était si satisfaisant que Will Meyers est resté pour brasser chez Cambridge Brewing Company, ce qui le lança vers la production de plusieurs autres bières délicieusement créatives. Et pour cause, la bière obtenue possède un profil de saveurs aussi complexe que sa recette. Voici rien de moins qu'une des plus grandes bières du monde, selon vos humbles serviteurs.

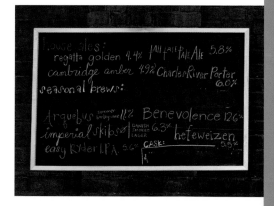

BLUNDERBUSS BARLEYWINE

Brassée chaque année, ce Barley Wine très malté profite d'un ajout de miel local. La moitié de cette bière liquoreuse est ensuite vieillie dans des barils de bourbon Buffalo Trace, alors que le reste attend patiemment dans des cuves en acier inoxydable. Un assemblage de ces deux bières crée la Blunderbuss. Des esters fruités enlacent les généreuses céréales caramélisées, alors que les notes vanillées du baril de bourbon accompagnent les houblons épicés à merveille. Le genre de bière qui vous oblige à vous en lécher les babines.

CERISE CASSÉE

Débutant par un empâtage de trois jours (!), le moût de cette bière est transféré dans des barils de chêne avec 300 livres de griottes afin d'y vieillir plusieurs années dans des barils de chêne ayant contenu du vin. Une microflore sauvage s'y installe lentement, adjoignant des saveurs acidulées et complexes à la bière déjà franche dans son profil fruité. Et c'est à ce moment que le système de criadera utilisé par Will entre en jeu, culminant au service de la bière, quelques années plus tard, à partir des plus vieux barils (les solera, selon la nomenclature espagnole établie pour la maturation des barils de xérès) qui contiennent déjà un assemblage de Cerise Cassée de un à six ans d'âge. Cette pyramide de barils s'échangeant ses contenus d'âges divers façonnent une bière vive développant des tannins souples, de la vanille et de la griotte, bref, des saveurs toutes juxtaposées dans l'harmonie la plus complète. Décidément, l'imagination de Will Meyers est sans bornes.

EASY RYDER IPA

Une India Pale Ale brassée avec 40 % de seigle et dans laquelle les houblons Amarillo, Cascade, Columbus, Fuggles et Glacier entonnent à l'unisson des hymnes fruités et résineux. C'est une des rares IPA sur la côte est qui n'a rien à envier à celles de la côte ouest, berceau du style redéfini par les houblons puissamment aromatiques qui y ont été créés.

OM

Essayez de visualiser un brasseur tenant quelque fourche thérapeutique dans des bols tibétains et les faisant résonner au son de la fréquence à laquelle l'univers vibre, et cela au-dessus de barils de chêne contenant une ale blonde d'inspiration belge. Farfelu ? Eh bien, selon les dires de Will, les fûts de chardonnay, sous l'influence quotidienne de la résonance transcendante, ont développé les Brettanomyces et autres bactéries sauvages, tandis que les autres, contenant la même bière, sont demeurés intacts… Un assemblage des barils inspirés par la musique des hautes sphères et de ceux qui ne l'ont pas été a généré une ale étonnamment fruitée et élégante, aux flaveurs d'ananas et de pamplemousse chevauchant des céréales miellées presque sèches. La bière, comme son processus de concoction, ont tout pour confondre les sceptiques !

DIEU DU CIEL !

29, AVENUE LAURIER OUEST, MONTRÉAL (QUÉBEC)
259, RUE DE VILLEMURE, SAINT-JÉRÔME (QUÉBEC)

TRAITS DISTINCTIFS

Le rayonnement international de cet établissement qui a déjà soufflé 10 bougies dépasse celui de toute autre brasserie de taille comparable sur le territoire couvert. Il y a quelques années, sa bière Péché Mortel fit une entrée remarquée dans le top 50 des bières du site Web de Ratebeer. L'attention internationale se tourna rapidement vers l'estaminet en question. Des importateurs américains réussirent à convaincre les propriétaires de Dieu du Ciel ! d'exporter la Péché Mortel. Elle y remporta un vif succès, si bien que la demande continua de croître inlassablement.

En entrant dans le pub, la simple consultation de la carte laisse pantois. En tout, 16 bières de la maison en fût à la fois, dans des styles variés et aventureux, qui incluent même le service en cask ; nous voyons rarement pareille générosité. Certaines recettes incorporent aussi quantité d'épices et d'aromates qui permettent de varier le ton au cours d'une soirée de dégustation. Depuis l'entrée en scène de la brasserie industrielle à Saint-Jérôme, nous pouvons nous délecter de leurs produits à prix raisonnables, non seulement au Québec, mais aussi aux États-Unis et dans certains pays européens. Le vaste éventail de styles offerts permettrait à un visiteur hebdomadaire de découvrir plus de 40 bières différentes dans une même année ! Ce visiteur serait d'autant plus comblé que cette polyvalence est conjuguée avec perfectionnisme. On tente constamment de s'améliorer, chez Dieu du Ciel ! C'est donc toujours avec l'excitation de l'enfant qui ouvre un cadeau de Noël que nous y retournons, même s'il est parfois difficile d'y trouver un siège.

UN MOMENT MAGIQUE

Les décadents partys d'anniversaire, à la mi-septembre, pour lesquels les amateurs font la file, sont des occasions à ne pas manquer. Des bières millésimées se joignent alors à une sélection déjà exceptionnelle.

DOMAINES D'EXCELLENCE

Le brasseur, Jean-François Gravel, avoue avoir la dent sucrée. Il s'épanouit donc souvent par la création de recettes constituant de véritables desserts, de texture ronde et grasse, et de nature à être sirotées. La qualité de la formation du personnel assure aussi un service homologue à celui d'un sommelier. Les propriétaires, tous des amateurs, voyagent beaucoup et ramènent ainsi beaucoup d'idées. Dieu du Ciel ! est ainsi presque toujours la première brasserie québécoise à nous faire découvrir les tendances expérimentales internationales, qu'il s'agisse des double IPA ou des bières sures.

UN PROJET D'AVENIR

Des bières vieillies en barils de chêne, certaines fermentées avec des levures sauvages même, commencent à faire leur apparition sur l'ardoise du Dieu du Ciel ! de Montréal, au grand plaisir des amateurs d'expérimentations brassicoles. Et ça ne fait que commencer !

LES BIÈRES D'EXCEPTION

APHRODISIAQUE

Cette bière est un Stout au cacao et à la vanille. Si cette description vous inspire déjà, alors vous ne serez pas déçu, puisque Dieu du Ciel ! excelle dans la confection de Stouts bien ronds sans être gras. Ici, l'équilibre entre cacao et vanille oscille d'un brassin à l'autre. Souvent la vanille accentue l'effet sucré des céréales, alors qu'en d'autres dégustations, les malts rôtis sont encore plus relevés par la présence de cacao amérisant.

BLANCHE NEIGE

Voilà une version plus costaude des nombreuses blanches remarquables élaborées par Dieu du Ciel ! Celle-ci renferme entre 7,5 et 8 % d'alcool afin de réchauffer les pauvres âmes québécoises écrasées sous le poids de la neige abondante. Plutôt que d'utiliser les épices habituelles d'une blanche, clou de girofle et cannelle ont été retenus, inspirés par les fameux vins chauds des Alpes. Le corps bien portant et les allusions vineuses accentuent ainsi le contraste avec les blanches conventionnelles.

CHAMAN

Inspirée des bières extrêmes de la brasserie Rogue, cette Imperial Pale Ale rend hommage à l'héritage microbrassicole américain. Ce style de bière est généralement houblonné à froid, ce qui est le cas à Dieu du Ciel ! Un vaste réseau céréalier envahit la bouche, mais nous comprenons rapidement qu'il ne sert que de support à la déferlante de houblon rappelant les agrumes et les fleurs. L'amertume est puissante sans être déstabilisante, et évolue jusqu'à la fin tandis qu'un filet d'alcool nous rappelle sans cesse d'espacer nos gorgées.

CORNE DU DIABLE

La Corne du Diable, dorénavant embouteillée, porte fièrement le flambeau des India Pale Ales américaines. Profitant d'un généreux dosage de houblon Centennial, elle dégage de puissants arômes d'orange supportés par des malts caramel qui assurent corps et rondeur. L'amertume finale est saillante, complétant bien les arômes.

DERNIÈRE VOLONTÉ

Une nouvelle mode, chez les brasseurs les plus avant-gardistes, est le métissage des styles. La Dernière Volonté allie donc le penchant typiquement anglais pour l'amertume à l'hommage aux levures que constituent plusieurs bières belges. Elle dégage donc un bouquet particulièrement relevé, tant fruité que floral. Tout au long de son déploiement, elle évoque maintes saveurs complémentaires qui s'unissent dans un crescendo d'épices, de houblon et de fruits.

ÉLIXIR CÉLESTE

En Bavière comme en République tchèque la bière fait partie de la vie au même titre que le pain et la vaisselle. La bière en question est plus souvent qu'autrement une Pils, dont l'Élixir Céleste est un exemple qui nous semble de plus en plus… exemplaire à chaque nouveau brassin. Une bonne lager révèle sans gêne les ingrédients qui la constituent. La levure emprunte un minimum de détours, et chaque gorgée évoque à la fois pureté et fraîcheur. L'Élixir Céleste transporte directement de la terre à nos verres ses franches saveurs de malts blonds et biscuités auxquelles s'adjoint une franche amertume de houblon noble, épicé et floral. C'est la beauté dans la simplicité.

NATIVITÉ BLONDE ET ROUSSE

Ces deux bières de blé sans épices enveloppent le palais d'une rare onctuosité. Le blé y est presque gras, étant agrémenté de fraîches notes de pain et de fruits. On aboutit à une finale acidulée et soutenue d'une effervescence contagieuse.

PÉCHÉ MORTEL

Cet Imperial Stout combine un ajout d'espresso équitable à sa matière déjà chocolatée et crémeuse pour constituer à tout coup un magnifique dessert. Au pub, on l'offre habituellement rehaussé d'un

mélange de gaz carbonique et d'azote. Il en résulte une texture on ne peut plus onctueuse qu'on mastique autant qu'on boit. L'amertume du café et des grains rôtis domine toutefois le sucré, ce qui la rend tout de même très digeste.

ROSÉE D'HIBISCUS

On peut dire que la Rosée d'hibiscus attire les regards. Sa robe d'un rose bonbon illumine les yeux de ceux qui l'aperçoivent, alors que sa vigoureuse mousse blanche se montre d'une rare persévérance. Ses parfums d'hibiscus se marient au blé rond et frais pour nous envoûter de notes de fleurs sauvages et de fruits tropicaux. Juteuse et rafraîchissante, elle est une fantastique bière de terrasse à laquelle il ne nous viendrait jamais en tête d'ajouter un quartier de lime.

RIGOR MORTIS ABT

Il s'agit d'une ale brune inspirée des bières trappistes de Belgique. Selon la brasserie, elle gagne à maturer six mois avant d'être consommée. Par la suite, elle rappelle le gâteau, avec ses impressions fruitées, épicées et chocolatées, qui sont parsemées de filets d'alcool. Au cours des dernières années, elle semble avoir connu une amélioration constante. Nous ne pouvons que nous demander jusqu'où ça ira…

SOLSTICE D'ÉTÉ À LA FRAMBOISE / À LA CERISE

Ces deux belles roses n'ont pas d'équivalent au Québec. Vaguement inspirées des Berliner Weisses allemandes, elles sont volontairement acidifiées par le repos du moût abandonné à lui-même pendant environ 24 heures. Il en résulte un produit fini qui joue sur les tons de l'acidité lactique, du blé, et des fruits. En bouche, la fraîcheur des fruits surprend tandis que l'effet coupe-soif est imparable. À ne pas manquer non plus, la version sans fruits, plus tranchante, qu'est l'Été indien, qui apparaît à l'occasion en septembre.

SMUTTYNOSE BREWING COMPANY

225, HERITAGE AVENUE, PORTSMOUTH (NEW HAMPSHIRE)

TRAITS DISTINCTIFS

Il y a maintenant 15 ans que Smuttynose comble les besoins primaires des habitants du New Hampshire. Avec des distributeurs dans une vingtaine d'États, Smuttynose aurait facilement pu perdre la tête dans des ambitions de croissance. Heureusement, la bière, sa fabrication et certaines limites à sa distribution ont toujours fait partie des préoccupations des propriétaires. Loin de s'asseoir sur ses lauriers, Smuttynose innove fréquemment, ayant beaucoup expérimenté avec le mûrissement en barils de chêne, les levures sauvages et des ingrédients inédits comme la citrouille ou le thé.

Outre ces qualités, que partagent plusieurs brasseries, Smuttynose possède aussi un talent particulier pour l'extraction des saveurs du malt. Les bières paraissent toujours bien charpentées, bien ficelées. Et cela tient tout autant pour les styles modestes que pour les plus extravagants qui nous ont agréablement surpris lors de dégustations à l'aveugle. L'équilibre reste au centre des préoccupations. Qui plus est, les prix demeurent des plus démocratiques alors que certaines caisses de six s'échangent encore contre six dollars américains. Leurs bières sont aussi d'une rare constance, ce qui, au fil des ans, nous porte souvent à prioriser le sceau de qualité Smuttynose à un autre, lorsque nous faisons face à un vaste étalage de bières exotiques au cours d'un voyage.

UN MOMENT MAGIQUE

La découverte de la Maibock a constitué un point tournant pour nous. Cette brasserie, que nous respections déjà pour ses ales, pouvait donc aussi jouer dans la cour des grands dans le domaine des lagers !

DOMAINES D'EXCELLENCE

Le respect de l'équilibre est particulièrement tangible chez Smuttynose. Alors que plusieurs autres brasseries américaines naviguent sur la vague des bières extrêmes, Smuttynose semble encore préférer des taux d'alcool légèrement plus modestes et des houblons un peu moins dominants. On a choisi de préserver le plaisir de boire, plutôt que de tenter d'épater la galerie avec une guerre de chiffres. Smuttynose est l'archétype de la valeur sûre ; nous obtenons presque indéniablement ce à quoi nous nous attendons. Au fil des ans, les attentes ont grimpé à un niveau considérable, alors y répondre représente déjà un défi majeur.

UN PROJET D'AVENIR

Au moment où vous lisez ces lignes, il se peut fort bien que la brasserie Smuttynose soit déjà déménagée dans un local plus grand, à Hampton, tout juste à l'extérieur de Portsmouth. Ce projet est l'aboutissement de plusieurs années de recherches dans la région, à la fois pour prendre de l'expansion et pour créer un resto-pub, où tout bièrophile pourra s'abreuver. Les classiques de la maison et les brassins expérimentaux issus de leur toute jeune salle de fûts de chêne seront finalement mis en vedette dans cette nouvelle maison-mère.

LES BIÈRES D'EXCEPTION

BALTIC PORTER
Cette création récente datant de la fin de 2007 cadre parfaitement dans le créneau porteur de Smuttynose. Ce Baltic Porter est une lager noire dans laquelle le malt joue en solo. Le concerto s'amorce sur un crescendo de petits fruits foncés et noirs auxquels se mêlent les provoquantes évocations rôties. On craint alors une acidité, mais qui ne vient jamais, pour finalement se réjouir d'une délicate amertume enduite de truffes noires. L'alcool demeure timide, tandis que le corps, suave mais jamais collant, facilite la consommation à grandes gorgées.

FARMHOUSE ALE
Se voulant un hommage aux bières fermières wallones, la Farmhouse vise juste, en ce sens où elle est unique et évolutive. De charmants esters fruités et épicés décollent de cette mystérieuse blonde tirant vers l'ambré. Sa mousse abondante invite à une première gorgée, qui s'avère ronde et soyeuse malgré l'effervescence joyeuse. Alors que la levure oscille entre fruits, épices et mie de pain, le malt amène ses propres notes fruitées, complémentées par de fins biscuits au miel. Une amertume houblonnée vient assécher la finale, qui prend une tangente plus terreuse, mais encore une fois épicée.

GRAVITATION
Cette surprenante brune d'inspiration trappiste a trouvé le moyen de tenir tête aux grandes de ce monde lors d'une dégustation à

l'aveugle. C'est une bonne bière brune sucrée comme on les aime au dessert. Elle marie une fondation toastée costaude à un riche amalgame de fruits trempés dans le caramel. Un mince filet d'alcool parvient à s'immiscer dans cette ode au malt, nous rappelant qu'il est plus sage de procéder par petites gorgées.

IMPERIAL STOUT

Voilà une intimidante bière noire dont la mousse offre une belle persistance. C'est le malt, qui la caractérise, y intégrant de délicieuses nuances chocolatées qui passent tantôt pour sucrées, tantôt pour rôties. Si la première mesure paraît sucrée, la torréfaction et le houblon assèchent la finale. Une bière avec laquelle finir une soirée.

IPA ET BIG A IPA

Ces deux bières sont destinées au marché des amateurs d'amertume. Blondes dorées, elles dégagent de puissants arômes d'agrumes et de pin. Plutôt sèches en bouche, elles ne se démarquent pas tant par leur complexité que par leur focalisation sur l'épice de la bière. La BIG A IPA est une version plus costaude, à la fois plus sucrée, plus alcoolisée, plus ronde et plus amère, résultat obtenu à l'aide de houblons différents qui la rendent plus florale mais moins résineuse. Il y a peu d'ales aussi bien houblonnées brassées en Nouvelle-Angleterre.

MAIBOCK

Cette blonde qui tire sur l'orangé est coiffée d'une mousse fugace, mais qui caresse la paroi du verre en s'estompant. Au nez, c'est le triomphe du malt dans sa pureté la plus sainte. C'est toutefois en bouche que toute sa richesse nous est dévoilée. Un aguichant mélange de fruits exotiques, floraux et juteux survole un morceau de pain grillé bien tartiné de miel. L'amertume ne fait qu'assurer la transition d'une gorgée à l'autre. Le biscuit frais sous forme liquide qui masque dangereusement bien ses 7,7 % d'alcool.

ROBUST PORTER

Véritable classique de Smuttynose, ce Porter presque noir laisse émaner de flagrantes notes de café et de chocolat noir par l'entremise de ses malts rôtis. S'y ajoute rapidement une couche de houblons qui oscillent entre le pamplemousse et la résine. Il va sans dire que l'amertume est au rendez-vous, mais le corps riche et dense la supporte avec expertise.

SMUTTONATOR

Ce Doppelbock acajou empile des couches et des couches de malts qui évoluent du rôti terreux et discret jusqu'au toast et à la noisette, soupçons auxquels contribuent les houblons de finition. Le tout est agrémenté de moult échappées fruitées rappelant le bonbon à la cerise et l'abricot séché. À 9,6 % d'alcool, le caractère global paraît vineux, tandis que la profondeur des céréales ne se traduit pas nécessairement par un corps plus lourd. Une autre lager de dégustation de grand calibre.

LES GRANDS CRUS

Certaines décisions sont plus difficiles à prendre que d'autres. Choisir quelles bières seraient écartées de la liste des chefs-d'œuvre en faisant partie. Il était effectivement délicat de trancher entre deux produits exemplaires, mais de styles opposés. En revanche, nous préférons avoir eu à faire ces choix difficiles plutôt que d'avoir eu à faire face à l'obligation d'intégrer des bières qui nous plaisaient un peu moins. Sans exception, les bières dont nous parlons dans cette section de l'ouvrage sont exceptionnelles.

L'âme de ce livre réside dans les fiches détaillées qui décrivent chacune des bières retenues ici. D'abord, pour chacune d'elles, une brève fiche technique relate les principales informations divulguées par la brasserie à propos de son produit. Nous y donnons aussi un aperçu du style de la bière et de ce à quoi peut s'attendre le dégustateur. Ensuite, la bière est décortiquée selon les critères coutumiers de la dégustation. Nous nous attardons sur son apparence, sur ses subtilités aromatiques, sur le déploiement de ses saveurs, leur durée, leur intensité et, bien entendu, sur sa texture et sa corpulence.

Chaque bière incluse dans cette section de l'ouvrage fait rejaillir en nous des souvenirs des plus agréables. Nous proposons donc fréquemment quelques idées sur les contextes dans lesquels il serait idéal de revisiter ces élues de nos cœurs. Nous laissons donc libre cours à notre créativité pour vous suggérer une situation, un moment ou encore un mets d'accompagnement qui nous paraît judicieux pour que la dégustation d'une bière extraordinaire s'inscrive dans un souvenir extraordinaire.

Nous prenons bien soin d'indiquer toute particularité de chaque bière. Après tout, notre but est de vous convaincre d'aller l'essayer vous-même. Nous vous indiquons clairement pourquoi chaque bière est incluse dans le livre en insistant sur ce qui la distingue des autres candidates sur le territoire. Lorsque vous serez suffisamment assoiffé, nous vous révélerons comment il vous est possible de vous en procurer une bouteille ou encore où commander une bière directement tirée du fût.

Au cas où vous en tomberiez amoureux, nous vous suggérons aussi certaines bières dont le profil de flaveurs est apparenté. Pour nous, il s'agissait là d'une excellente occasion de mentionner certaines candidates qui auraient mérité leur place dans ce livre si nous ne nous étions pas limités à un nombre restreint de bières. Pour vous, il s'agit d'une occasion de poursuivre votre quête de la pinte parfaite et d'assouvir votre curiosité, lorsque vous découvrez une créature qui vous obsède, mais dont l'acquisition présente des écueils qui vous empêche d'en faire une compagne régulière.

CORNE DE BRUME
À L'ABRI DE LA TEMPÊTE, QC
(P. 81)

Scotch Ale ou Wee Heavy. Si vous préférez, un véritable temple élevé à la gloire du malt caramel. Celle-ci nous réchauffe de ses 9 % d'alcool.

OÙ LA TROUVER En bouteille, dans les magasins spécialisés du Québec.

LE COUP D'ŒIL Une mince couche de mousse beige coiffe un magnifique bourgogne royal translucide.

LE PARFUM Des éclats de caramel jaillissent d'un nez tourbé et riche en fruits vineux. La profondeur est tangible, visitant une vaste famille céréalière.

EN BOUCHE Le caramel bascule vers le toffee, rendant ce pain grillé particulièrement sucré. Généreuse en fait de gabarit, ses pointes d'alcool restent cohérentes avec la texture suave.

LA FINALE Le houblon demeure tout en finesse, laissant la noble tâche de l'équilibre aux malts rôtis qui rappellent le chocolat et la noisette.

ACCORDS Quelques tranches de prosciutto ou de saumon fumé.

POURQUOI EST-CE UN GRAND CRU ?

Bien qu'elle évolue constamment de brassin en brassin, voilà une des rares bières québécoises à avoir atteint un statut mythique. Sur la scène mondiale, le Québec possède une réputation d'excellence en matière de Scotch Ales, et la Corne de Brume, jadis brassée à la Brasserie Aux Quatre Temps, est loin d'être étrangère à cette visibilité.

SI VOUS AVEZ AIMÉ, ESSAYEZ AUSSI :

Reyne Descosse, de Bedondaine et Bedons Ronds (QC), Skye High Scotch Ale, de Watch City (MA) et Bagpiper's Scotch Ale, de Pennichuck (NH).

À l'abri de
TEMPÊ
Microbras

ORNE DE
BRUME
ÈRE DES ILES

CORPS
MORT
VIN D'ORGE DES ILES

9.0%
alc./vol.
341 ML
Bière forte / Strong Beer

9.0%
alc./vol.
341 ML
Bière extra forte / Extra Strong Beer

TERRE
FERME
BIERE DES ILES

6.2%
alc./vol.
6x341ml
Bière forte / Strong Beer

partir d'une recette du
la Corne de Brume est une
l'usage de ces breuvages
eillis en fût de chêne, que
important avec eux, durant
voyages sur les mers froides
es de l'Atlantique Nord.
la Tempête vous invite à

Brewed using a recipe dating back
the XVIII century. Corne de Brume is a
strong beer, akin to those beverages
long aged in oak barrels, which sailors
would bring with them on their long
voyages on the cold and foggy waters
of the North Atlantic. À l'abri de la

ntre de ce rocher en perdition au
ages des îles. Corps Mort est un vin
d'orge salin et robuste. Brassé à partir
de grains fumés ayant frayés avec le
hareng du «Fumoir d'Antan», il offre une
richese de saveurs riches et sauvages
ayant un fort potentiel de vieillissement.

Inspired by a solitary rocky outcrop
off the coast of the Islands. Corps Mort
is a robust, salty barley wine. Brewed
with smoked grain, companion of the
Fumoir d'Antan's smoked herring, it
combines rich, rugged flavours that
should age very well.

el sa Corne de Brume...

sea and of its Corne de Brume...

rti des traces de hareng boucané!

**May contain traces of smoked herring

Embouteillée le / Bottled since
J F M A M J J A S O N D

Année / Year
08 09 10 11 12

La patience a bien meilleur goût !
Ages well, take your time !

TERRE FERME

À L'ABRI DE LA TEMPÊTE, QC
(P. 81)

Ale blonde bien houblonnée. Elle est donc rafraîchissante, sèche et amère, mais sans l'agressivité résineuse d'une IPA américaine.

OÙ LA TROUVER   En fût à la brasserie, et exceptionnellement en bouteille dans les magasins spécialisés du Québec.

LE COUP D'ŒIL   Foncée et diaphane, cette blonde se couvre d'un mince mais tenace filet blanc.

LE PARFUM   D'abord, ce sont des impressions de fraîcheur, de jeunes céréales et de grain qui nous abordent. Mais rapidement, herbes, fleurs et épices conquièrent le territoire olfactif sans exagération aucune.

EN BOUCHE   Sa base toastée se combine allègrement à ses égarements floraux pour rappeler un bon thé ; elle est d'une rare complexité. Son effervescence vigoureuse harmonise la transition entre les gorgées. Toutes catégories confondues, il est difficile pour une bière de se boire si facilement.

LA FINALE   Sèche et amère, elle s'étale sur des notes de fleurs sauvages et de sel, alors qu'une amertume étonnante vient assécher les gencives.

ACCORDS   Crevettes à l'ail et aux fines herbes, sombrero et poncho !

POURQUOI EST-CE UN GRAND CRU ?

Même le globe-trotteur le plus accompli devra rendre les armes et reconnaître n'avoir jamais goûté une bière dont le houblon procure des saveurs si idiosyncrasiques.

SI VOUS AVEZ AIMÉ, ESSAYEZ AUSSI :

Moa de Moa Brewing (Nouvelle-Zélande, SAQ), Shoals Pale Ale de Smuttynose (NH), Saison Station 7 d'Hopfenstark (QC).

BAR HARBOR CADILLAC MOUNTAIN STOUT
ATLANTIC BREWING, ME
(P. 119)

Stout. Le profil de saveurs de ces ales noires d'origine britannique dérive principalement des céréales torréfiées qui offrent des tons chocolatés, rôtis et caramélisés.

OÙ LA TROUVER En bouteille, surtout dans les bons magasins du Maine.

LE COUP D'ŒIL Une tuile de mousse beige décore la noirceur aux reflets marrons.

LE PARFUM Les céréales rôties rappellent sans effort le grain de café torréfié, alors que la mélasse est suggérée par les sucres résiduels. Le tout semble riche et la salivation est habilement déclenchée…

EN BOUCHE Le pain rôti se joint à la partie, ajoutant profondeur à ce profil malté déjà bien développé. Les mêmes notes caramélisées et torréfiées prévues par le parfum se prélassent sans gêne, sculptant un corps douillet. Les amateurs de chocolat se régaleront sûrement.

LA FINALE L'amertume des malts rôtis et les sucres résiduels souples s'unissent et bénéficient d'une légère complexité mentholée apportée par des houblons discrets.

ACCORDS Un copieux sandwich au rôti de bœuf et vieux cheddar à la fin d'une randonnée triomphale en montagne au sommet du parc national Acadia.

POURQUOI EST-CE UN GRAND CRU ?
La simplicité et la générosité de son profil de saveurs sait réconforter tout amateur de malts rôtis qui pourrait être déçu par les exemples plus génériques offerts dans le Maine et son État limitrophe.

SI VOUS AVEZ AIMÉ, ESSAYEZ AUSSI :
La Récidive de Brasseurs et Frères (QC), St-Ambroise Oatmeal Stout de McAuslan (QC), Ipswich Oatmeal Stout de Mercury Brewing (MA).

REYNE DESCOSSE
BEDONDAINE ET BEDONS RONDS, QC
(P. 74)

Scotch Ale ou Wee Heavy. Si vous préférez, un véritable temple élevé à la gloire du malt caramel. Celle-là oscille entre 8 et 9 % d'alcool, selon les millésimes.

OÙ LA TROUVER — Un nouveau brassin de la Reyne sort chaque hiver et est servi en fût uniquement au brouepub de Chambly, mais elle peut être disponible au cours de l'année, selon l'humeur du maître brasseur et tenancier Nicolas Bourgault.

LE COUP D'ŒIL — Le haut de la tulipe est garni d'une dentelle de mousse couronnant une robe bourgogne.

LE PARFUM — Un envoûtant parfum de caramel séduit par sa richesse et ses angles fruités. Un fumet d'alcool lévite aussi vers les narines qui, elles, sont toujours obnubilées par le vénérable malt caramel.

EN BOUCHE — Une langoureuse caresse de caramel parcourt le palais, se développant en pointes fruitées et même de chocolat au lait, par moments. Le corps velouté ne sombre jamais dans les excès d'obésité – ce qui peut parfois arriver dans ce style –, se laissant boire aisément. Aux côtés des nombreux fruits séchés, les papilles chercheuses trouveront peut-être des saveurs de pain légèrement rôti couvertes d'un filet d'alcool. À noter que cette bière vieillit admirablement bien, les saveurs de madérisation se mariant à merveille aux amples sucres résiduels.

LA FINALE — Le caramel et l'alcool s'étalent en longueur, laissant des traces chaudes et fruitées s'évaporer. On ne s'attendait à rien de moins d'un si grand cru.

ACCORDS — L'écriture de votre premier roman, celui qui changera certainement le monde de la littérature à tout jamais (!)… et une bonne louche de soupe aux oignons caramélisés.

POURQUOI EST-CE UN GRAND CRU ?
Le profil de saveurs de ces bières liquoreuses que sont les Scotch Ales peut souvent être unidirectionnel, mais celui de la Reyne Descosse est d'une telle galanterie et d'une telle complexité qu'il nous fait rougir chaque année.

SI VOUS AVEZ AIMÉ, ESSAYEZ AUSSI :
Corne de Brume d'À l'abri de la tempête (QC), Équinoxe du Printemps de Dieu du Ciel ! (QC), Blunderbuss Barley Wine de Cambridge (MA).

L'AMÈRE VEILLEUSE
BEDONDAINE ET BEDONS RONDS, QC
(P. 74)

Extra Special Bitter (ESB). En d'autres mots, une version plus forte en alcool et plus houblonnée que la Bitter anglaise de force régulière. Celle de Bedondaine titre 6 % d'alcool et son houblonnage – un assemblage de Goldings et de Nugget – est encore plus généreux que celui de la ESB traditionnelle.

OÙ LA TROUVER	En fût seulement, à ce brouepub de Chambly, mais pendant toute l'année.
LE COUP D'ŒIL	Une mince couche de mousse flotte sur la robe ambrée presque translucide.
LE PARFUM	Un bouquet de fleurs très coloré pousse dans une terre humide arrosée de caramel et de jus d'abricot. Ses houblons floraux sont allègrement expressifs, mais le sucré du malt demeure bien présent, suggérant un équilibre de saveurs.
EN BOUCHE	Dans un corps bien garni mais jamais pesant et dont on peut s'abreuver toute une soirée durant, des saveurs de céréales toastées et caramélisées enlacent des houblons terreux et feuillus. La gazéification est douce, encourageant les grandes gorgées.
LA FINALE	Une amertume musclée de houblon feuillu et résineux envahit le fond de la langue. Mais rapidement le sucre résiduel caramélisé bien calculé s'y joint. L'amertume soutenue dure plusieurs secondes pendant lesquelles un soupçon d'agrumes peut faire surface.
ACCORDS	La pizza « toute habillée » du pub Bedondaine et Bedons Ronds, avec salami hongrois.

POURQUOI EST-CE UN GRAND CRU ?
Rares sont les bières d'inspiration anglaise brassées en Amérique du Nord qui ont autant de panache, ce côté aventurier étant habituellement réservé aux India Pale Ales que les Américains affectionnent tant.

SI VOUS AVEZ AIMÉ, ESSAYEZ AUSSI :
IPA de Simple Malt (QC), Old Mill Pond ESB de The Cambridge House (CT), Extra Special Bitter de McNeill's (VT).

DERNIÈRE BROSSE
BEDONDAINE ET BEDONS RONDS, QC
(P. 74)

Foreign Extra Stout. Plus sucré que le Stout classique, mais moins robuste qu'un Imperial Stout, ce type d'ale noire est né lorsque Guinness a décidé d'exporter sa célèbre boisson vers des contrées lointaines. Moins houblonnés que leurs comparses de même famille, les Foreign Stouts, ou Extra Stouts, utilisent souvent une source de sucre ou une céréale propre au pays dans lequel ils sont brassés. Celui-ci titre 7 % d'alcool.

OÙ LA TROUVER   Régulièrement en fût à ce brouepub de Chambly. Une version en fût de chêne portant le suffixe « déchaînée » est parfois disponible, mais beaucoup moins souvent.

LE COUP D'ŒIL   Elle est d'un noir charbonneux d'où s'élève un généreux chapeau beige.

LE PARFUM   De délicates émanations de chocolat noir et de mélasse fruitée titillent nos narines intriguées. Même en ne faisant que la humer, on sent déjà l'épaisseur à venir, une richesse céréalière telle que celle de l'avoine.

EN BOUCHE   Une texture onctueuse, voire décadente, caresse notre palais heureux. De longues saveurs rôties, gentiment fruitées et sensuellement sucrées tapissent les papilles. Les malts foncés assurent l'équilibre, contrebalançant ce dessert par des touches de café et de cacao. Il en résulte une surprenante facilité à enchaîner les gorgées. L'étalement se fait dans un tout, aucune saveur n'osant déserter.

LA FINALE   Un gros câlin de chocolat vanillé s'empare de la dernière impression.

ACCORDS   Consultez le menu de saucisses de Bedondaine, et celle qui vous inspirera sera une valeur sûre.

POURQUOI EST-CE UN GRAND CRU ?

Avec ce genre de bière, il aurait été facile de tomber dans trop de sucré ou trop d'épaisseur. Le charme de la Dernière Brosse, comme celui de plusieurs autres brassins chamblyens, réside dans sa recherche consciencieuse de l'équilibre, d'un tout qui domine la somme de ses parties.

SI VOUS AVEZ AIMÉ, ESSAYEZ AUSSI :

Monseigneur d'Esgly (QC), Stout Impériale de Simple Malt (QC), Lion Stout de Lion Brewery (Sri Lanka, SAQ).

ERGOT
BENELUX, QC
(P. 90)

Cette bière est une Saison forte d'origine belge titrant plus ou moins 8,8 % d'alcool et brassée avec une portion de seigle. On pourrait dire qu'elle est aussi une Tripel, ce type de bière blonde et forte d'inspiration abbatiale belge qui présente un équilibre de céréales croquantes et de houblons herbacés dans lesquels se meut une chaleur d'alcool. Mais de prime abord, l'Ergot se démarque parce qu'elle n'adhère à aucun style bien précis.

OÙ LA TROUVER   En fût, de temps à autre, à ce brouepub de la rue Sherbrooke, à Montréal.

LE COUP D'ŒIL   Un généreux glaçage de mousse recouvre la robe voilée aux reflets ambrés et dorés.

LE PARFUM   Des branches de houblons floraux et épicés poussent jusqu'aux narines. Puis se manifestent la coriandre, les petits fruits de la levure, la banane et la « gomme balloune ». Enfin, des céréales émane un savant mélange sucré-épicé provenant de l'union de l'orge et du seigle.

EN BOUCHE   Ce houblon floral se dandine autour et à travers le sucre des céréales luxuriantes, créant un équilibre et un plaisir saisissants. Des pétales de fleurs cristallisés semblent même naître de ce mariage, et des notes de desserts du Moyen-Orient surgissent. La gazéification est quant à elle bien effervescente, réussissant avec brio à soulever le corps riche et soyeux qui aurait autrement pu être perçu comme lourd.

LA FINALE   Une subtile chaleur d'alcool s'immisce dans l'amertume herbacée et florale des houblons et des épices. Les esters fruités de la levure soupirent au loin : la nostalgie d'une fin de gorgée mémorable.

ACCORDS   Soirées jazzées et paninis sur la terrasse de ce brouepub, situé derrière la Place des Arts.

POURQUOI EST-CE UN GRAND CRU ?
La générosité des parfums, leur originalité et l'harmonie des saveurs qui est créée existent rarement dans une bière de style libre comme celle-ci.

SI VOUS AVEZ AIMÉ, ESSAYEZ AUSSI :
Dominus Vobiscum Lupulus de Charlevoix (QC), Saison Station 55 d'Hopfenstark (QC), Chouffe Houblon de la Brasserie d'Achouffe (Belgique, SAQ).

STRATO
BENELUX, QC
(P. 90)

West Coast Stout ou Black IPA. Ce style assez récent est né de l'engouement nord-américain pour les houblons puissants et aromatiques qui s'expriment souvent dans les India Pale Ales de la côte ouest américaine. Vous aurez donc deviné que ce type de bière allie les malts rôtis et chocolatés d'un Stout à la vigueur houblonnée typique de ces IPA.

OÙ LA TROUVER En fût seulement, de temps à autre, à ce brouepub de Montréal.

LE COUP D'ŒIL Une mousse minimaliste recouvre un liquide presque noir.

LE PARFUM Fraîcheur et originalité se rencontrent dans un tourbillon de houblons forestiers qui surplombent sans l'étouffer un malt rôti et granuleux qui se veut un proche parent du café.

EN BOUCHE Une rondeur maltée surprenante dévoile occasionnellement des nuances agréables de mélasse et de vanille. Les houblons profondément résineux dominent néanmoins l'ensemble. De puissants souvenirs de jus de pamplemousse et d'aiguille de pin s'emparent du palais. Cette pinte se videra beaucoup plus vite que sa grande intensité pourrait le laisser croire.

LA FINALE La longue et franche amertume de houblon étend ses tentacules jusqu'au fond de la gorge.

ACCORDS Un chocolat noir qui n'a pas peur de l'amertume.

POURQUOI EST-CE UN GRAND CRU ?

Plusieurs brasseurs s'aventurent dans les plates-bandes des modes de la dynamique côte ouest des États-Unis. Mais le dosage du houblon demeure un art à maîtriser, et l'amertume tranchante de cette Strato reste toujours soutenue d'un corps bien bouffant qui agrémente l'ensemble d'une belle complexité.

SI VOUS AVEZ AIMÉ, ESSAYEZ AUSSI :

Pénombre de Dieu du Ciel ! (QC), Blackwatch IPA de Vermont Pub and Brewery (VT), Mortal Sin de The Alchemist (VT).

LES SAISONS
BENELUX, QC
(P. 90)

Saison. Ces bières artisanales étaient jadis brassées dans des fermes de la campagne wallonne et consommées plusieurs mois plus tard, lors de la récolte de fin d'été, où les travailleurs pouvaient en boire jusqu'à cinq litres (!) par jour afin de s'hydrater. Bien que très digestes, leur taux d'alcool peut aujourd'hui atteindre 7 %, et même 8 % à l'occasion. Aujourd'hui, plusieurs versions nord-américaines sont brassées avec des épices telles que la coriandre ou la maniguette, en plus du houblon habituel. Elles peuvent être plus sucrées (moins atténuées) que leurs consœurs traditionnelles.

OÙ LA TROUVER	En fût, seulement à ce brouepub de la rue Sherbrooke, à Montréal.
LE COUP D'ŒIL	Une belle robe orangée couverte d'une vigoureuse étoffe de teinte ivoire.
LE PARFUM	Une levure épicée, surtout poivrée, s'active à produire de jolis esters que viennent amplifier les houblons aux parfums d'agrumes et de shampooing.
EN BOUCHE	Même si le corps affiche une certaine rondeur toastée, l'atténuation des sucres est au rendez-vous. Les grosses bulles nettoient efficacement le palais et libèrent un fruité qui pourrait être juteux, si ce n'était de ses rappels épicés constants.
LA FINALE	Les fruits exotiques cèdent la place aux délicats houblons herbacés et parfois terreux qui, transportés par l'effervescence, assèchent bien la finale.
ACCORDS	Essayez les délicieuses amandes fumées offertes sur place.

POURQUOI EST-CE UN GRAND CRU ?

Benelux offre toute une gamme de Saisons variées, mais qui affichent indéniablement un caractère propre à la brasserie. Cette forme de caractère du terroir fait la célébrité des plus grands brasseurs des campagnes belges. Et nous avons cela au centre-ville de Montréal…

SI VOUS AVEZ AIMÉ, ESSAYEZ AUSSI :

Dominus Vobiscum Blonde de Charlevoix (QC), Saison Dupont de Brasserie Dupont (Belgique, SAQ), les multiples Saisons d'Hopfenstark (QC).

BRISTOL PRIDE
BOBCAT CAFÉ, VT
(P. 157)

Extra Special Bitter (ESB). C'est une version plus forte en alcool et plus houblonnée que la Bitter anglaise de force régulière.

OÙ LA TROUVER En fût seulement, à ce brouepub de Bristol, dans le Vermont.

LE COUP D'ŒIL Comme en Angleterre, la timide mousse blanche ne couvre que partiellement l'ambre qui la supporte.

LE PARFUM Authentique, son arôme dévoile la complexification des céréales à la suite de la fermentation. Biscuit et caramel sont servis accompagnés d'un plateau de fruits comme l'abricot et l'orange.

EN BOUCHE Des houblons épicés, feuillus et même terreux, accompagnent les céréales accomplies. L'ensemble est harmonieux et soutenu par une gazéification plus insistante que la norme anglaise.

LA FINALE En évolution constante, nous passons d'un sucré léger à une sécheresse rafraîchissante. La facilité déconcertante avec laquelle nous pouvons la boire nous fait parfois oublier de prendre notre temps, parce qu'en se réchauffant, elle ne fait que s'améliorer.

ACCORDS Commandez-en une deuxième, pourquoi pas avec l'agneau braisé du Bobcat ?

POURQUOI EST-CE UN GRAND CRU ?

Ce grand style britannique se veut une bière de soif qui favorise la socialisation. La cible est plus qu'atteinte ici, alors que nous avons droit, en bonus, à une qualité d'ingrédients et une fraîcheur hors pairs.

SI VOUS AVEZ AIMÉ, ESSAYEZ AUSSI :

La Récompense de Brasseurs & Frères (QC), Voyageur des Brumes de Dieu du Ciel ! (QC), Bitchin' Bitter de Cambridge Brewing (MA).

HELLER BOCK
BOBCAT CAFÉ, VT
(P. 157)

Heller Bock. Aussi appelée Maibock à cause de sa confection tradition-nellement printanière. Cette variante dorée de la Doppelbock allemande possède généralement moins de sucres résiduels que sa comparse rousse, ainsi qu'un corps plus croustillant et plus effervescent. Elle est aussi dotée d'accents houblonnés, sans toutefois manquer d'équilibre.

OÙ LA TROUVER En fût, occasionnellement, à ce brouepub de Bristol, au Vermont.

LE COUP D'ŒIL Une couche de mousse opaque protège la teinte dorée transparente.

LE PARFUM Des malts miellés et croquants s'allient à de subtils hou-blons herbacés. Nous sommes en présence d'ingrédients allemands authentiques, c'est évident.

EN BOUCHE Les saveurs miellées des céréales et la morsure distinguée des houblons épicés s'harmonisent dans un corps svelte bien avenant. Les quelques sucres résiduels sont allégés par la gazéification calculée, rendant le tout très facile à boire, malgré la force en alcool ; elle titre en effet 8,2 %.

LA FINALE Une chaleur d'alcool subtile accompagne les houblons herbacés et les dernières traces de céréales miellées. Dé-cidément, cette grande bière est équilibrée depuis l'arôme jusqu'à l'arrière-goût.

ACCORDS Le risotto aux courges du Bobcat, au retour d'une longue randonnée lors d'une fraîche journée du printemps.

POURQUOI EST-CE UN GRAND CRU ?

L'authenticité de cette lager d'inspiration allemande est très impression-nante. On se croirait en Bavière, lors des célébrations de l'Avent ! Le choix des ingrédients ainsi que des méthodes de brassage et de conditionnement y sont pour beaucoup.

SI VOUS AVEZ AIMÉ, ESSAYEZ AUSSI :

Maibock des Trois Mousquetaires (QC), Maibock de Smuttynose (NH), Summah Bock de Martha's Exchange (NH).

POCOCK PILSNER
BOBCAT CAFÉ, VT
(P. 157)

Pils. Ces lagers blondes ont été créées par Joseph Groll, un Bavarois travaillant en Bohême dans les années 1840. Avant leur invention, presque toutes les bières étaient troubles et foncées, mais l'apparition de malts blonds ainsi que les améliorations de l'époque en réfrigération ont inspiré Groll à concevoir ce que la brasserie Plzensky Prazdroj appelle aujourd'hui la première bière blonde du monde : la Pilsner Urquell. Celle du Bobcat Café est conçue à partir de malts allemands et est houblonnée avec du Saaz, la fierté de la République tchèque, faisant d'elle une hybride de deux sous-styles de Pils.

OÙ LA TROUVER   Souvent, mais en fût seulement, à ce brouepub de Bristol, au Vermont.

LE COUP D'ŒIL   Un voile de mousse blanche couvre la robe dorée et claire.

LE PARFUM   Des houblons herbacés et des céréales fermes partagent leur fraîcheur.

EN BOUCHE   Le même mariage de houblons nobles et de céréales croquantes déploie feuilles épicées et balle de foin. La gazéification effervescente porte cette union jusqu'à la finale, en plus d'accroître le sentiment de rafraîchissement.

LA FINALE   Les houblons épicés fournissent une amertume plus que plaisante au diapason de la sécheresse imposée par le conditionnement à température très froide (ce qui fait d'elle une lager).

ACCORDS   Lors d'une journée chaude éclairée de vigoureux rayons de soleil, accompagnez-la de l'aiglefin du Bobcat.

POURQUOI EST-CE UN GRAND CRU ?

L'authenticité de cette bière, comme celle de leur Heller Bock d'ailleurs, frappe l'imaginaire, nous transportant facilement vers la contrée germanique de notre choix. Il y a si peu d'endroits en Amérique du Nord qui reproduisent aussi fidèlement les styles de lagers de la vieille Europe !

SI VOUS AVEZ AIMÉ, ESSAYEZ AUSSI :

Kellerbier des Trois Mousquetaires (QC), toute Pils brassée par l'American Flatbread de Burlington (VT), Élixir Céleste de Dieu du Ciel ! (QC).

MESSE DE MINUIT
BRASSEURS DU TEMPS, QC
(P. 75)

Ale brune forte d'inspiration belge généreusement épicée, entre autres, d'anis étoilé, de racine de réglisse et de coriandre.

DISPONIBILITÉ En fût seulement à ce brouepub de Gatineau, autour du temps des Fêtes.

LE COUP D'ŒIL Un anneau de mousse couronne la robe bourgogne et ses angles marron.

LE PARFUM Le nez d'épices est explosif, propulsant l'anis étoilé et la racine de réglisse sur un lit de céréales caramélisées, sculptant un profil fruité-sucré qui est non sans rappeler les vins chauds servis sur les places publiques d'Europe lors des marchés de Noël.

EN BOUCHE Parfaitement intégrées aux malts chocolat douillets, les épices sont moins expressives. Le dosage est absolument parfait, facilitant chaque gorgée qui aurait été plutôt lourde si l'intensité du profil de saveurs rivalisait avec celui de l'arôme. Des notes poivrées de clou de girofle et de muscade apparaissent confortablement aux côtés des céréales aériennes (pour ce style de bière, évidemment).

LA FINALE Ces mêmes épices disparaissent peu à peu, laissant quelques subtilités fruitées parsemées dans un filet de caramel. L'alcool vient réchauffer le gosier juste assez pour nous rappeler d'utiliser un conducteur désigné.

ACCORDS Toute copieuse pièce de viande rouge issue du menu des Brasseurs du Temps devrait être aussi conquise que vous.

POURQUOI EST-CE UN GRAND CRU ? :
Le corps à la fois riche et souple émule le confort nourrissant des gâteaux panforte italiens tout en se laissant boire aussi facilement qu'une potion moins forte en alcool (celle-ci titre plus de 9 %). Un véritable tour de force d'équilibre et d'originalité.

SI VOUS AVEZ AIMÉ, ESSAYEZ AUSSI :
Dominus Vobiscum Double de Microbrasserie Charlevoix (QC), Yule de Hopfenstark (QC), Grivoise de Noël du Trou du Diable (QC).

OBSCUR DÉSIR
BRASSEURS DU TEMPS, QC
(P. 75)

Imperial Stout ; une ale noire, riche et onctueuse, qui naquit lorsque l'impératrice Catherine la Grande de Russie exigea une bière noire de ces pourvoyeurs anglais qui durent brasser une bière très forte capable de résister au long transport et au temps passé dans les caves de la grande dame. Celle des Brasseurs du Temps bénéficie aussi d'un ajout de chocolat noir 90 %.

DISPONIBILITÉ	En fût seulement à ce brouepub de Gatineau.
LE COUP D'ŒIL	Qu'elle est belle. Sa mousse couleur moka trône long-temps au-dessus de la noirceur des plus opaques, laissant plusieurs traits de dentelle sur les parois du verre.
LE PARFUM	Chocolat noir, céréales croquantes, vanille et grains torréfiés aux allures de café cœxistent en parfaite harmonie, lévitant au-dessus de la cime des houblons résineux de souche Centennial.
EN BOUCHE	Le corps soyeux et rond véhicule toutes les saveurs maltées que vous avez pu percevoir en arôme, rajoutant même des subtilités biscuitées. La cohésion de toutes ces saveurs est impressionnante.
LA FINALE	Les résines de houblon et les céréales rôties dressent une plaisante amertume digne d'un espresso. Les sucres résiduels bien dosés du profil de saveurs allègent une partie de cette amertume en laissant un filet de caramel et de chocolat.
ACCORDS	Une soirée romantique, agrémentée d'un dessert chocolaté, bien sûr.

POURQUOI EST-CE UN GRAND CRU ?
Loin d'être linéaire comme plusieurs exemples de ce style, évitant donc les excès de sucres résiduels et d'intensité rôtie, cette Imperial Stout se boit aussi facilement qu'une Stout dans les 5 % ou 6 % d'alcool. En revanche, prenez garde : l'Obscur Désir en contient plus de 8 % !

SI VOUS AVEZ AIMÉ, ESSAYEZ AUSSI :
Imperial Stout de McNeill's (VT), Russian Imperial Stout de Brouemont (QC), Impériale Stout de Simple Malt (QC).

LA RÉCIDIVE
BRASSEURS ET FRÈRES, QC
(P. 85)

Stout. Le profil de saveurs de ces ales noires d'origine britannique est principalement dérivé des céréales torréfiées qui offrent des tons chocolatés, rôtis et caramélisés.

OÙ LA TROUVER En bouteille, dans les marchés spécialisés du Québec, et en fût, à leur pub de Dunham, près de la frontière américaine.

LE COUP D'ŒIL Un anneau de mousse encercle la noirceur opaque.

LE PARFUM Des arômes de grain de café rôti s'immiscent dans un sucré rappelant la mélasse, alors que des vapeurs biscuitées poussent encore plus vers le dessert.

EN BOUCHE Le corps est bien arrondi, et les sucres résiduels rappelant la mélasse et le chocolat forment un accord mélodieux avec les houblons herbacés. Le malt biscuité qui supporte le tout est délectable, offrant une base sur laquelle la levure peut dessiner quelques traces fruitées qui rendent le tout dangereusement facile à boire.

LA FINALE Une certaine sécheresse s'attache aux saveurs rôties, alors que le chocolat sucré réaffirme sa présence. L'union des malts torréfiés et du houblon crée une amertume équilibrée.

ACCORDS Une tablette de chocolat noir avec des bleuets.

POURQUOI EST-CE UN GRAND CRU ?

Sa complexité, son humilité et ses saveurs bien structurées sont si faciles d'approche qu'il nous est difficile de ne pas l'adorer.

SI VOUS AVEZ AIMÉ, ESSAYEZ AUSSI :

Maisouna de Loup Rouge (QC), Déesse Nocturne de Dieu du Ciel ! (QC), Reagin's Stout de McNeill's (VT).

ÉLIXIR DE BELPHEGOR
BROADWAY PUB, QC
(P. 69)

Barley Wine vieilli six mois en fût de chêne de whisky. Le Barley Wine (ou vin d'orge) est un style anglais liquoreux et puissant qui met surtout l'accent sur l'orge, vous l'aurez deviné. Des saveurs caramélisées et fruitées y abondent souvent, et un houblonnage plus que généreux prolifère généralement dans les versions américaines du style.

OÙ LA TROUVER En fût seulement, à ce brouepub de Shawinigan, quelques fois par année. Faites attention, il y a aussi au Broadway une Scotch Ale qui porte le même nom que la bière décrite ici. Elle vaut aussi son pesant d'or, mais elle est différente sur le plan gustatif.

LE COUP D'ŒIL Une couverture de mousse s'étale sur la robe terra cota.

LE PARFUM Une envolée de whisky et d'alcool boisé transporte de somptueux malts caramel vanillés qui semblent receler du raisin sec. On s'attend à une bière liquoreuse et bien charnue, et elle titre d'ailleurs 10 % d'alcool, alors…

EN BOUCHE Le profil de saveurs suit exactement ce que l'arôme avait promis. C'est l'harmonie parfaite entre le sucré proéminent du malt caramel, les multiples fruits séchés (date, cerise, raisin) qui en découlent et l'apport soutenu du fût de chêne. Une présence houblonnée terreuse subsiste sous les malts langoureux, ce qui ajoute à la complexité omniprésente, sans toutefois mettre un aspect sous les réflecteurs. Le corps qui en résulte est sensuel, tout en évitant d'être sirupeux, et profite d'une gazéification douce.

LA FINALE Des traces de sucres résiduels vanillés et fruités se font entraîner par un ressac d'alcool et de bois sec. Musclée, dites-vous ?

ACCORDS Besoin de relaxer après un grand accomplissement ? La pizza au jambon du Broadway et cette bière devraient vous combler.

POURQUOI EST-CE UN GRAND CRU ?

Le vieillissement en fûts de chêne a la cote par les temps qui courent, et cette mode sied bien aux bières digestives. Au Broadway, on tire de ce vieillissement une intense influence de bourbon américain. Peu de bières affichent un caractère boisé si prononcé sur le territoire québécois.

SI VOUS AVEZ AIMÉ, ESSAYEZ AUSSI :

Ale millésimée de McAuslan (QC), Mac'Kroken Flower du Loup Rouge (QC), Scotch Ale de Brouemont (QC).

SCOTCH ALE
BROUEMONT, QC
(P. 86)

Scotch Ale ou Wee Heavy. Une célébration du malt caramel. Celle-ci, du Brouemont, propose autour de 8 % d'alcool.

OÙ LA TROUVER	En fût seulement, à ce brouepub de Bromont.
LE COUP D'ŒIL	Les profondes teintes d'acajou sont couronnées d'une mince mousse blanc cassé.
LE PARFUM	Des fruits des champs séchés et des céréales caramélisées forment une friandise appétissante habillée d'un léger fumé terreux. De toute évidence, nous sommes en présence d'une bière riche, liquoreuse et pleine de personnalité.
EN BOUCHE	Le côté fruité des malts caramélisés est bien développé, ajoutant de la complexité à chaque gorgée. Une délicate tourbe fumée se joint aux saveurs équilibrées. Les bulles sont ici plus présentes que dans les exemples plus traditionnels du style, allégeant quelque peu le corps.
LA FINALE	Les sucres résiduels se transforment tranquillement mais sûrement en amertume de houblon feuillu et floral ponctuée de malts rôtis.
ACCORDS	Tentez le hambourgeois au fromage bleu du Brouemont. Les aspects fumés du sandwich complètent bien ceux de la bière, tandis que le gras salé du fromage et du bacon ne demandent qu'à être rincés par de bonnes saveurs caramélisées à l'effervescence vive. Rien de mieux pour un chaleureux après-ski.

POURQUOI EST-CE UN GRAND CRU ?

Ne se contentant pas des expressions caramélisées habituelles, cette Scotch Ale dispose aussi d'un arsenal fruité et fumé qui ajoutent profondeur et individualité.

SI VOUS AVEZ AIMÉ, ESSAYEZ AUSSI :

Corne de Brume d'À l'abri de la Tempête (QC), Équinoxe du Printemps de Dieu du Ciel ! (QC), Reyne Descosse de Bedondaine et Bedons Ronds (QC).

CUVÉE DES SAVEURS
BROUHAHA, QC
(P. 93)

Ale épicée d'inspiration belge, mais quelquefois houblonnée à l'américaine.

OÙ LA TROUVER Une fois par année, à ce bar à bières du quartier Rosemont, à Montréal.

LE COUP D'ŒIL Voilà une blonde ténébreuse qui porte une riche frange de fines bulles blanches.

LE PARFUM Il y a beaucoup à dire ! La levure a bien travaillé pour envelopper les 7 % d'alcool rendus invisibles par des effluves d'épices qui enrobent l'immanquable mie de pain fraîche. Un cocktail d'esters fruités nous fait tout de suite penser aux latitudes méridionales.

EN BOUCHE Comme c'est facile à boire ! Les céréales demeurent délicates, s'alliant constamment à la levure pour orienter nos impressions initiales de biscuit vers un territoire plus fruité. La gazéification toute belge chatouille notre langue, qui en est séduite.

LA FINALE De vigoureux houblons nobles portent une amertume fraîche tantôt herbacée, tantôt citronnée.

ACCORDS Pour une quête de la fraîcheur, les sushis du comptoir voisin du Brouhaha et cette bière font des miracles.

POURQUOI EST-CE UN GRAND CRU ?

Cette recette des plus créatives risque de changer au fil des années, mais notre curiosité est déjà piquée pour de bon, et nous serons toujours excités à l'idée d'essayer le prochain brassin de cette belge pure laine.

SI VOUS AVEZ AIMÉ, ESSAYEZ AUSSI :

Les multiples Saisons d'Hopfenstark (QC), Dominus Vobiscum Blonde de Charlevoix (QC), Confluence d'Allagash Brewing (ME).

COPPER HILL KÖLSCH
THE CAMBRIDGE HOUSE, CT
(P. 115)

Kölsch, une ale blonde typique de Cologne, dans le nord-ouest de l'Allemagne, assez semblable à sa cousine bohémienne, la Pils, mais moins axée sur son caractère houblonné, se concentrant plutôt sur ses saveurs de céréales bien raffinées.

OÙ LA TROUVER	En fût, toute l'année, seulement aux deux succursales de The Cambridge House, à Torrington et à Granby, au Connecticut.
LE COUP D'ŒIL	Une tranche de mousse décore la robe blonde légèrement voilée.
LE PARFUM	Le nez est un tantinet plus subtil que le profil de saveurs, offrant foin et houblons herbacés dans un portrait bien équilibré.
EN BOUCHE	De persistantes notes de foin enchantent les houblons épicés et herbacés dans un doux alliage qui ne s'amenuise jamais au fil des gorgées.
LA FINALE	Chaque fin de gorgée est héritière de l'équilibre et de l'osmose présents dans le profil de saveurs ; les ingrédients sont authentiques et le plaisir indéniable.
ACCORDS	Essayez-la avec les linguinis aux artichauts et poulet du Cambridge House, mais cette bière s'accorde surtout avec les très grandes soifs !

POURQUOI EST-CE UN GRAND CRU ?

Les « petites » blondes de l'Amérique du Nord sont souvent des bières plus ou moins insipides brassées pour plaire, dit-on, à ceux qui ont peur des couleurs plus foncées. Cependant, cette Kölsch de la Cambridge House prouve qu'il est bel et bien possible d'offrir autant de qualité d'un bout à l'autre de la carte, de la bière blonde légère et facile à boire à la bière liquoreuse de fin soirée.

SI VOUS AVEZ AIMÉ, ESSAYEZ AUSSI :

Petite Munich de Gambrinus (QC), Ostalgia Blonde d'Hopfenstark (QC), Germaine du Trou du Diable (QC).

OLD MILL POND ESB
THE CAMBRIDGE HOUSE, CT
(P. 115)

Extra Special Bitter. En d'autres mots, une version plus forte en alcool et plus houblonnée que la Bitter anglaise de force régulière. Celle-ci titre 6,7 % d'alcool.

OÙ LA TROUVER En fût, plutôt souvent au cours de l'année, seulement aux deux succursales de The Cambridge House, soit à Torrington et à Granby, au Connecticut.

LE COUP D'ŒIL Un délicieux collet de mousse agrémente cette rouquine ténébreuse.

LE PARFUM Intensément aromatique, cette ESB hybride allie de francs houblons nobles parfumés et floraux à une levure fruitée.

EN BOUCHE Le malt occupe ici un espace plus important, taquinant le palais de ses tentations biscuitées. Toutefois, l'ensemble est plutôt sec. On se laisse imprégner de parfums exotiques soulevés par une consistance svelte. Cette dernière, de même que la gazéification engageante, rend le tout hautement facile à boire par grandes lampées.

LA FINALE Feuilles, fleurs et agrumes s'unissent en un pot-pourri pour tracer une amertume bien durable au fond de la gorge.

ACCORDS Le jambalaya bien épicé de la maison.

POURQUOI EST-CE UN GRAND CRU ?

Cette ESB atypique jouit d'un apport de houblon aux arômes des plus charmants. Sa levure efficace lui procure aussi une sécheresse particulièrement rafraîchissante, la rapprochant presque de certaines ales belges.

SI VOUS AVEZ AIMÉ, ESSAYEZ AUSSI :

Extra Special Bitter de McNeill's (VT), Orval (Belgique, SAQ), Vache Folle ESB de Charlevoix (QC).

BIG HOPPY
THE CAMBRIDGE HOUSE, CT
(P. 115)

Cette ale forte se situe entre les Double IPA et les American Strong Ales. C'est donc une bière très ronde et super houblonnée (surtout au Chinook, dans ce cas-ci) qui se veut un torrent de saveurs. Brassée à partir de malts biologiques seulement, cette Big Hoppy titre 10 % d'alcool.

OÙ LA TROUVER En fût, de temps à autre, aux deux succursales de The Cambridge House, soit à Torrington et à Granby, au Connecticut.

LE COUP D'ŒIL Une tuile de mousse recouvre complètement les teintes rougeâtres tirant sur l'ambré.

LE PARFUM De gargantuesques céréales caramélisées et toastées soulèvent des houblons résineux et délicatement citronnés.

EN BOUCHE Le corps liquoreux de cette ale forte accepte aisément les envolées caramélisées des malts sur lesquels sont portés les houblons aux pointes terreuses et résineuses. Ce corps est d'ailleurs un des faits saillants de cette bière : il est ample, mais jamais collant ni trop sucré. La sensualité prime.

LA FINALE La trace d'amertume feuillue et boisée laissée par le houblon Chinook est apparente pendant plusieurs secondes après la déglutition, soit bien après que la chaleur de l'alcool ait disparu.

ACCORDS Le désir d'une dernière conquête en fin de soirée. En hiver, osez aussi la soupe au cheddar du Cambridge House.

POURQUOI EST-CE UN GRAND CRU ?
Alors que la majorité des Double IPA en Amérique du Nord représentent surtout des explosions de houblons aromatiques, celle-ci met aussi en vedette ses gracieuses céréales, qui rehaussent le degré de complexité du profil de saveurs.

SI VOUS AVEZ AIMÉ, ESSAYEZ AUSSI :
Sainte-Flanelle de Dieu du Ciel ! (QC), La Chose de Trou du Diable (QC), IPA Impériale Anniversaire de Benelux (QC).

DOMINUS VOBISCUM BLANCHE

CHARLEVOIX, QC
(P. 104)

C'est une Witbier ou, en français, une blanche de blé de style belge. Souvent épicé à la coriandre et au zeste d'orange curaçao, ce type de bière se veut rafraîchissant et très facile à boire. Fabriqué avec une grande portion de blé cru (non malté), son voile blanc provient des protéines du blé et de la levure qui sont en suspension dans la bière.

OÙ LA TROUVER	Toute l'année, en bouteille, dans les magasins spécialisés du Québec, et en fût au Saint-Pub de Baie-Saint-Paul.
LE COUP D'ŒIL	Une mousse crémeuse bien opaque se dissipe tranquillement dans la blondeur nuageuse.
LE PARFUM	De la coriandre fraîche fleurit à côté de citrons et d'oranges juteux, créant un thé épicé invitant aux grandes gorgées.
EN BOUCHE	La coriandre laiteuse ruisselle sur les céréales légèrement biscuitées, alors qu'orange et autres agrumes ajoutent encore plus de fantaisie à ce corps lisse et effervescent.
LA FINALE	Les notes acidulées typiques aux Witbiers complémentent le fruité sucré et épicé concluant ce véritable succès dans le domaine des bières de soif.
ACCORDS	N'importe quel poisson consommé sur la terrasse du Saint-Pub, à Baie-Saint-Paul, là où la Microbrasserie Charlevoix a fait ses premiers pas en tant que brasserie artisanale.

POURQUOI EST-CE UN GRAND CRU ?

Puisque les bières blanches sont presque toujours conçues pour être accessibles à tous les palais en quête de rafraîchissement, il arrive souvent que ce style soit livré avec peu de caractère ou d'individualité. Ce n'est évidemment pas le cas avec cette Dominus Vobiscum.

SI VOUS AVEZ AIMÉ, ESSAYEZ AUSSI :

White d'Allagash (ME), Rosée d'Hibiscus de Dieu du Ciel ! (QC), Whittier White de The Tap (MA).

DOMINUS VOBISCUM DOUBLE
CHARLEVOIX, QC
(P. 104)

Dubbel belge, un type d'ale forte originalement brassée par les moines trappistes. Elles sont souvent brunes et relativement fortes en alcool, et offrent des saveurs de fruits séchés ainsi que de céréales caramélisées et chocolatées. Celle de Charlevoix, titrant 9 % d'alcool, est cependant plus épicée que les exemples traditionnels grâce à l'ajout, entre autres, d'anis étoilé.

OÙ LA TROUVER Toute l'année, en bouteille, dans les magasins spécialisés du Québec.

LE COUP D'ŒIL Sa mousse beige disparaît tranquillement dans son corps brun acajou voilé.

LE PARFUM Des feux d'artifices anisés, poivrés et fruités explosent au-dessus du verre. Un parfum bouleversant !

EN BOUCHE Les saveurs de cacao supportent celles de la coriandre, de l'orange, de la réglisse et du bonbon propulsées par la gazéification active. Cette effervescence rend le corps potelé plus avenant, tout en laissant amplement d'espace aux papilles afin de découvrir ce que les malts ont à offrir. Une multitude de fruits séchés se faufilent entre les épices ; pensons à la prune, à la figue, à la date Medjool, à la cerise, à la mûre…

LA FINALE Des malts rôtis chatouillent l'arrière du palais, aidés par une chaleur d'alcool. Celle-ci est rehaussée par l'épicé-poivré qui aide à dissoudre le bonbon sucré qui languit doucement.

ACCORDS Une poignée de fruits des champs et votre livre de chevet du moment.

POURQUOI EST-CE UN GRAND CRU ?
La créativité de ce brassin n'a d'égale que le raffinement de son profil de saveurs, qui demeure articulé jusqu'à la toute fin.

SI VOUS AVEZ AIMÉ, ESSAYEZ AUSSI :
Trois Pistoles d'Unibroue (QC), Gravitation de Smuttynose (NH), Gros Mollet de la Microbrasserie du Lac-Saint-Jean (QC).

DOMINUS VOBISCUM HIBERNUS
CHARLEVOIX, QC
(P. 104)

Ale brune forte d'inspiration monastique belge. Celle-ci titre 10 % d'alcool.

OÙ LA TROUVER	L'hiver, en bouteille seulement.
LE COUP D'ŒIL	Brune foncée, cette ale bien gazéifiée nourrit constamment une riche mousse beige pâle.
LE PARFUM	Les épices y prennent leur pied, notamment le poivre, qui s'entasse dans un véritable gâteau forêt-noire, avec ses composantes de chocolat, de vanille et de cerise.
EN BOUCHE	La texture ronde et les bulles bien charpentées qui l'agrémentent nous laissent pantois lorsque nous apprenons que cette bière ne vient pas de la Belgique. Réglisse, caramel, phénols et prune se joignent au lot des plaisirs incantés. Ses facettes sont multiples.
LA FINALE	Le poivre tient encore la vedette, les épices permettant une transition efficace à partir de l'attaque initialement sucrée.
ACCORDS	Prosciutto, confiture de figues, amandes au tamari, un festin, quoi !

POURQUOI EST-CE UN GRAND CRU ?

Son élégance rare et son profil de saveurs épicé-fruité la rend digne des grands brassins belges. Son conditionnement en bouteilles champenoises et son remarquable potentiel de garde rehaussent encore davantage ce vénérable statut.

SI VOUS AVEZ AIMÉ, ESSAYEZ AUSSI :

Trois Pistoles d'Unibroue (QC), Rigor Mortis Abt de Dieu du Ciel ! (QC), Apôtre de Saint-Bock (QC).

DOMINUS VOBISCUM LUPULUS
CHARLEVOIX, QC
(P. 104)

Ale blonde forte d'inspiration belge, mais houblonnée telle une Double IPA à l'américaine avec les houblons Amarillo (aux flaveurs de conifères), Simcœ (aux fruits tropicaux) et Saaz (surtout herbacé).

OÙ LA TROUVER — Environ une fois par année, en bouteille, et seulement dans les magasins spécialisés du Québec.

LE COUP D'ŒIL — Une aguichante montagne de mousse blanche garnit la blondeur voilée.

LE PARFUM — Du zeste de pamplemousse, de la citronnelle et des aiguilles de pin sont unis par les effluves de boulangerie matinale créées par l'union de la levure et des céréales. C'est de la magie !

EN BOUCHE — Cette ale hybride regorge de vie. Des agrumes et des fleurs semblent pousser dans une forêt de conifères, alors qu'une chaleur et une rondeur d'alcool lie le tout (cette bière titre 10 %, quand même). La gazéification active porte le corps vers les sphères champenoises, alors que la levure nous ramène sur Terre. Vous aurez compris que nous sommes en présence d'un goût on ne peut plus évolutif.

LA FINALE — Le côté conifère du houblon Amarillo rejoint l'angle résineux et le fruité du Simcœ, créant une amertume bien articulée et enduite de pain, cadeau de la levure belge. La sécheresse qui en découle ne peut être soulagée que par une autre gorgée.

ACCORDS — « 21st Century Schizoid Man », selon King Crimson, pain pita et hummus.

POURQUOI EST-CE UN GRAND CRU ?
Son bouquet remarquable, son inventivité enivrante et sa classe indéniable font de la Lupulus une création hors du commun digne des plus grandes dégustations.

SI VOUS AVEZ AIMÉ, ESSAYEZ AUSSI :
Chouffe Houblon d'Achouffe (Belgique, SAQ), D'une Bière, Deux Goûts d'À La Fût (QC), Hugh Malone d'Allagash (ME).

DOMINUS VOBISCUM BRUT
CHARLEVOIX, QC
(P. 104)

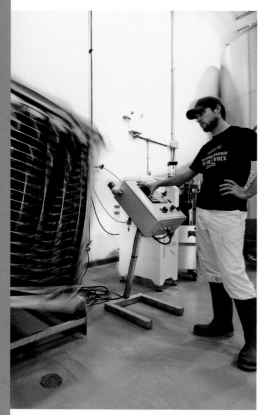

Ale forte d'inspiration belge mais fabriquée avec la méthode champenoise. C'est d'ailleurs la seule bière sur le territoire couvert par ce livre qui peut se vanter d'être champenoise, puisqu'elle subit l'ensemble du processus de maturation, avec retournement fréquent jusqu'au dégorgement. Elle recèle 11 % d'alcool.

OÙ LA TROUVER En bouteille seulement, à l'occasion, dans les magasins spécialisés et au brouepub de Baie-Saint-Paul.

LE COUP D'ŒIL Une bouillonnante blonde pâle procrée une adorable et duveteuse tour d'ivoire mousseuse qui ne nous quitte jamais.

LE PARFUM Une botte de foin bien tassée s'élève du verre aux côtés de houblons polis herbacés et citronnés, rehaussés par des graines de coriandre. La fraîcheur est étonnante, rappelant la croûte à tarte et les fleurs sauvages.

EN BOUCHE On sent une vague impression fruitée, sans toutefois pouvoir nommer un fruit en particulier : c'est l'équilibre. Les céréales sont bien atténuées, tournant notre attention sur la texture elle-même. Bien que cette bière soit plutôt ronde, son caractère champenois fait vibrer le palais de ses bulles précises comme un métronome.

LA FINALE Tout en sécheresse, elle ne laisse qu'un mince filet d'alcool trahir ses 11 %, mais c'est surtout sa délicate amertume épicée et citronnée qui imprègne notre mémoire bien comblée.

ACCORDS Plateau de truffes d'un soir de bal, imaginaire ou non.

POURQUOI EST-CE UN GRAND CRU ?
Son procédé idiosyncrasique suffit à l'établir dans une classe à part. C'est toutefois son équilibre époustouflant qui nous incite à ne pas la considérer comme une bière-trophée à essayer une fois, mais comme un grand cru à visiter encore et encore.

SI VOUS AVEZ AIMÉ, ESSAYEZ AUSSI :
Buteuse Brassin Spécial du Trou du Diable (QC), Tripel Reserve d'Allagash Brewing (ME), Dominus Vobiscum Lupulus de Charlevoix (QC).

LES PILS
CHEVAL BLANC, QC
(P. 97)

Pils. Ces lagers blondes ont été créées par Joseph Groll, un Bavarois travaillant en Bohème dans les années 1840. Avant son invention, presque toutes les bières étaient troubles et foncées, mais les améliorations de l'époque en matière de réfrigération ainsi que la venue de malts blonds ont inspiré Mr. Groll à concevoir ce que la brasserie Plzensky Prazdroj appelle aujourd'hui la première bière blonde du monde : la Pilsner Urquell.

OÙ LA TROUVER En fût, et seulement à ce brouepub de la rue Ontario, à Montréal.

LE COUP D'ŒIL Un joli minois blond se cache sous une cape de couleur paille presque opaque.

LE PARFUM Des céréales croquantes évoquent la campagne et le repaire du boulanger. De nobles houblons grimpants y induisent des évocations de gazon fraîchement tondu, voire de jardin botanique.

EN BOUCHE La douce rondeur est facilitée par la levure en suspension. Le pain est enfin cuit. Taquin, son créateur y a ajouté des épices houblonnées rappelant herbes et fleurs.

LA FINALE L'amertume se querelle fraternellement avec le savoureux malt pilsener, laissant une impression de sécheresse qui perdurerait… si seulement nous pouvions patienter entre les gorgées.

ACCORDS Les petites chandelles rougeâtres du Cheval Blanc, qui lui procurent des reflets de grenadine, et l'intention de ne pas se limiter à une pinte.

POURQUOI EST-CE UN GRAND CRU ?

Le Cheval Blanc semble brasser une nouvelle pilsener à tous les trimestres. Chaque fois, nous avons droit à une lager originale non filtrée au houblonnage libéral. Chaque fois, celle-ci rend difficile la visite des autres bières à la carte, tant elle rafraîchit…

SI VOUS AVEZ AIMÉ, ESSAYEZ AUSSI :

Cerna Hora de L'Amère à boire (QC), Élixir Céleste du Dieu du Ciel ! (QC), Brise du Lac d'Archibald (QC).

SUMMER OF LAGER
CISCO, MA
(P. 134)

Cette bière est une Helles, c'est-à-dire une lager blonde d'inspiration bavaroise. Ce sont habituellement des lagers 100 % malt, donc ne comportant aucun sucre ajouté ni aucune source de sucres autre que celle des céréales choisies, qui offrent un équilibre entre les flaveurs des céréales et celles du houblon, le tout dans un corps souple propice aux grandes gorgées. La fraîcheur est au rendez-vous, avec ce style.

OÙ LA TROUVER De toute évidence, l'été ! En bouteille de 660 ml et en fût, dans quelques bars du Massachusetts.

LE COUP D'ŒIL Une tour de mousse éternelle dresse sa dentelle tout autour de la robe ambrée pâle et voilée.

LE PARFUM Le malt domine ici, offrant des notes de croûton de pain et parfois de biscuit sec. Si vous avez une bouteille très fraîche, le houblon herbacé peut poindre à l'horizon, mais celui-ci n'est pas le joueur principal de l'arôme de cette bière.

EN BOUCHE Des céréales subtilement caramélisées rappellent surtout le pain frais, tandis que de grosses bulles allègent le profil de saveurs. N'ayez pas peur d'ajouter la levure du fond de la bouteille à votre verre ; elle rendra les saveurs de pain encore plus fidèlement.

LA FINALE Le corps svelte étant bien asséché, l'amertume des houblons boisés et herbacés peut maintenant prendre sa place.

ACCORDS Homard sur fond de brises estivales et de rires éclatants.

POURQUOI EST-CE UN GRAND CRU ?
Nous avons ici affaire à un exemple bien artisanal de la Helles, et donc à une version qui ne cherche pas nécessairement à imiter les standards du style. Très facile à boire et sans prétention, elle sait faire ce que plusieurs bières dites accessibles n'osent pas : offrir une expérience empreinte de personnalité.

SI VOUS AVEZ AIMÉ, ESSAYEZ AUSSI :
Montréal Hell de L'Amère à Boire (QC), Purity of Essence de High and Mighty (MA), Helles Belles de The Tap (MA).

PETITE MUNICH
GAMBRINUS, QC
(P. 71)

Ale blonde d'inspiration allemande et titrant 5 % d'alcool.

OÙ LA TROUVER En fût, presque tout le temps, à ce brouepub de Trois-Rivières.

LE COUP D'ŒIL Une belle mousse blanche trace une élégante dentelle au-dessus de la robe dorée mielleuse à peine voilée.

LE PARFUM Le houblon herbacé est de la partie, mais ce sont les céréales douillettes qui semblent vouloir se démarquer.

EN BOUCHE Les houblons accompagnateurs sont citronnés et herbacés. Des malts rappelant le pain frais développent aussi des touches de miel. En tandem avec la gazéification très effervescente, ils sculptent un corps et un profil de saveurs très désaltérants. Un bel équilibre est en place. Nous sommes presque en présence d'une Pils de style tchèque.

LA FINALE L'amertume herbacée des houblons nobles est franche et soutenue, dressant une belle sécheresse qui invite sans cesse à prendre une autre gorgée.

ACCORDS Un simple moment de relaxation après une dure journée de labeur, quoique la salade lorraine du resto-pub, avec ses pommes et ses amandes, se prête joliment à l'exercice aussi.

POURQUOI EST-CE UN GRAND CRU ?
La Petite Munich est la preuve qu'une « petite bière blonde » peut être aussi bien charpentée, savoureuse et nuancée que n'importe quel autre style, peu importe ce qu'essaient de nous faire croire certaines brasseries qui nous bombardent de publicité vantant leurs produits « dénués de goût ».

SI VOUS AVEZ AIMÉ, ESSAYEZ AUSSI :
Premium Lager Blonde de Charlevoix (QC), Ostalgia Blonde d'Hopfenstark (QC), Ma Première Blonde d'À La Fût (QC).

BEER OF THE GODS
HIGH AND MIGHTY, MA
(P. 136)

Les malts habituels à la Kölsch, originaire de Cologne, sont mariés aux houblons typiques d'une Altbier de Düsseldorf, avec un ajout inhabituel de houblons aromatiques, pour ces deux styles allemands. Bref, c'est une ale blonde d'inspiration allemande dotée du muscle américain et qui titre 4,9 % d'alcool.

OÙ LA TROUVER Occasionnellement, en bouteille comme en fût, dans les établissements spécialisés du Massachusetts.

LE COUP D'ŒIL Une dentelle délicate est dessinée autour de sa robe jaune pâle voilée.

LE PARFUM Des houblons herbacés et légèrement citronnés surplombent les céréales rappelant la paille.

EN BOUCHE Cette paille est croquante et soutient admirablement bien les houblons herbacés qui, eux, ne sont pas du tout gênés de se présenter à chaque papille. Très désaltérant et jamais ennuyant, le profil de saveurs bénéficie à l'occasion d'une touche fruitée.

LA FINALE Les houblons boisés et surtout gazonnés offrent une amertume féconde qui fait durer le plaisir bien après la fin de chaque gorgée.

ACCORDS Une salade verte avec pain campagnard, ou même un osso buco.

POURQUOI EST-CE UN GRAND CRU ?
Les amateurs de houblons francs ont rarement la chance de s'abreuver d'une bière si facile à boire. Les brasseurs nord-américains ont tendance à mettre les houblons en valeur dans des bières plus bourratives, mais celle-ci se boit aussi bien qu'une eau citronnée, sans toutefois laisser pour compte les saveurs du malt.

SI VOUS AVEZ AIMÉ, ESSAYEZ AUSSI :
Regatta Golden de Cambridge (MA), Magnum de Benelux (QC), Élixir Céleste de Dieu du Ciel ! (QC).

FRAMBOISE FORTE (OAK AGED)
HOPFENSTARK, QC
(P. 71)

Bière aux fruits mûrie en fûts de chêne. Elle se détache des familles brassicoles classiques, mais représente un hybride à mi-chemin entre une juteuse bière à la framboise et une Saison forte. Elle titre 8 % d'alcool.

OÙ LA TROUVER — Quelques bouteilles sont offertes au salon de dégustation de la brasserie.

LE COUP D'ŒIL — Rose comme une peau timide, son effervescence champenoise lui assure une mousse fine mais fidèle et d'un blanc immaculé.

LE PARFUM — La framboise concentrée, tout en pureté, cède la place au boisé insistant. Beurre, vanille et chêne s'intègrent donc à la fête.

EN BOUCHE — Initialement sucrée et ronde, elle évolue vers une sécheresse confortable portée par de fines bulles, un brin piquantes. L'acidité lactique et citronnée se mêle aux céréales qui rappellent tantôt le foin, tantôt le blé et les champs d'où elles viennent.

LA FINALE — Le baril est demeuré timide jusqu'ici, mais il ne se prive pas d'échapper des tannins élégants et souples alors que la framboise nous donne un dernier baiser.

ACCORDS — L'été, de Vivaldi, avec quelques tranches de melon.

POURQUOI EST-CE UN GRAND CRU ?
Cette ale repousse les frontières du conventionnel en offrant le caractère sauvage des grandes Saisons belges tout en s'adjoignant une composante fruitée et vineuse étonnamment bien intégrée.

SI VOUS AVEZ AIMÉ, ESSAYEZ AUSSI :
Saison Station 10 d'Hopfenstark (QC), Cerise Cassée de Cambridge Brewing (MA), Solstice d'été aux framboises de Dieu du Ciel ! (QC).

OSTALGIA BLONDE

HOPFENSTARK, QC
(P. 71)

Ale blonde d'inspiration allemande titrant 5 % d'alcool.

OÙ LA TROUVER — Souvent en fût à la brasserie et dans certains établisse-ments spécialisés du Québec.

LE COUP D'ŒIL — Une véritable garnison de fines bulles blanches trône éternellement sur cette belle blonde à la fois pâle et nébuleuse.

LE PARFUM — Que c'est frais ! Des malts débonnaires se joignent à un cousin rapproché, le blé, tandis qu'une levure à mi-chemin entre Cologne et la Belgique apporte ses esters fruités.

EN BOUCHE — Une subtile pointe d'acidité se dégage de la combinaison du blé et des houblons citronnés. En texture, c'est le grain qui, malgré sa faible densité, en appelle à ses comparses levurés pour fournir une rondeur hors du commun. La généreuse effervescence, de même qu'une levure efficace, assure toutefois une nature plutôt sèche.

LA FINALE — Les houblons se taillent une place de plus en plus vigou-reuse à chaque gorgée, enrobant leur amertume crois-sante de parfums gazonnés, floraux et feuillus.

ACCORDS — La vie de tous les jours, des restes réchauffés au four à micro-ondes jusqu'au caviar, tout lui sied.

POURQUOI EST-CE UN GRAND CRU ?

Le perfectionnisme fou qui a engendré cette bière de soif en a fait un joyau merveilleusement poli. Cet assemblage de bonnes petites idées tri-cote ici un dithyrambe à la fraîcheur.

SI VOUS AVEZ AIMÉ, ESSAYEZ AUSSI :

Copper Hill Kölsch de Cambridge House (CT), Ostalgia Rousse d'Hopfenstark (QC), Kellerbier des Trois Mousquetaires (QC).

OSTALGIA ROUSSE
HOPFENSTARK, QC
(P. 71)

Ale rousse d'inspiration allemande qui titre 5 % d'alcool.

OÙ LA TROUVER   Souvent en fût à la brasserie et dans certains établissements spécialisés du Québec.

LE COUP D'ŒIL   La robe hésite entre l'ambré et le roux, mais la mousse blanche n'hésite jamais à conquérir le sommet de son réceptacle.

LE PARFUM   Le pain toasté fait figure de proue sans toutefois résister aux avances insistantes des houblons épicés. La levure se permet d'injecter quelques notes fruitées qui ajoutent intérêt et complexité.

EN BOUCHE   Les malts toastés s'allient à la noisette couverte de caramel pour offrir une épaisseur remarquable. Malgré la rondeur, le taux de sucres résiduels demeure limité.

LA FINALE   Ces houblons aux qualités feuillues, citronnées et herbales, sont d'une grande fraîcheur. Ils animent une finale amère à souhait.

ACCORDS   Un simple plat de noix mélangées.

POURQUOI EST-CE UN GRAND CRU ?
Rares sont les bières qui parviennent à intégrer autant de saveurs toastées et à les combiner à un houblonnage aussi saillant à moins de 5 % d'alcool. Savoureuse et facile à boire : voilà la clé de son succès.

SI VOUS AVEZ AIMÉ, ESSAYEZ AUSSI :
Oktoberfest des Trois Mousquetaires (QC), Altbier de Simple Malt (QC), Alt Secrète des Trois Mousquetaires (QC).

POSTCOLONIAL IPA
HOPFENSTARK, QC
(P. 71)

India Pale Ale, c'est-à-dire une Pale Ale plus concentrée, tant en alcool qu'en céréales, mais encore plus perceptiblement en houblon. L'amertume prononcée est le tronc commun de ces bières dont l'origine remonte au désir des Anglais d'élaborer une bière suffisamment costaude et épicée pour éviter qu'elle ne se dégrade trop sur la route de l'Inde.

OÙ LA TROUVER	Souvent en fût à la brasserie et dans certains établissements spécialisés du Québec.
LE COUP D'ŒIL	Une épaisse couverture blanche couvre l'effervescent liquide d'une couleur paillis de cèdre.
LE PARFUM	Une riche concentration d'arômes houblonnés nous mène à la découverte de ses multiples facettes. La terre retournée, l'orange, le pamplemousse et la résine de pin s'y côtoient le plus naturellement du monde.
EN BOUCHE	Le malt dodu, loin de se laisser dominer, offre un support toasté, voire caramélisé, que rehausse une effervescence ordonnée qui chatouille le palais. Les flaveurs du houblon paraissent juteuses et fraîches.
LA FINALE	L'amertume prononcée croît de gorgée en gorgée, laissant un arrière-goût d'agrumes boisés qui s'éternise jusqu'à rendre les lèvres inséparables de la coupe.
ACCORDS	Pain naan et mets épicés.

POURQUOI EST-CE UN GRAND CRU ?

Hopfenstark démontre ici sa belle maîtrise des apprentissages états-uniens, tout en conservant les forces de la maison : une texture veloutée et un caractère de levure qui complexifie l'ensemble.

SI VOUS AVEZ AIMÉ, ESSAYEZ AUSSI :

IPA de Simple Malt (QC), Corne du Diable de Dieu du Ciel ! (QC), La Morsure du Trou du Diable (QC).

SAISON STATION 10
HOPFENSTARK, QC
(P. 71)

Saison. D'influence belge, cette Saison forte en blé défie toute catégorisation grâce à son côté sauvage bien contrôlé.

OÙ LA TROUVER   Quelques bouteilles sont offertes au salon de dégustation de la brasserie, et parfois envoyées au compte-gouttes à des événements spéciaux, aux États-Unis.

LE COUP D'ŒIL   Cette créature de couleur paille est voilée au point d'être presque opaque. Une mousse blanche fugace la couvre, mais disparaît rapidement.

LE PARFUM   Un panier de fruits tropicaux, de fruits des champs et de fruits encore inconnus de l'homme dévoile ses arômes au nez. Elle est sauvagement levurée ! C'est toutefois le blé, ample et rafraîchissant qui tient le premier rôle.

EN BOUCHE   Son intrigant caractère sauvage adopte ici de multiples facettes. Un bonbon de citron, de litchi et d'ananas assure le rafraîchissement le plus complet. Le corps léger ainsi que l'effervescence indiscrète nous invitent à la gorgée suivante, toujours plus rapprochée.

LA FINALE   La transition se fait sans heurts, la sécheresse grandit, les fruits s'estompent. L'aventure se termine en levure dans un étalement mi-sucré, mi-suret.

ACCORDS   Jazz improvisé et gravlax.

POURQUOI EST-CE UN GRAND CRU ?

Cette Saison respecte l'esprit du style, qui est le rafraîchissement, tout en offrant une touche clairement moderne, avec ses aspects de levure sauvage qui lui confèrent une complexité étonnante.

SI VOUS AVEZ AIMÉ, ESSAYEZ AUSSI :

Les autres Saisons d'Hopfenstark (QC), Diplo de Benelux (QC), Wild Child d'Alchemist (VT).

HOPZILLA ET BRETTZILLA
LAWSON'S FINEST, VT
(P. 159)

Double IPA américaine, donc des bières peu subtiles qui se veulent une orgie de houblon. Pour mieux faire passer l'amertume, on équilibre les autres ingrédients à la hausse, et une teneur en céréales élevée est donc la norme. La Brettzilla est une version alternative caractérisée par des levures sauvages.

OÙ LA TROUVER Occasionnellement, en fût, dans quelques établissements du village de Warren, au Vermont.

LE COUP D'ŒIL Une robe blond paille légèrement voilée couronnée d'une mousse blanche accessoire.

LE PARFUM Une sérénade en l'honneur du houblon chantée par des cultivars frais. La résine de conifère supplante le délicat biscuit au miel.

EN BOUCHE Les bulles vigoureuses et le corps relativement svelte permettent de boire à grandes gorgées. L'amertume s'étend sur la langue de façon huileuse et tranche rapidement les élans de caramel initiaux. L'alcool demeure sous le couvert de l'anonymat.

LA FINALE L'amertume dure et perdure en déclinant ses couches d'agrumes terreux et de pin après chaque déglutition.

ACCORDS Les puissants cheddars vieillis de la Grafton Village Cheese Company distribués à travers tout le Vermont.

POURQUOI EST-CE UN GRAND CRU ?

Les Double IPA ne sont pas une spécialité en Nouvelle-Angleterre, mais cette nanobrasserie maîtrise clairement l'art du houblonnage à cru et de l'équilibre. La Brettzilla, avec ses levures sauvages, ajoute un degré de complexité très inhabituel qui s'intègre presque miraculeusement.

SI VOUS AVEZ AIMÉ, ESSAYEZ AUSSI :

Heady Topper d'Alchemist Pub and Brewery (VT), Warlord Imperial IPA de McNeill's Brewery (VT), IPA Impériale de Brouemont (QC).

MACKROKEN FLOWER
LOUP ROUGE, QC
(P. 79)

C'est une Scotch Ale, ces temples à la gloire du malt caramel, mais brassée avec une bonne quantité de miel de fleurs sauvages.

OÙ LA TROUVER   La version du Loup Rouge est vendue en fût, à ce broue-pub de Sorel, quelques fois par année. Par contre, une version de cette même recette est brassée et embouteillée par Le Bilboquet, une brasserie artisanale de Saint-Hyacinthe. Celle-ci est en vente dans les magasins spécialisés du Québec.

LE COUP D'ŒIL   Une couronne de mousse s'établit sur la robe brun foncé irisée d'éclats rubis.

LE PARFUM   Le miel de fleurs sauvages et les saveurs de toffee provenant des céréales caramélisées ne deviennent qu'un. Nous sommes de toute évidence en présence d'un dessert liquide.

EN BOUCHE   Dans ce corps des plus veloutés se retrouvent toffee, fruits des champs et miel, tous à l'unisson. L'alcool est bien dissimulé dans le profil de saveurs, ce qui peut être dangereux, puisque cette bière titre 10 %, mais il participe tout de même à la formation de ces rondeurs si coquettes.

LA FINALE   Des céréales toastées rejoignent une légère amertume de houblon terreux, alors que s'estompe le sucré du miel.

ACCORDS   Le croque-monsieur des lieux, suivi d'une valse craquante avec Jan-Philippe Barbeau, maître brasseur du Loup Rouge.

POURQUOI EST-CE UN GRAND CRU ?

Son corps velouté (la Mackroken et non Jan-Philippe) ne sombre jamais dans l'excès, puisque ses sucres résiduels savent s'effacer juste assez pour que vous puissiez apprécier cette Scotch Ale en apéritif comme en dessert.

SI VOUS AVEZ AIMÉ, ESSAYEZ AUSSI :

Reyne Descosse de Bedondaine et Bedons Ronds (QC), MacKroken Flower du Bilboquet (QC), Scotch Ale de Brouemont (QC).

MAISOUNA
LOUP ROUGE, QC
(P. 79)

Stout à l'avoine. Ces bières noires d'origines britannique et irlandaise se concentrent souvent sur le chocolat offert par les malts torréfiés, sur les saveurs franches, sur le corps offert par l'avoine et sur l'amertume fournie par les céréales rôties. Elle titre 6 % d'alcool.

OÙ LA TROUVER En fût, à ce brouepub de Sorel seulement, quelques fois au cours de l'année.

LE COUP D'ŒIL Un demi-pouce de mousse de couleur moka flotte sur une robe à la noirceur impénétrable.

LE PARFUM La sensualité évoquée par le chocolat des malts rôtis réveille facilement l'amateur de desserts qui sommeille en nous.

EN BOUCHE Des flocons d'avoine, des noix rôties et une purée de mûres garnissent un gâteau de malt aux saveurs de chocolat et de café. Le corps est douillet comme un oreiller bien rempli, mais il invite quand même aux grandes gorgées. Le fruité de la levure, qui apparaît en deuxième moitié de gorgée, n'est pas nécessairement annoncé par le nez, qui prédit surtout des céréales sucrées. Même si elle est complexe, la Maisouna se laisse boire sans qu'on ait besoin de l'analyser.

LA FINALE Une amertume de malts rôtis développe des notes d'espresso conversant avec le poivré-épicé du houblon.

ACCORDS Le coup final – la boule noire – d'une partie de billard enlevante jouée au Loup Rouge.

POURQUOI EST-CE UN GRAND CRU ?
La richesse de ses malts et la douceur du profil de saveurs sont franchement séduisantes sur toute la ligne.

SI VOUS AVEZ AIMÉ, ESSAYEZ AUSSI :
St-Ambroise Noire de McAuslan (QC), Cadillac Mountain Stout d'Atlantic (ME), Monseigneur d'Esgly de Microbrasserie d'Orléans (QC).

FLAMBÉE '64
LOUP ROUGE, QC
(P. 79)

Rauchbier, ou bière fumée, un type de lager popularisé à Bamberg, une superbe bourgade du nord de la Bavière. Cette bière est un peu plus forte que la moyenne, avec ses 6,6 % d'alcool.

OÙ LA TROUVER   En fût, à ce brouepub de Sorel seulement, quelques fois par année. Puisqu'elle a été développée avec André Trudel, maître brasseur du Trou du Diable, on la trouve aussi quelques fois en fût à cette brasserie artisanale de Shawinigan. Elle y prend le nom de Consumation.

LE COUP D'ŒIL   Un voile de mousse couvre sa robe de brume cuivrée.

LE PARFUM   Le fumé du bois de hêtre prend des allures de viande sur le BBQ lorsqu'il se joint aux céréales caramélisées.

EN BOUCHE   Un fumé équilibré aux céréales croustillantes légèrement caramélisées évolue dans un corps doux et soyeux. La gazéification est parfaitement calculée afin de laisser toutes les saveurs s'exprimer, en plus de rendre le tout très digeste.

LA FINALE   Le malt fumé et les houblons herbacés s'unissent pour une finale assez sèche et légèrement amère.

ACCORDS   Le temps des sucres.

POURQUOI EST-CE UN GRAND CRU ?
Les Rauchbiers nord-américaines sont habituellement potelées et bourratives, mais celle du Loup Rouge réussit à obtenir la même générosité de saveurs tout en demeurant destinée aux grandes soifs.

SI VOUS AVEZ AIMÉ, ESSAYEZ AUSSI :
Rauchbier des Trois Mousquetaires (QC), Double Porter de Simple Malt (QC), Weizgripp Rauchweizen du Trou du Diable (QC).

TUG PALE ALE
MARSHALL WHARF, ME
(P. 125)

Pale Ale. D'origine anglaise, ce type de bière bénéficie de céréales douces tout en mettant l'accent sur le houblon choisi. Les versions qui utilisent du houblon nord-américain, comme celle-ci, de Marshall Wharf, possèdent un bouquet plus explosif et une finale habituellement plus soutenue que les Pale Ales de tradition britannique qui, elles, sont plus feuillues, terreuses et posées.

OÙ LA TROUVER Presque tout le temps, en fût, au restaurant Three Tides voisin de la brasserie, à Belfast, sur la côte centrale du Maine.

LE COUP D'ŒIL Une mousse blanche et ample subsiste sur une robe ambrée aux reflets dorés.

LE PARFUM Des houblons floraux et fruités (agrumes) bondissent du verre sans toutefois être agressifs.

EN BOUCHE Effervescente et légère (elle fait seulement 4,3 % d'alcool), cette Pale Ale est un merveilleux véhicule à houblon. Boisée, florale et citronnée, elle possède aussi une base de céréales humblement mielleuse et caramélisée, question d'équilibrer le tout.

LA FINALE Une amertume résineuse et soutenue détient quelques pointes fruitées et même boisées. L'équilibre s'estompe ici, puisque les céréales laissent presque toute la place aux houblons.

ACCORDS L'andijeto – des tortillas garnies de fromage à la crème, de poivrons sucrés et de piments jalapeños – du menu tapas du restaurant Three Tides.

POURQUOI EST-CE UN GRAND CRU ?
Il semble que des houblons si expressifs se retrouvent peu souvent dans des bières légères en alcool. Mais ce n'est pas le cas ici !

SI VOUS AVEZ AIMÉ, ESSAYEZ AUSSI :
Corte Real du Naufrageur (QC), IPA de Brouemont (QC), Shoals Pale Ale de Smuttynose (NH).

MCGANN'S LONDON ALE
MARTHA'S EXCHANGE, NH
(P. 149)

India Pale Ale à l'anglaise. Traditionnellement, c'étaient des Pale Ales sur-houblonnées afin de survivre au long voyage depuis l'Angleterre jusqu'en Inde, le houblon ayant des propriétés de conservation. Les soldats de l'armée britannique qui recevaient ces tonneaux après un long transport se retrouvaient avec une bière moins flétrie que si elle avait été houblonnée avec des doses normales. Ils obtenaient de surcroît une bière beaucoup plus aromatique, savoureuse et amère. La McGann's London Ale est houblonnée au cultivar Glacier et titre 5,6 % d'alcool.

OÙ LA TROUVER En fût, relativement souvent, mais seulement à ce broue-pub de Nashua, au New Hampshire.

LE COUP D'ŒIL Un duvet de mousse blanche décore de dentelle la robe dorée.

LE PARFUM Houblons épicés et fruités s'annoncent poliment mais sûrement. Nous sommes de toute évidence en présence d'une bière avenante conçue pour de longues soirées en bonne compagnie.

EN BOUCHE Des houblons herbacés et citronnés chantent à travers les malts biscuités. Les céréales légèrement miellées sont à la fois douillettes et fermes. Le tout est très facile à boire, et personne ne s'en plaint.

LA FINALE Un doux chant de houblons résineux et feuillus termine chaque gorgée avant que vous vous leviez pour lui offrir une ovation debout. Test à l'appui, c'est aussi une très bonne façon d'attirer votre serveuse afin qu'elle vous en apporte une autre pinte…

ACCORDS La joie de vivre, ainsi que le poulet thaï du Martha's.

POURQUOI EST-CE UN GRAND CRU ?

C'est exactement le genre de bière que nous aimerions pouvoir boire et déguster régulièrement. Elle n'a aucunement l'ambition d'épater la galerie, mais c'est une petite ale blonde bien charpentée, superbement polie et éminemment facile à boire.

SI VOUS AVEZ AIMÉ, ESSAYEZ AUSSI :

St-Ambroise Blonde de McAuslan (QC), Shoals Pale Ale de Smuttynose (NH), Corte Real du Naufrageur (QC).

WEIZENBOCK
MARTHA'S EXCHANGE, NH
(P. 149)

Weizenbock blonde. Weizen signifie blé, et bock veut dire forte. Addition-nez le tout, utilisez la levure typique de ces bières de blé à l'allemande et vous obtenez une Weizenbock. C'est une bière de blé allemande plus forte que la Hefeweizen (ou Weissbier) habituelle, et offrant très souvent des profils fruités et épicés très expressifs. Celle-ci fait de 7,5 à 9 % d'alcool.

OÙ LA TROUVER En fût, une fois au cours de l'année, seulement à ce brouepub de Nashua, au New Hampshire.

LE COUP D'ŒIL Une dentelle blanche survole un crépuscule orangé.

LE PARFUM Un gâteau au miel nous accueille à chaque inspiration. Une levure hyperactive contribue à la fois de ses puissants esters de purée de banane et de ses phénols épicés.

EN BOUCHE Le blé, rond et rafraîchissant, s'allie à une base de malt toastée. Le taux de sucres paraît élevé, mais le corps sensuel s'en accomode aisément. On ne se lasse pas de la garder en bouche, de la faire rouler sur nos papilles. Elle est de stature épaisse et de consistance veloutée.

LA FINALE Longue et toute en levure, elle s'étale en fruits et en épices, ces dernières assurant une transition harmonieuse entre le sucré et l'arrière-goût des légers houblons ci-tronnés de la dernière impression.

ACCORDS Le saumon à l'érable et au beurre maison.

POURQUOI EST-CE UN GRAND CRU ?
Les Weizenbocks sont plutôt rares, mais heureusement, il semble qu'un bon nombre d'entre elles soient fort bien exécutées. C'est le cas de cette bière, qui est aussi pourvue d'une texture extraordinaire. En prime, nous nous distinguons d'exemples classiques comme l'Aventinus par un profil céréalier plus pâle, moins rôti.

SI VOUS AVEZ AIMÉ, ESSAYEZ AUSSI :
Imperial Weizen des Trois Mousquetaires (QC), Aventinus de Schneider (Allemagne – SAQ), Celebratus de L'Amère à boire (QC).

ST-AMBROISE OATMEAL STOUT
MCAUSLAN, QC
(P. 98)

Stout à l'avoine. Ces bières noires d'origines britannique et irlandaise se concentrent souvent sur le chocolat offert par les malts torréfiés, sur les saveurs franches, sur le corps offert par l'avoine et sur l'amertume des houblons équilibrés par ces céréales rôties.

OÙ LA TROUVER En tout temps, dans la majorité des dépanneurs et des épiceries du Québec qui s'approvisionnent en bière McAuslan. Puis en bouteille de 341 ml et en fût, dans plusieurs établissements dans toute la province.

LE COUP D'ŒIL Une tuile de mousse beige recouvre un noir d'ébène.

LE PARFUM Un espresso s'infiltre dans l'avoine et les céréales rôties, alors qu'un chocolat noir nappe le tout. Cela annonce un Stout aussi bien charpenté que facile d'approche.

EN BOUCHE Un chocolat amer converse avec des grains de café et un caramel posé. Le tout est équilibré, harmonieux, rond et crémeux. De petites touches d'agrumes proviennent de l'union des houblons et de la levure.

LA FINALE Une amertume soutenue assèche le palais, alors que l'avoine revient visiter le tout. Le sucré des céréales diminue tranquillement; la gorgée suivante en est ainsi facilitée.

ACCORDS Chocolat noir et longues conversations révolutionnaires.

POURQUOI EST-CE UN GRAND CRU ?
Très rares sont les Stouts de 5 % d'alcool et moins qui peuvent se vanter d'offrir tant de saveurs et de complexité.

SI VOUS AVEZ AIMÉ, ESSAYEZ AUSSI :
Müesli de L'Amère à boire (QC), Maisouna de Loup Rouge (QC), Récidive de Brasseurs et Frères (QC).

EXTRA SPECIAL BITTER
MCNEILL'S, VT
(P. 161)

Extra Special Bitter (ou ESB), une version légèrement plus forte en alcool et plus houblonnée que la Bitter anglaise de force régulière.

OÙ LA TROUVER	Toute l'année, en bouteille de 660 ml, ainsi qu'en fût et en cask, au pub de Brattleboro. Comme toutes les Mc-Neill's, nous vous suggérons de la déguster en fût ou en cask (voir p. 161) plutôt qu'en bouteille.
LE COUP D'ŒIL	Une couche de mousse blanche opaque peint la paroi du verre juste au-dessus de la robe ambrée légèrement brouillée.
LE PARFUM	Les houblons floraux et délicatement citronnés captent l'attention, tellement ils sont frais et dispos (en cask, surtout). Le malt caramel sait prendre sa place, servant de coussin aux houblons.
EN BOUCHE	Son corps des plus douillets présente une suite logique à l'arôme. Très facile à boire, spécialement en cask, l'équilibre du profil de saveurs nous fait profiter de la fraîcheur de chaque ingrédient, des houblons floraux aux céréales subtilement caramélisées.
LA FINALE	Les houblons se montrent maintenant terreux et résineux, offrant une amertume soutenue qui dure plus longtemps que l'apport des sucres résiduels des céréales.
ACCORDS	Un sandwich de pulled pork à l'américaine, et une conversation avec la personne assise à côté de vous au bar.

POURQUOI EST-CE UN GRAND CRU ?
Elle scintille, tant sur le plan de sa texture rondelette que sur celui de ses arômes pointus et de son amertume généreuse. Sans retenue, mais sans failles.

SI VOUS AVEZ AIMÉ, ESSAYEZ AUSSI :
Amère Veilleuse de Bedondaine et Bedons Ronds (QC), Bristol Pride de Bobcat Café (VT), ESB de Three Needs (VT).

RUBY ALE
MCNEILL'S, VT
(P. 161)

C'est une ale ambrée bien simple qui n'a pas l'ambition d'être cantonnée à un style. Un flair américain est perceptible de l'arôme à l'arrière-goût grâce au houblon Centennial, qui domine une partie du profil de flaveurs.

OÙ LA TROUVER Toute l'année, en bouteille de 660 ml, en fût et en cask, au pub de Brattleboro. Comme toutes les McNeill's, nous vous suggérons de la déguster en fût ou en cask plutôt qu'en bouteille.

LE COUP D'ŒIL Une couche de mousse blanche domine l'ambre luisant aux teintes orangées.

LE PARFUM Le houblon Centennial s'étale du pamplemousse rose aux fleurs et à la terre, alors que le malt caramel soutient le tout plus qu'adéquatement.

EN BOUCHE Le corps doux et ample est doté d'une touche d'esters fruités fournis par la levure. Ce caractère se marie à merveille aux houblons floraux. Les sucres résiduels rappellent de toute évidence le caramel. La gazéification naturelle du cask (si vous êtes au brouepub de Brattleboro, bien sûr) est un véhicule splendide pour rendre les saveurs de cette ale ambrée.

LA FINALE Les houblons aux allures d'agrumes produisent une amertume méticuleuse équilibrée par les céréales caramélisées et biscuitées.

ACCORDS Les fameux fromages aux épices, la sauge notamment, du Vermont.

POURQUOI EST-CE UN GRAND CRU ?

Bien que la situation s'améliore rapidement, il n'y a pas si longtemps que les amateurs de Pale Ales bien houblonnées peuvent se contenter dans notre région. Ray McNeill est un des instigateurs de l'amour du houblon en Nouvelle-Angleterre, et sa Ruby Ale affiche toujours un cran exemplaire qui allie rafraîchissement et saveurs unies.

SI VOUS AVEZ AIMÉ, ESSAYEZ AUSSI :

Corte Real du Naufrageur (QC), Fin de Siècle de L'Amère à boire (QC), Harvest Ale de Willimantic (CT).

IMPERIAL STOUT
MCNEILL'S, VT
(P. 161)

Imperial Stout. Il s'agit d'une ale noire riche et onctueuse créée lorsque l'impératrice Catherine de Russie demanda une bière noire à ces fournisseurs anglais, qui durent brasser une bière très forte afin de résister au long transport et au temps passé dans les caves de la tsarine. Houblonnée à l'américaine, dans ce cas-ci, elle titre 7,8 %.

OÙ LA TROUVER Une fois par année, en bouteille et en fût. Comme pour plusieurs bières de McNeill's, nous vous suggérons fortement de l'essayer au brouepub de Brattleboro, puisque l'expérience en bouteille peut différer.

LE COUP D'ŒIL Au-dessus d'une robe noire opaque, une mousse brune colle à la paroi du verre.

LE PARFUM C'est un feu d'artifice olfactif. Le houblon vert aux allures de conifères et de marijuana se fond joyeusement aux céréales torréfiées, qui épatent avec leur amalgame d'espresso et de chocolat noir. Ce nez est très avenant et, vous l'aurez compris, très complexe.

FN BOUCHE Nous profitons ici de la caresse de malts caramel gargantuesques aux idées caféinées, et d'autres céréales plus rôties aux accents de chocolat noir. Certains houblons sont citronnés alors que d'autres évoquent des aiguilles de pin. Le corps s'étale sur toutes les parois de la bouche, et aucune papille aimant les sensations fortes ne s'en plaindra. Quelques fruits séchés se joignent à la partie, tels que datte et raisin.

LA FINALE L'arôme devient un thème récurrent, alors que les notes d'espresso accompagnent les houblons conifères dans un refrain d'amertume langoureux.

ACCORDS Beaucoup d'humilité. Oh ! et une pointe de tarte aux pacanes.

POURQUOI EST-CE UN GRAND CRU ?

Pas aussi gras en bouche que plusieurs bières du style, cet Imperial Stout sait nous faire profiter de son profil houblonné présent du début jusqu'à la toute fin. En fait, c'est comme si cette bière était un métis né d'une mère Double IPA et d'un père Stout.

SI VOUS AVEZ AIMÉ, ESSAYEZ AUSSI :

Russian Imperial Stout de Brouemont (QC), Imperial Stout de Smuttynose (NH), Strato de Benelux (QC).

IPSWICH DARK ALE
MERCURY, MA
(P. 139)

Brown Ale. Il s'agit d'ales brunes douces et rôties d'inspiration anglaise que les brasseurs américains transforment souvent en versions nettement plus houblonnées et amères. Celle-ci titre 6,3 % d'alcool.

OÙ LA TROUVER En bouteille et en fût, dans les meilleurs établissements des États limitrophes.

LE COUP D'ŒIL Une brune opaque qui porte fièrement ses tresses orangées et sa persistante mousse beige.

LE PARFUM Une étonnante fraîcheur nous aguiche, qualité qu'on ne perçoit que rarement dans une bière foncée. Un caractère vaguement fruité allie noisette et toast dans un ensemble des plus harmonieux.

EN BOUCHE L'évolution se fait en douceur, passant du doucereux caramel à un rôti croissant. Petit à petit, de subtils houblons feuillus et boisés s'intègrent à cette bière. Des fondations irréprochables assurent une texture plutôt ronde, voire soyeuse, agrémentée d'une gazéification contagieuse.

LA FINALE Aucune saveur ne vole la vedette. L'équilibre des malts chocolatés et de la fine amertume laissent l'empreinte pacifique d'ingrédients qui se tiennent par la main jusqu'au bout.

ACCORDS Une salade de lentilles et une attitude zen, ou encore une quête de celle-ci.

POURQUOI EST-CE UN GRAND CRU ?
De façon générale, une Brown Ale est très conventionnelle et ne représente pas la bière la plus spectaculaire du portfolio d'une brasserie. Toutefois, celle-ci affiche une classe particulière grâce à l'exceptionnelle harmonie de ses malts particulièrement bien travaillés.

SI VOUS AVEZ AIMÉ, ESSAYEZ AUSSI :
Noix de Marmotte de Bedondaine et Bedons Ronds (QC), Lackey's Brown de Martha's Exchange (NH), Nutty Brown de Brouemont (QC).

CORTE REAL
LE NAUFRAGEUR, QC
(P. 83)

Pale Ale à l'américaine. Il s'agit dans ce cas-ci d'une vitrine pour le houblon Centennial. Elle titre 5,6 % d'alcool.

OÙ LA TROUVER En fût, à la brasserie de Carleton-sur-Mer, en Gaspésie, comme dans certains bars spécialisés du Québec. Aussi offerte en cruchons de 2 litres dans les marchés spécialisés.

LE COUP D'ŒIL Une couverture de mousse crémeuse laisse ses traces sur le verre au-dessus de la robe blonde presque ambrée et légèrement voilée.

LE PARFUM Au nez, ce n'est pas une explosion houblonnée comme certaines versions de ce style américain, mais plutôt un judicieux alliage de céréales caramélisées aux notes de pain et de houblons feuillus et résineux.

EN BOUCHE Des feuilles de houblon épicé et gazonné pullulent dans les malts miellés et caramélisés, tout juste avant que des oranges juteuses ajoutent une autre touche de complexité. Le corps est douillet, possédant un taux de sucres résiduels un tantinet plus élevé que la Pale Ale moyenne. La gazéification effervescente crée une bière des plus faciles à boire, réduisant même la présence houblonnée, selon certains dégustateurs.

LA FINALE Dans son étalement, le malt caramel prend des allures de toffee, alors que le houblon décide de nous offrir fruits tropicaux et amertume de houblon résineux en tandem.

ACCORDS Une pointe de pizza croustillante, une grève de la côte gaspésienne, quelques bons amis et le vent du large.

POURQUOI EST-CE UN GRAND CRU ?

Cette impressionnante réalisation, pour une brasserie aussi jeune, prouve que celle-ci sait bien où elle va. Pour cette offrande, c'est la route du houblon qu'elle emprunte, mais sa grande maturité tient au fait qu'elle ne s'y limite pas, évitant toute astringence grâce à un équilibre recherché avec ses fondements céréaliers.

SI VOUS AVEZ AIMÉ, ESSAYEZ AUSSI :

Harvest Ale d'Alchemist (VT), Tug Pale Ale de Marshall Wharf (ME), Dave's Pale Ale de Cambridge House (CT).

MONSEIGNEUR D'ESGLY
ORLÉANS, QC
(P. 105)

Foreign Extra Stout. Plus sucré que le Stout classique, mais moins robuste qu'un Imperial Stout, ce type d'ale noire est apparu lorsque Guinness a commencé à exporter sa célèbre bière vers des pays étrangers. Elle est moins houblonnée que ses comparses de la même famille, les Foreign Stouts ou Extra Stouts, qui utilisent souvent une source de sucre ou une céréale propre au pays dans lesquels ils sont brassés. Celui-ci titre 7 % d'alcool.

OÙ LA TROUVER En bouteille, dans les marchés spécialisés du Québec, et en fût, au pub Le Mitan, à Sainte-Famille, sur l'île d'Orléans.

LE COUP D'ŒIL Une mousse onctueuse s'établit sur la noirceur opaque, dessinant quelques traces de dentelle sur le verre.

LE PARFUM Des malts rôtis savamment intégrés déposent des arômes de café, de pain brûlé et de cacao dans nos narines intriguées.

EN BOUCHE Son effervescence plus prononcée que la moyenne accentue l'effet de sécheresse du chocolat en poudre. La touche fruitée de mûre demeure subtile, laissant l'avant de la scène au café chaleureux. La texture soyeuse, presque crémeuse, convient parfaitement au profil de saveurs recherché.

LA FINALE Un sucré caramélisé aux accents de mélasse est équilibré par une amertume de céréale rôtie.

ACCORDS Pâté chinois et tempête de neige.

POURQUOI EST-CE UN GRAND CRU ?

Les saveurs sont habilement présentées dans un enrobage corpulent sans être gras et sucré sans être collant. Elle se boit plus facilement que l'Extra Stout moyen, tout en se montrant généreuse de ses nuances de malt foncé.

SI VOUS AVEZ AIMÉ, ESSAYEZ AUSSI :

Dernière Brosse de Bedondaine et Bedons Ronds (QC), Maisouna du Loup Rouge (QC), Extra Stout d'American Flatbread (VT).

FEUERWEHRMANN SCHWARZBIER

PENNICHUCK, NH
(P. 151)

Schwarzbier. Ce nom signifie littéralement bière noire, en allemand. Contrairement aux Stouts, la Schwarzbier subit une fermentation à basse température. Bien que d'un caractère rôti comparable, elle s'avère souvent moins épaisse, plus sèche, moins fruitée et plus rafraîchissante qu'un Stout.

OÙ LA TROUVER En bouteille de 660 ml et en fût, dans les établissements des États environnants.

LE COUP D'ŒIL Sa jupe d'un brun presque noir supporte un col de mousse mince mais tenace.

LE PARFUM Plutôt aromatique pour une lager, elle cible immédiatement son créneau de flaveurs : celui du malt foncé. Au chocolat de qualité se mêlent de doux filets sucrés qui évoquent le toffee.

EN BOUCHE Le difficile équilibre sucré-sec est plus qu'accompli. La texture crémeuse est affable et évite toute effervescence aggressive. Les grains rôtis prennent leur aise sous notre palais comblé par cette simplicité confiante.

LA FINALE On évite ici l'amertume excessive. Des houblons de finition feuillus sont perceptibles, mais n'insistent pas. La torréfaction des malts procure plutôt une amertume qui vient en continuité avec les saveurs rencontrées.

ACCORDS Choucroute et cours d'allemand pour débutants.

POURQUOI EST-CE UN GRAND CRU ?

Les interprétations nord-américaines de ce style allemand sombrent souvent dans l'excès. Elles sont alors fruitées et riches, formant plus ou moins des Stouts déguisés en lagers. Pennichuck évite cet écueil et soumet ici un vibrant témoignage d'authenticité et de respect.

SI VOUS AVEZ AIMÉ, ESSAYEZ AUSSI :

Escousse de Brasseurs R.J. (QC), Idée Noire du Trou du Diable (QC), Noire des Trois Mousquetaires (QC).

IMPERIAL STOUT
PEOPLE'S PINT, MA
(P. 141)

Imperial Stout. Il s'agit d'une ale noire riche et onctueuse créée lorsque l'impératrice Catherine de Russie demanda une bière noire à ces fournisseurs anglais, qui durent brasser une bière très forte afin de résister au long transport et au temps passé dans les caves de la tsarine. Elle titre ici 9,2 % d'alcool.

OÙ LA TROUVER En bouteille de 12 oz, une fois par année, en vente à ce brouepub de Greenfield, dans le nord-ouest du Massachusetts, et dans quelques rares magasins.

LE COUP D'ŒIL Une mousse de couleur mokaccino décore une robe à la noirceur impénétrable.

LE PARFUM Pain rôti, figue et grain de café émanent de ce festival de malts foncés.

EN BOUCHE Sa texture se montre très onctueuse, presque visqueuse, étant donné son taux de sucres résiduels élevé. Une complexité se développe, déposant ses nuances de malts rôti et caramel qui penchent vers la mélasse. La gazéification douce vient amplifier la richesse de cette bière.

LA FINALE C'est surtout l'amertume du malt rôti qui ressort, bien qu'une chaleur d'alcool croissante vienne évoquer la vodka, tandis que des houblons résineux s'aventurent en terrain mentholé.

ACCORDS Le burger au bleu du People's Pint, fait avec du bœuf de Shelburne.

POURQUOI EST-CE UN GRAND CRU ?
Cette bière au corps décadent est exactement celle que l'amateur de bières desserts recherche pour apaiser sa soif autant que sa faim.

SI VOUS AVEZ AIMÉ, ESSAYEZ AUSSI :
YouEnjoyMyStout de Cambridge (MA), Imperial Stout de McNeill's (VT), Kate The Great de Portsmouth (NH).

KATE THE GREAT
PORTSMOUTH, NH
(P. 152)

Imperial Stout. Il s'agit d'une ale noire riche et onctueuse créée lorsque l'impératrice Catherine de Russie demanda une bière noire à ces fournisseurs anglais, qui durent brasser une bière très forte afin de résister au long transport et au temps passé dans les caves de la tsarine. Celle-ci titre 10,8 % d'alcool.

OÙ LA TROUVER Une fois par année, cette bière fait l'objet d'un lancement officiel. C'est l'occasion pour les amateurs d'aller faire la file pour se procurer le nombre de bouteilles autorisé par personne.

LE COUP D'ŒIL Une bête noire s'empare de toute la lumière environnante. Sa mousse beige surprend par sa densité et son endurance.

LE PARFUM La complexité du malt nous est immédiatement dévoilée : la richesse du cacaoyer étend ses audaces vers des champs de fudge et de crème glacée. Un délicieux coulis de fraises reste en suspens. Nous avons assurément affaire à une bière-gâteau.

EN BOUCHE Pour la résumer en un mot : elle est « cochonne ». On s'enivre de ses nombreuses calories à petites gorgées régulières. Pour une bière qui surpasse les 10 % d'alcool, on ressent à peine une vague impression de chaleur. Un véritable festin de malt qui vaut bien la majorité de vos desserts favoris.

LA FINALE Une amertume rôtie s'étend langoureusement en insistant sans cesse sur les prouesses chocolatées de cette bière.

ACCORDS Une généreuse portion de brownies et l'abandon du régime de Montignac.

POURQUOI EST-CE UN GRAND CRU ?

Sa grande richesse ne gêne jamais son équlibre. Rares sont les bières dont la sortie est tellement attendue que la production entière d'une année s'écoule en une journée. Les amateurs l'adorent et ont connu un vif engouement pour cette noire méritoire.

SI VOUS AVEZ AIMÉ, ESSAYEZ AUSSI :

Imperial Stout de People's Pint (MA), Chaos Chaos de Marshall Wharf (ME), Baltic Porter des Trois Mousquetaires (QC).

GILBERATOR
SIBOIRE, QC
(P. 88)

Dunkler Bock. Il s'agit d'une lager forte et foncée d'origine allemande. Utilisant souvent des malts de spécialité tels que le Chocolat ou le Munich, la Dunkler Bock se concentre sur les céréales, qui s'acheminent généralement vers un profil de saveurs de toast, de noisette et de fruité élégant. Celle-ci porte fièrement ses 6 % d'alcool.

OÙ LA TROUVER   En fût seulement, au brouepub de Sherbrooke.

LE COUP D'ŒIL   Un mince voile de mousse beige taquine cette boisson à la teinte auburn et timidement voilée.

LE PARFUM   C'est le pain frais et toasté qui se détache en premier. Des touches de pot-pourri et de fruits frais se pressent à la queue-leu-leu pour ravir nos narines. L'extraction des saveurs du malt y est exemplaire.

EN BOUCHE   Aux malts goûteux s'ajoute une pointe houblonnée bien vive. Le corps à l'ossature plutôt mince sied à merveille aux céréales volubiles. L'effervescence relevée rafraîchit le palais après le passage des sucres résiduels et invite à la prochaine gorgée.

LA FINALE   Les houblons prennent ici leur essor et nous dorlotent de leurs saveurs de gazon fraîchement coupé et d'épices. Était-ce une touche fumée qui s'envolait avec ces nobles cultivars ?

ACCORDS   La pizza au bleu de la maison, avec les confortables canapés et la lumière tamisée du Siboire en soirée.

POURQUOI EST-CE UN GRAND CRU ?

Cette bière modèle ne s'aventure jamais dans les méandres de l'agressivité. Cependant, elle parvient à s'imposer à force d'excellents petits succès. Le choix judicieux des houblons délicats mais expressifs la distingue aussi des Bocks plus typiques.

SI VOUS AVEZ AIMÉ, ESSAYEZ AUSSI :

Bockbier de L'Amère à boire (QC), Liberator de Thomas Hooker (CT), Succube de Benelux (QC).

INDIA BROWN ALE
SIBOIRE, QC
(P. 88)

Il s'agit d'une India Pale Ale dont une portion des malts est rôtie, unissant ainsi les caractéristiques de base d'une Brown Ale à un généreux houblonnage à l'américaine.

OÙ LA TROUVER	En fût seulement, à ce brouepub de Sherbrooke.
LE COUP D'ŒIL	Un dense collet de mousse beige s'établit au-dessus de cette brune nébuleuse.
LE PARFUM	Aux premières loges, nous trouvons d'étonnantes émanations d'agrumes comme la mandarine ou la tangerine, à la fois juteuses et résineuses. Ici, le houblon Amarillo comble bien les attentes aromatiques prisées en bordure du Pacifique.
EN BOUCHE	Le malt occupe ici davantage d'espace, tant la bière est ronde. Elle surprend par cette rondeur, mais ne s'aventure jamais dans le créneau de la bière-dessert. Une agréable saveur de noisette s'ajoute au pain grillé avant que l'amertume vienne balayer le tout, laissant derrière elle des souvenirs intenses de fleurs.
LA FINALE	Le houblon collabore avec le rôti pour assécher les derniers moments, qui sont offerts sous le signe de l'amertume.
ACCORDS	Un mets dont nous voulons atténuer le goût salé, une pizza extra fromage, par exemple.

POURQUOI EST-CE UN GRAND CRU ?

Voilà certes un exemple typique de ces bières très goûteuses qu'on peut néanmoins boire toute une soirée, puisque leur effervescence et leurs sucres résiduels demeurent parfaitement contrôlés. Dès le premier brassin, cette bière d'inspiration américaine se comparait aux meilleurs exemples créés au sud de la frontière. Et quelle texture souple !

SI VOUS AVEZ AIMÉ, ESSAYEZ AUSSI :

Armada de Benelux (QC), Air Mail Strong Ale de Willimantic (CT), Pénombre de Dieu du Ciel ! (QC).

DOUBLE PORTER
SIMPLE MALT, QC
(P. 63)

Porter fumé. Voici une variation sur le thème des ales noires à l'anglaise, employant un assemblage de malts fumés à la tourbe, comme dans les whiskys écossais, et de malts fumés au bois de hêtre, traditionnellement utilisés dans les Rauchbiers allemandes.

OÙ LA TROUVER Quelques fois par année, en bouteille, dans les marchés spécialisés du Québec, et depuis peu dans certains États américains.

LE COUP D'ŒIL Une mousse crémeuse recouvre la noirceur opaque de la robe.

LE PARFUM Sa richesse chocolatée enivre, surtout lorsqu'elle est enlacée par cette fumée de scotch et de bois. On prévoit une bouche capiteuse pleine de sensualité maltée.

EN BOUCHE Les sucres résiduels façonnent une rondeur capable de porter toutes les saveurs des céréales utilisées. De la mélasse au chocolat, de la fumée au rôti, les malts développent décidément plusieurs paliers de saveurs.

LA FINALE Le rôti de certaines céréales, le fumé presque salin de la tourbe, le caramel de malts complémentaires et les houblons feuillus s'agencent et forment un tout qui s'estompe très lentement sous le palais.

ACCORDS Quelques tranches de gouda, fumé pour les amants d'intensité, non fumé pour ceux qui désirent de la douceur.

POURQUOI EST-CE UN GRAND CRU ?
Les Porters fumés de ce monde exposent rarement autant de complexité et de profondeur que celui-ci.

SI VOUS AVEZ AIMÉ, ESSAYEZ AUSSI :
Mick's Smoked Stout de Vermont Pub and Brewery (VT), Équinoxe d'Automne de Dieu du Ciel ! (QC), Rauchbier des Trois Mousquetaires (QC).

LEATHERLIPS IPA
THE TAP, MA
(P. 145)

India Pale Ale à l'américaine. Traditionnellement, les Pale Ales ont été surchargées de houblon afin de résister au voyage de l'Angleterre vers l'Inde, le houblon ayant des propriétés de conservation. Les soldats de l'armée britannique qui recevaient ces tonneaux après un long transport se retrouvaient avec une bière moins flétrie que si elle avait été houblonnée avec des doses normales. Ils obtenaient, de surcroît, une bière beaucoup plus arômatique, savoureuse et amère. Aujourd'hui, les IPA à l'américaine se différencient des versions anglaises par le choix des houblons et leur intensité, qui est plus relevée chez nos voisins du Sud. Celle de The Tap est houblonnée en prédominance avec du Chinook et du Centennial, et titre 5 % d'alcool.

OÙ LA TROUVER	Toute l'année, en bouteille, dans les marchés spécialisés du Massachusetts, et en fût, à ce brouepub de Haverhill.
LE COUP D'ŒIL	Un anneau de mousse blanche dessine une agréable dentelle autour de la robe ambrée aux reflets orangés.
LE PARFUM	L'arôme représente la quintessence de toute India Pale Ale américaine : un paysage houblonné à couper le souffle et développant agrumes et résines épicées, tout bonnement propulsés par de séduisantes céréales caramélisées.
EN BOUCHE	Le corps est tout simplement parfait : velouté, mais quand même svelte. Son équilibre est atteint par le mariage de la fraîcheur du houblon vert et citronné aux céréales douillettes et légèrement sucrées, créant des accents d'abricot et de mangue séchés.
LA FINALE	Les houblons aux notes gazonnées, résineuses et de pamplemousse offrent une amertume franche et en accord total avec les céréales sucrées.
ACCORDS	Des merguez sur le grill, par une nuit chaude.

POURQUOI EST-CE UN GRAND CRU ?
L'amertume n'y est pas aussi sévère que dans les IPA typiques de la côte ouest américaine – là où la version américaine du style s'est forgée –, rendant le tout encore plus facile à boire. Mais cette Leatherlips est tout aussi savoureuse et aromatique, et nous offre donc le meilleur de deux mondes.

SI VOUS AVEZ AIMÉ, ESSAYEZ AUSSI :
Chinooker'd IPA de Lawson's Finest (VT), Holy Cow IPA de The Alchemist (VT), Ripaille du Siboire (QC).

BEERSTAND BERLINER WEISS
THE TAP, MA
(P. 145)

Berliner Weisse. C'est une bière de blé légère en alcool (3 % dans le cas présent) caractérisée par sa fermentation lactique créant des saveurs bien acidulées. Un style très rare de nos jours, qui est traditionnellement servi mélangé avec un sirop d'aspérule ou de framboises. Nous vous suggérons toutefois fortement de la boire sans sirop ajouté, afin de goûter à cette bière dans toute sa pureté et sa fraîcheur.

OÙ LA TROUVER Chaque été, en fût, à ce brouepub de Haverhill, Massachusetts, seulement. Vous pouvez en rapporter à la maison en cruchon de deux litres – en *growler*, comme disent les Américains.

LE COUP D'ŒIL Un nuage de mousse blanche demeure sur la robe blanche ennuagée par les protéines du blé.

LE PARFUM Le blé et l'orge montent tout doucement au nez, accompagnés de notes citronnées. On dirait une limonade de céréales, tellement c'est léger et sans prétention.

EN BOUCHE De franches saveurs de blé partagent le profil de saveurs avec un fruité bien acidulé, créant une bière ridiculement facile à boire. Le corps est malgré tout bien sculpté, beaucoup moins maigre que les Berliner Kindl ou Schultheiss de Berlin, deux des rares bières authentiques de ce style encore brassées dans la métropole allemande.

LA FINALE Les notes acidulées ne sont jamais agressives ; elles sont plutôt très rafraîchissantes, puisqu'elles bénéficient d'une sécheresse bien affirmée. Le blé suit en chuchotant, motivé par des passages aqueux.

ACCORDS Une séance de jardinage.

POURQUOI EST-CE UN GRAND CRU ?
Ce style est non seulement peu fréquent, il est aussi très rarement si bien exécuté. Le nouvel engouement pour les bières acidulées, dans les brasseries américaines, a énormément contribué au retour des Berliner Weisses, mais il y a encore beaucoup de travail à faire afin de promouvoir ce style et ses meilleures représentantes.

SI VOUS AVEZ AIMÉ, ESSAYEZ AUSSI :
Solstice d'Été de Dieu du Ciel ! (QC), Berliner Alexanderplatz d'Hopfenstark (QC), Bold Horizons de Milly's Tavern (NH).

HELLES BELLES
THE TAP, MA
(P. 145)

Cette bière est une Helles, c'est-à-dire une lager blonde d'inspiration bavaroise. Ce sont habituellement des lagers 100 % malt, donc ne comportant aucun sucre ajouté ni aucune source de sucres autre que celle des céréales choisies, qui offrent un équilibre entre les flaveurs des céréales et du houblon, le tout dans un corps souple permettant les grandes gorgées.

OÙ LA TROUVER En fût seulement, à ce brouepub de Haverhill.

LE COUP D'ŒIL Une tuile de mousse blanche flotte sur une robe d'un doré transparent.

LE PARFUM Subtil, l'orge affirme tout de même sa prédominance auprès des houblons herbacés d'origine allemande, de toute évidence.

EN BOUCHE Des houblons boisés s'immiscent au sein des céréales croustillantes, créant équilibre et rafraîchissement. La gazéification est piquante, sculptant un corps longiligne très facile à boire. Voilà une autre preuve que la simplicité bien exprimée peut être tout aussi charmante que n'importe quel niveau de complexité.

LA FINALE Les houblons allemands sont moyennement amers et herbacés, se fondant dans une sécheresse grandissante.

ACCORDS Une salade niçoise s'agencerait bien avec cette bière. Une chose est sûre, refusez de partager votre verre !

POURQUOI EST-CE UN GRAND CRU ?
Plusieurs brouepubs négligent leur blonde d'entrée de gamme, mais on sent pleinement ici le souci de satisfaire même l'amateur le moins téméraire.

SI VOUS AVEZ AIMÉ, ESSAYEZ AUSSI :
Germaine de Trou du Diable (QC), Copper Hill Kölsch de Cambridge House (CT), Montréal Hell de L'Amère à boire (QC).

WHITTIER WHITE
THE TAP, MA
(P. 145)

Il s'agit d'une Witbier ou, en français, une blanche de blé d'inspiration belge. Souvent épicé à la coriandre et au zeste d'orange curaçao, ce type de bière se veut rafraîchissant et très facile à boire. Fabriqué avec une grande portion de blé cru (non malté), son voile blanc provient des protéines du blé et de la levure, qui sont en suspension dans la bière.

OÙ LA TROUVER En bouteille, un peu partout au Massachusetts, et en fût, en tout temps, à ce brouepub de Haverhill.

LE COUP D'ŒIL Une couche de mousse blanche s'assoupit sur la robe beige brumeuse.

LE PARFUM Son bouquet d'épices hypnotise, présentant graine de coriandre et zeste d'orange à côté de notes florales et poivrées.

EN BOUCHE Le pain de blé créé par l'union de la levure et des céréales supporte les saisissantes épices dans un corps effervescent et ferme.

LA FINALE Les épices fruitées laissent tranquillement leur place à l'apport légèrement citrique du blé, asséchant chaque gorgée juste ce qu'il faut pour nous forcer à un retour à notre verre.

ACCORDS Des moules frites seraient de mise, mais le profil épicé et floral de cette blanche de style belge pourrait tout aussi bien accompagner un curry à l'indienne pas trop puissant.

POURQUOI EST-CE UN GRAND CRU ?
Complexité et fraîcheur se rejoignent ici, ce qui n'est pas souvent le cas, dans ces blanches où la petite tranche de citron parfois ajoutée au verre semble contenir plus de saveur que la bière elle-même.

SI VOUS AVEZ AIMÉ, ESSAYEZ AUSSI :
Dominus Vobiscum Blanche de Charlevoix (QC), Léonne de Naufrageur (QC), White d'Allagash (ME).

LIBERATOR DOPPELBOCK
THOMAS HOOKER, CT
(P. 115)

Doppelbock. Autrement dit, une lager forte d'inspiration allemande. Les moines bavarois, lors de l'avent, une période de jeûne imposé, avaient l'habitude de brasser une bière plus forte qu'à l'habitude, ce qui était un équivalent du pain, en termes de nutrition.

OÙ LA TROUVER En bouteille seulement, dans les bons magasins du Connecticut et du Massachusetts.

LE COUP D'ŒIL Un mince voile de mousse blanc cassé se dresse sur la robe brun bourgogne.

LE PARFUM À température de cellier (donc dans les 10 à 12 degrés Celsius), les malts bien caramélisés s'unissent aux malts rôtis et donnent de belles notes de chocolat au lait et de terre.

EN BOUCHE De petites cerises sont découvertes au centre des malts dominants, ces derniers conservant les mêmes angles que ceux qui avaient été perçus en arôme. Une touche d'alcool (cette bière titre quand même 8 %) lèche le profil chocolaté et savamment rôti. Le tout est rond, doux et on ne peut plus avenant.

LA FINALE Les céréales rôties prennent l'allure du tabac par moments, avant de souhaiter la bienvenue à des houblons verts qui rappellent l'herbe fraîche et prennent de plus en plus de place en arrière-goût.

ACCORDS Pourquoi ne pas l'essayer avec un osso buco ?

POURQUOI EST-CE UN GRAND CRU ?

C'est un festival de malts auquel nous assistons dans cette Liberator. Elle témoigne à merveille de l'impressionnante étendue des saveurs qu'un bon brasseur peut extraire de cette céréale polyvalente. Nous dérivons de la terre au chocolat, du fruit au tabac, du rôti au caramel…

SI VOUS AVEZ AIMÉ, ESSAYEZ AUSSI :

Doppelbock des Trois Mousquetaires (QC), Saint Florian de Pennichuck (NH), Bockbier de L'Amère à boire (QC).

LAMBIC
THREE NEEDS, VT
(P. 164)

Lambic. Cette bière de blé de fermentation spontanée native de la région de Bruxelles, en Belgique, est traditionnellement confectionnée en laissant mûrir le moût à l'air libre. Les levures contenues naturellement dans l'air se mettent alors à faire fermenter les sucres des céréales tout en ajoutant quelques notes sauvagines. Cette bière de Three Needs a d'ailleurs été fermentée à l'aide de la levure utilisée par la brasserie Cantillon, une des rares brasseries du monde à faire ce type de bière archaïque. L'inoculation volontaire de cette microflore sauvage est analogue à celle d'un fromage bleu.

OÙ LA TROUVER Ce grand cru a été conçu en 2002, mais son développement lent et sa longévité incroyable permise par ses levures sauvages font que plus de la moitié de ce brassin n'a toujours pas été servi à ce jour, en 2009. Nous la retrouvons donc encore, de temps en temps, en fût, à ce brouepub de Burlington, au Vermont.

LE COUP D'ŒIL Un anneau de mousse contourne la robe dorée voilée.

LE PARFUM Couverture de cheval, grange humide, balle de foin, jus de citron… Croyez-le ou non, ces saveurs parviennent si bien à s'unir que c'en est délirant ! L'authenticité de cet arôme est frappante.

EN BOUCHE Cette reprise mémorable des meilleurs lambics du Payottenland (cette région de la périphérie de Bruxelles) sait marier toutes les saveurs inhérentes à la campagne, transposant le bouillant arôme rural décrit ci-dessus en saveurs aussi poignantes que rafraîchissantes.

LA FINALE La longue et puissante acidité citronnée assèche les gencives. Une gorgée d'eau prise après une gorgée de ce Lambic fait d'ailleurs ressortir le fruité intense de ce vestige d'une autre époque.

ACCORDS Un estomac qui ne craint pas l'acidité !

POURQUOI EST-CE UN GRAND CRU ?
Plusieurs brasseries américaines ont essayé, ces dernières années, de recréer les Lambics belges, mais très peu ont été capables d'atteindre une telle authenticité. À l'aveugle, on dirait une Gueuze de Cantillon ou de Hanssens !

SI VOUS AVEZ AIMÉ, ESSAYEZ AUSSI :
Oak-Aged Wild Child d'Alchemist (VT), Spuyten Duyvil de Vermont Pub and Brewery (VT), Solstice d'Été de Dieu du Ciel ! (QC).

TRIPLE

THREE NEEDS, VT
(P. 164)

Tripel belge. Ce sont des blondes digestives et savoureuses d'origine monastique. Elles s'affirment souvent avec une levure généreuse d'esters fruités, une effervescence champenoise, des malts mielleux, des houblons nobles généreux, et un alcool bien perceptible.

OÙ LA TROUVER   En fût, occasionnellement, au brouepub seulement.

LE COUP D'ŒIL   Blonde dorée, étrangement translucide, mais portant l'habituel chapeau blanc.

LE PARFUM   Alliant mystérieusement fraîcheur, sucres mielleux et grains, l'arôme est explosif. Tel un parfum qui monte au nez, il envoûte et pique la curiosité.

EN BOUCHE   Un symposium fruité étale ses charmes sur la langue et jette ici et là des impressions de bouquets de fleurs. Levure et malts travaillent ensemble, et l'intensité de leur déploiement paraît presque magique.

LA FINALE   Des touches épicées provenant de la levure et des houblons discrets tentent d'amadouer les arbres fruitiers qui poussent et poussent.

ACCORDS   Une discussion sur la musique et la nature avec la bruyante faune du Three Needs.

POURQUOI EST-CE UN GRAND CRU ?

Le fût est rarement le véhicule optimal pour les Triples, généralement refermentées en bouteille. Or, cette Triple déborde d'arômes et trouve le moyen de se doter d'une texture riche, mais comportant les mêmes grosses bulles en expansion mousseuse que les plus grands exemples belges.

SI VOUS AVEZ AIMÉ, ESSAYEZ AUSSI :

Tripel Reserve d'Allagash (ME), La Fin du Monde d'Unibroue (QC), Rigor Mortis Triple de Dieu du Ciel ! (QC).

KELLERBIER
LES TROIS MOUSQUETAIRES, QC
(P. 77)

Kellerbier. C'est une lager non filtrée d'inspiration franconienne (le nord de la Bavière) qui met l'accent tant sur ses céréales généreuses que sur ses houblons francs et herbacés. Celle-ci titre 5,5 % d'alcool.

OÙ LA TROUVER Cette saisonnière d'été est vendue en bouteille de 750 ml, dans les magasins spécialisés du Québec et de certains États américains.

LE COUP D'ŒIL Une belle mousse ivoire fort tenace laisse amplement de dentelle sur la paroi du verre, décorant la robe dorée voilée.

LE PARFUM Un pain croûté gonfle mais ne surmonte jamais les houblons boisés et herbacés bien luisants. Ce nez est des plus authentiques.

EN BOUCHE Les céréales de la malterie Frontenac, de Thetford Mines, aux notes de foin vert, s'allient à merveille aux houblons nobles herbacés et gazonnés. Cet équilibre de saveurs évolue dans un corps ferme et svelte dont la gazéification est généreuse.

LA FINALE Une longue amertume de houblon herbacé et boisé côtoie l'apport continu des céréales. On se croirait dans une ferme idyllique.

ACCORDS Une brise fraîche et quelques rayons de soleil à l'ombre d'un grand feuillu. Avec une baguette de pain, si vous n'avez qu'une seule bouteille.

POURQUOI EST-CE UN GRAND CRU ?

Elle nous rappelle assurément les bons moments passés dans la campagne franconienne, à une picobrasserie de village tenue par une grand-mère. Même facilité à boire, même type d'ingrédients, et surtout, même franchise des saveurs.

SI VOUS AVEZ AIMÉ, ESSAYEZ AUSSI :

Élixir Céleste de Dieu du Ciel ! (QC), Magnum de Benelux (QC), Dépraguée de Siboire (QC).

PORTER BALTIQUE
LES TROIS MOUSQUETAIRES, QC
(P. 77)

Porter baltique. Ces bières noires dans lesquelles le malt torréfié prend beaucoup de place sont des dérivés des Porters anglais, mais elles sont surtout influencées par les Imperial Stouts conçus pour la tsarine Catherine de Russie. Elles sont cependant fermentées à basse température, alors elles font partie de la grande famille des lagers.

OÙ LA TROUVER   Une fois par année, dans les magasins spécialisés du Québec et de certains États américains.

LE COUP D'ŒIL   Une mousse beige crémeuse coiffe la noirceur d'une nuit sans lune.

LE PARFUM   Les malts foncent sans hésitation dans le territoire des céréales rôties aux nuances de poudre de cacao ainsi que dans celui des fruits vineux tels que le raisin Syrah et la mûre.

EN BOUCHE   Un coulis de chocolat noir prend de l'expansion sur les papilles. En parallèle, quelques mûres se laissent enjôler par un filet de mélasse grandissant. La gazéification douillette adoucit encore le corps déjà bien rond et rend chaque gorgée quasi orgiaque.

LA FINALE   Même si ce Porter Baltique titre 10 % d'alcool, nous ne retrouvons qu'une petite chaleur aux côtés des malts rôtis, transformant les notes fruitées (prune, datte, raisin sec) en souffles vineux.

ACCORDS   Un casseau de fraises et un sofa confortable.

POURQUOI EST-CE UN GRAND CRU ?
Cette élégante noire ne sombre jamais dans l'excès de sucres résiduels et sait présenter ses multiples saveurs maltées sans nécessairement avoir besoin d'un mariage avec des houblons décapants.

SI VOUS AVEZ AIMÉ, ESSAYEZ AUSSI :
Imperial Porter de Thomas Hooker (CT), Baron Noir de Trou du Diable (QC), Cosaque de L'Amère à boire (QC).

RAUCHBIER
LES TROIS MOUSQUETAIRES, QC
(P. 77)

Rauchbier, ou bière fumée. Il s'agit d'un type de lager popularisé à Bamberg, une superbe bourgade du nord de la Bavière. Par contre, cette lager des Trois Mousquetaires se différencie des bières de cette famille en offrant plus de saveurs de malt torréfiés et un corps plus rond qu'à l'habitude.

OÙ LA TROUVER   Une fois par année, dans les magasins spécialisés du Québec et de certains États américains.

LE COUP D'ŒIL   Une mousse généreuse s'établit sur la robe brun-noir. Avec une telle couleur, on s'attendrait à un caractère plus rôti, mais ce n'est pas le cas ici.

LE PARFUM   Un pain nourrissant devient presque caramélisé sous le riche malt fumé. Nous avons ici affaire à un autre festival de malts, gracieuseté des Trois Mousquetaires.

EN BOUCHE   Les longueurs chocolatées et fumées de cette Rauchbier portent la sécheresse du bois de hêtre (avec lequel le malt est fumé), quelques angles fruités et un souffle de houblon herbacé. Les grosses bulles demeurent paisibles et, en tandem avec les sucres résiduels dosés, créent un corps très agréable.

LA FINALE   Malgré l'abondance de saveurs, l'expérience n'est jamais intense. Le malt fumé s'évapore tranquillement sur le palais, laissant quelques traces sucrées qui couvrent le houblon herbacé.

ACCORDS   Un sac de guimauves, un feu de camp et rien d'autre.

POURQUOI EST-CE UN GRAND CRU ?
Les accents chocolatés de cette lager fumée sortent du créneau restreint de ce style allemand, offrant une originalité inhabituelle à l'univers allemand de la pureté.

SI VOUS AVEZ AIMÉ, ESSAYEZ AUSSI :
Double Porter de Simple Malt (QC), Flambée '64 de Loup Rouge (QC), Smoked Porter de Vermont Pub and Brewery (VT).

DOPPELBOCK
LES TROIS MOUSQUETAIRES, QC
(P. 77)

Doppelbock. En d'autres mots, une lager forte d'inspiration allemande. Les moines bavarois, lors de l'avent, une période de jeûne imposé, avait l'habitude de brasser une bière plus forte qu'à l'habitude, qui devenait donc plus nourrissante.

OÙ LA TROUVER Une fois par année, en bouteille, dans les magasins spécialisés du Québec et de certains États américains.

LE COUP D'ŒIL Une mousse ample embrasse la robe bourgogne aux reflets de feu.

LE PARFUM Une baguette de céréales nourrissantes supporte un caramel aux fruits des champs dans lequel les houblons interprètent quelques notes herbacées. C'est riche, fidèle au style et combien alléchant.

EN BOUCHE Des malts rappelant le pain rôti développent effectivement des fruits sucrés et des sucres résiduels parsemés de houblons nobles. Le corps est rondelet, mais n'apparaît jamais lourd grâce à la gazéification active.

LA FINALE Aucun alcool ne paraît, ce qui est merveilleux pour une bière avoisinant les 10 % d'alcool. La fin de chaque gorgée est plutôt une lente évaporation de ce pain de malts et de ses sucres doux.

ACCORDS Des rillettes de lapin au cours d'une soirée en tête-à-tête.

POURQUOI EST-CE UN GRAND CRU ?

Cette salade de malts de spécialité expose bien la suprématie des malts Weyermann, de Bamberg, en Allemagne. Leur douceur et leur rondeur développent une complexité surprenante tout en préservant un confort indéniable en bouche.

SI VOUS AVEZ AIMÉ, ESSAYEZ AUSSI :

Smuttonator de Smuttynose (NH), Liberator de Thomas Hooker (CT), Attenuator de Marshall Wharf (ME).

GERMAINE
LE TROU DU DIABLE, QC
(P. 72)

Cette bière est une Helles, c'est-à-dire une lager blonde d'inspiration bavaroise. Ce sont habituellement des lagers 100 % malt (donc ne comportant aucun sucre ajouté ni aucune source de sucres autre que celle des céréales choisies) qui offrent un équilibre entre les flaveurs des céréales et du houblon, le tout dans un corps souple propice aux grandes gorgées. La Germaine titre 5 % d'alcool.

OÙ LA TROUVER   En fût, à ce brouepub de Shawinigan seulement, quelques fois par année.

LE COUP D'ŒIL   Un fin glaçage de mousse blanche décore le doré pur et brillant de la robe.

LE PARFUM   Un ingénieux amalgame de céréales douillettes et de houblons boisés et herbacés séduit les narines. Nous sommes de toute évidence en présence d'une Helles tout à fait authentique. La Bavière qui nous appelle, quoi.

EN BOUCHE   La même osmose se prélasse sur les papilles, munie d'une gazéification active. Les céréales croustillantes sont subtilement miellées mais rappellent surtout le foin, qui lui, fouette allègrement le houblon herbacé et légèrement boisé. Le corps est élancé et ferme, incitant à de plus grandes gorgées à chaque fois. Un discret fruité citronné accompagne aussi le tout.

LA FINALE   Les céréales s'assèchent tout en laissant un peu plus de place aux nobles houblons herbacés et épicés qui s'étalent en amertume. La table mise pour la gorgée subséquente est habilement dressée.

ACCORDS   Cette superbe bière de soif se marie à de multiples mets à l'ardoise du Trou du Diable (poissons, burger d'agneau), mais elle est aussi parfaite comme équipière lors de la planification d'un voyage. Elle fait rêver!

POURQUOI EST-CE UN GRAND CRU?

Cette très professionnelle et savoureuse Helles est exactement le genre de bière qui, nous souhaitons le répéter, démontre qu'une lager blonde peut être aussi désaltérante que satisfaisante pour les papilles. Dans sa famille, elle rappelle plus les Helles des microbrasseries germaniques qui optent pour un corps plus svelte, donc moins rond.

SI VOUS AVEZ AIMÉ, ESSAYEZ AUSSI:

Premium Lager Blonde de la Microbrasserie Charlevoix (QC), Ostalgia Blonde d'Hopfenstark (QC), Petite Munich du Gambrinus (QC).

BARON NOIR
LE TROU DU DIABLE, QC
(P. 72)

Porter baltique. Ces bières noires dans lesquelles le malt torréfié prend beaucoup de place sont dérivées des Porters anglais, mais surtout influencées par les Imperial Stouts conçus pour la Russie. Elles sont généralement fermentées à basse température, mais celle-ci, contenant 7 % d'alcool, fait exception et subit plutôt une fermentation haute qui enrichit son profil fruité.

OÙ LA TROUVER En fût à ce brouepub de Shawinigan seulement, quelques fois par année.

LE COUP D'ŒIL Une redingote d'un noir quasiment ébène est recouverte d'une mince mousse beige.

LE PARFUM Café et fruits foncés en provenance de malts bien extraits ouvrent l'appétit en chœur.

EN BOUCHE Le chocolat noir et le caramel se joignent dans le profil malté complexe. Les propriétés rôties réussissent à équilibrer la richesse sucrée. En effet, le corps est ample, mais n'est jamais obèse puisque ses sucres sont bien calculés et que la douce gazéification fait léviter le tout. Quoique subtil, un panier de mûres couvert de raisins noirs nous interpelle à partir de ce malt langoureux.

LA FINALE Une subtile chaleur d'alcool accompagne l'amertume du malt rôti : le souffle d'un dragon repu. Les houblons feuillus aident à assécher la finale, mais nous avons l'impression que les céréales torréfiées sont responsables de cette fin délicieusement amère.

ACCORDS Des sublimes côtes levées du Diable servies au resto-pub aux chocolats noirs disponibles en dessert, cette grande bière a la prestance nécessaire pour être servie à elle seule comme fin de repas.

POURQUOI EST-CE UN GRAND CRU ?
Cette ronde et élégante créature de la nuit tire avantage de sa fermentation haute pour nous offrir un riche étalage de fruits en plus des saveurs nuancées des malts rôtis. L'équilibre est tout ce qu'il y a de plus désirable.

SI VOUS AVEZ AIMÉ, ESSAYEZ AUSSI :
Dernière Brosse de Bedondaine et Bedons Ronds, Criminelle de La Voie Maltée (QC), Kamarad Friedrich d'Hopfenstark (QC).

MORSURE
LE TROU DU DIABLE, QC
(P. 72)

India Pale Ale (IPA) à l'américaine. Traditionnellement, ce sont des Pale Ales qui ont été sur-houblonnées afin de survivre le voyage de l'Angleterre vers ses colonies indiennes, le houblon ayant des propriétés de conservation. Les soldats de l'armée britannique qui recevaient ces tonneaux après un long transport se retrouvaient avec une bière moins flétrie que si elle avait été houblonnée avec des doses normales. Ils obtenaient, de surcroît, une bière beaucoup plus aromatique, savoureuse et amère. Aujourd'hui, les IPA à l'américaine se différencient des versions à l'anglaise par le choix des houblons et leur intensité, qui est plus relevée chez nos voisins du sud. Celle-ci titre 6,5 % d'alcool.

OÙ LA TROUVER	En fût à ce brouepub de Shawinigan et occasionnellement dans certains bars spécialisés du Québec.
LE COUP D'ŒIL	Un voile de mousse siège sur la couleur orange sanguine.
LE PARFUM	Des houblons floraux et orangés offrent une démonstration très colorée, bien appréciée de tout amateur d'arômes expressifs. Ce n'est pas assez ? Et vlan ! D'autres houblons résineux et gazonnés sont encore intégrés à des touches de céréales caramélisées spectatrices.
EN BOUCHE	Les houblons citronnés et résineux explosent sur le palais, peignant le malt caramel de fruits et d'herbes. Le corps est poli et bien ficelé, nourrissant mais svelte.
LA FINALE	L'amertume résineuse est bien calculée et, assemblée aux dernières traces de céréales sucrées, donne le goût de se lécher les lèvres. Et les gencives. Et les dents.
ACCORDS	Le fromage Alep salé du Trou du Diable.

POURQUOI EST-CE UN GRAND CRU ?

Les hommages aux IPA de l'Ouest américain sont rares sur la côte est et encore plus rares au Québec. L'exécution sans faille de cette Morsure et son profil de saveurs des plus avenants, fait d'elle un bel ersatz de ce style, tout en conservant une personnalité qui lui est bien propre.

SI VOUS AVEZ AIMÉ, ESSAYEZ AUSSI :

Leatherlips de The Tap (MA), Ripaille de Siboire (QC), n'importe quelle IPA de Willimantic (CT).

BUTEUSE BRASSIN SPÉCIAL
LE TROU DU DIABLE, QC
(P. 72)

Cette Tripel d'inspiration belge est vieillie dans des barils de chêne américain ayant hébergé le brandy de pommes de la cidrerie Michel Jodoin. Elle y entreprend une deuxième fermentation (sur trois) à l'aide d'une levure sauvage du type brettanomyces. Cette création titre 10 % d'alcool.

OÙ LA TROUVER   En bouteille de 750ml seulement, dans certains magasins spécialisés du Québec et, depuis peu, dans quelques États américains.

LE COUP D'ŒIL   Une couche de mousse blanche s'attache à la robe dorée brumeuse.

LE PARFUM   Très complexe, peut-être plus que le profil de saveurs même, cet arôme est capable de scinder pommes caramélisées, levure sauvage aux allures d'aiguilles de pin, céréales miellées et alcool boisé, le tout dans une présentation bien délicate, élégante.

EN BOUCHE   Le sage équilibre présenté en arôme s'épanouit, accompagné par des accents floraux aux allures de roses et de lavande. Un zeste d'orange peut aussi être perçu dans cette confiture fruitée créée par les malts, la levure et le baril de brandy de pommes. La gazéification est fine, capable d'alléger le corps qui aurait pu devenir liquoreux.

LA FINALE   L'alcool et le chêne suivent les fruits et les fleurs, avant qu'une amertume de houblon herbacé ferme la parade.

ACCORDS   La dégustation d'une fondue au fromage, idéalement en robe de chambre devant un feu de foyer.

POURQUOI EST-CE UN GRAND CRU ?

La levure sauvage Brettanomyces et le baril de chêne sont savamment équilibrés avec le reste du profil de saveurs, ce qui n'arrive pas très souvent dans ces expériences souvent extrêmes dans lesquels se lancent de plus en plus de brasseurs nord-américains et danois.

SI VOUS AVEZ AIMÉ, ESSAYEZ AUSSI :

Interlude de Allagash (ME), Om de Cambridge (MA), Orval de l'Abbaye d'Orval (Belgique – SAQ).

TROIS PISTOLES
UNIBROUE, QC
(P. 79)

Ale brune forte d'inspiration belge, épicée de surcroît, titrant 9 % d'alcool.

OÙ LA TROUVER Toute l'année, surtout en bouteille, mais parfois en fût.

LE COUP D'ŒIL Brune presque violette coiffée d'une éternelle mousse beige et compacte.

LE PARFUM Poivre, pain frais et clou de girofle s'évadent de la levure expressive caractéristique d'Unibroue. Les malts foncés s'empressent de saupoudrer leur magie chocolatée de cuir et de fruits rouges des champs au travers d'épices et de la profondeur céréalière. Distinguée.

EN BOUCHE La voilà plus vineuse, valsant entre les cépages rouges mûrs et juteux. Mûres et bleuets se joignent au bal. On suit la cadence de cette danse maltée avec respect et équilibre. C'est la classe.

LA FINALE Une douce chaleur d'alcool veille sur nous constamment. À la toute fin, un baiser nous cajole amoureusement de poivre et de fruits.

ACCORDS Cette fois, il faut oser le fromage bleu.

POURQUOI EST-CE UN GRAND CRU ?

Souvent considérée comme le porto du monde de la bière, voilà, s'il en est, une bière multidimensionnelle. Elle peut séduire l'amateur de vins par la richesse de son fruit, mais sa texture mousseuse et ses épices appartiennent bel et bien au monde de la bière.

SI VOUS AVEZ AIMÉ, ESSAYEZ AUSSI :

Dominus Vobiscum Double de la Microbrasserie Charlevoix (QC), Apôtre du Saint-Bock (QC), Benevolence de Cambridge (MA).

MAUDITE
UNIBROUE, QC
(P. 79)

Ale ambrée forte d'inspiration belge.

OÙ LA TROUVER Toute l'année, surtout en bouteille, dans plusieurs épiceries, dépanneurs et magasins spécialisés à travers le Québec, l'Amérique, certains pays européens, l'Australie, le Japon, etc.

LE COUP D'ŒIL Cette bière voilée possède des teintes orangées et ambrées, couronnées d'une fine mousse blanc cassé.

LE PARFUM Un aguichant panier de fruits et d'épices contient des pointes d'agrumes, de coriandre, de maniguette, de poire, de prune, etc. Celle-ci est pour l'amateur de fraîcheur et de vivacité, sans doute.

EN BOUCHE Le caramel des céréales point en début de gorgée, mais ce sont les épices et la personnalité florale, fruitée de la levure qui semblent donner le ton au reste du profil de saveurs. En effet, la gazéification marquée transporte les esters fruités de la levure, créant un corps rafraîchissant malgré sa potentielle lourdeur (cette bière titre tout de même 8 % d'alcool). Des notes de pomme et de poires apparaissent aux côtés des herbes généreuses.

LA FINALE Plutôt conciliante, la fin de chaque gorgée est peu amère et presque sèche, laissant la place au profil de saveurs épicé qui disparaît tranquillement mais sûrement.

ACCORDS Une poêle remplie de paella et un recueil de poèmes québécois.

POURQUOI EST-CE UN GRAND CRU ?

La Maudite fait partie de ces inclassables qui ont fait et feront toujours nombre d'émules que nous apprécions à leur tour, mais qui ne parviennent jamais à vraiment remplacer une Maudite.

SI VOUS AVEZ AIMÉ, ESSAYEZ AUSSI :

La Chouffe de la Brasserie d'Achouffe (Belgique - SAQ), Fluxus de Allagash (ME), La Tombe du Corsaire (QC).

FIN DU MONDE
UNIBROUE, QC
(P. 79)

Tripel. C'est donc une ale blonde forte d'inspiration belge qui présente habituellement des malts pâles rappelant le pain frais et le miel ne faisant qu'un avec les houblons nobles, épicés et herbacés.

OÙ LA TROUVER Toute l'année, surtout en bouteille, dans plusieurs épiceries, dépanneurs et magasins spécialisés à travers le Québec, l'Amérique, certains pays européens, l'Australie, le Japon, etc.

LE COUP D'ŒIL La robe dorée voilée est recouverte d'une épaisse mousse blanche, conçue par une gazéification des plus effervescentes.

LE PARFUM Une levure bien épicée, des houblons floraux et des fruits tropicaux se mélangent aux céréales subtilement mielleuses, lesquelles rappellent le pain doré.

EN BOUCHE Les bulles actives transportent un équilibre épicé-sucré qui propose quelques angles houblonnés feuillus. Des notes de paille, de coriandre, de poivre et de citron peuvent être perçues par les papilles curieuses. Qu'à cela ne tienne, nous sommes en présence d'une superbe intégration de saveurs qui demande à ne pas être analysée.

LA FINALE Les agrumes semblent produire une pointe acidulée qui tangue avec les houblons feuillus et épicés, produisant une légère amertume. L'alcool est à peine perceptible, ce qui peut être dangereux pour ceux qui ne savent pas qu'elle titre 9 % d'alcool.

ACCORDS La nostalgie des grands classiques. Pour les affamés, elle fera un sublime contrepoids à la richesse de pâtes Alfredo ou à la carbonara.

POURQUOI EST-CE UN GRAND CRU ?

En plus d'être digne de mention dans la famille des ales de style belge, la Fin du Monde est aussi une très bonne bière à présenter à un ami curieux qui souhaite en savoir davantage sur cette famille. Sa douceur et son raffinement en étonneront plus d'un.

SI VOUS AVEZ AIMÉ, ESSAYEZ AUSSI :

Tripel Reserve de Allagash (ME), Chiwill XXX du Vermont Pub and Brewery (VT), Triple du Cheval Blanc (QC).

QUELQUE CHOSE
UNIBROUE, QC
(P. 79)

Glühkriek. Style rarissime inspiré des Glühweins, ces vins épicés des Alpes à boire réchauffés. Chez Unibroue, nous côtoyons une réconfortante bière aux cerises à 8 % d'alcool.

OÙ LA TROUVER En bouteille, au gré des saisons, dans quelques magasins spécialisés.

LE COUP D'ŒIL Bourgogne terreux et opaque dépourvu d'effervescence. Qu'importe, servez-la dans une tasse.

LE PARFUM De puissantes accolades de cannelle et de clou de girofle complémentent ce jus de cerises qui évite toute allusion sirupeuse. Chauffée, son arôme se projette et se reconnaît à plusieurs mètres à la ronde.

EN BOUCHE L'arôme se transpose sous forme liquide, incantant en prime de multiples nuances de vin rouge, de thé, de bois, de fruits… Les amateurs de vin y trouvent leur compte, d'autant plus qu'une fine acidité vient alléger l'effet de fatigue que les sucres résiduels auraient pu introduire.

LA FINALE Longue et sereine : imaginez la reine de la Sangria. C'est un véritable thé aux framboises qui nous réchauffe jusque dans les entrailles.

ACCORDS Les bas mouillés, le nez qui coule : un grand besoin de chaleur !

POURQUOI EST-CE UN GRAND CRU ?
Nous pouvons compter sur les doigts d'une main les Glühkrieks de ce monde. Or, à notre palais, la Quelque Chose est la plus réussie et ce n'est pas que la compétition soit faible. Il ne faut pas passer à côté de cette expérience différente de tout ce qui se brasse ailleurs.

SI VOUS AVEZ AIMÉ, ESSAYEZ AUSSI :
Saint-André de la Claymore Cerise du Trou du Diable (QC), Duchesse de Bourgogne de Verhaeghe (SAQ), Spuyten Duyvil du Vermont Pub (VT).

CRIMINELLE
LA VOIE MALTÉE, QC
(P. 108)

Imperial Stout ; une ale noire riche et onctueuse qui naquit lorsque l'impératrice Catherine la Grande de Russie demanda une bière du genre à ses pourvoyeurs anglais qui durent brasser une bière très forte afin de subsister au long transport et au temps passé dans les caves de la grande dame.

OÙ LA TROUVER Toute l'année, en fût à ce brouepub de Jonquière ou à l'autre succursale de Chicoutimi.

LE COUP D'ŒIL Une crémeuse mousse beige s'amenuise tranquillement sur la noirceur impénétrable.

LE PARFUM Le sucré de raisins secs et de mélasse perce les notes boisées, rôties et chocolatées. Ce parfum n'est pas explosif ; il séduit avec ses multiples clins d'œil aromatiques.

EN BOUCHE Un corps lisse comme du velours transporte chocolat noir, mélasse, dates et céréales torréfiées sur les papilles qui en redemandent. Les houblons sont bel et bien présents, mais ils laissent les malts s'exprimer. Les bulles sont fines et effervescentes, rendant cet élixir assez facile à boire, même s'il titre 9 % d'alcool.

LA FINALE Les céréales rôties proposent une amertume soutenue, mais jamais agressive. Les houblons se mettent de la partie en contribuant quelques notes boisées aux côtés de la chaleur d'alcool qui lèche le fond du palais.

ACCORDS Une randonnée en raquettes jusqu'au pub devrait vous mettre la Criminelle à la bouche. Laissez les voitures klaxonner. Une fois sur place, le gâteau au fromage devrait enrichir votre expérience davantage.

POURQUOI EST-CE UN GRAND CRU ?

Cette grande dame de la bière est bien plus diplomatique que son nom l'indique, démontrant classe et sagesse à chaque gorgée.

SI VOUS AVEZ AIMÉ, ESSAYEZ AUSSI :

Kamarad Friedrich d'Hopfenstark (QC), Impératrice de Trou du Diable (QC), Impérial Express de Siboire (QC).

LES IPA
WILLIMANTIC, CT
(P. 116)

India Pale Ale (IPA) à l'américaine. Les IPA à l'américaine se différencient des versions à l'anglaise, entre autres, par leurs houblons à intensité plus relevée.

OÙ LA TROUVER Il y a souvent deux ou trois IPA et/ou Double IPA différentes en fût à ce brouepub de Willimantic, au Connecticut.

LE COUP D'ŒIL Peu importe la India Pale Ale servie ici, elle aura un petit voile de mousse et la couleur, blonde ou ambrée, sera assombrie par la levure en suspension. Ce sont des bières « au naturel » dont le souci esthétique demeure peu développé.

LE PARFUM Les houblons choisis par David Wollner s'expriment toujours très bien au niveau de l'arôme. Ils sont souvent fruités (agrumes) et feuillus, créant de véritables tisanes de houblons qui apaisent les sens. Les souches américaines sont privilégiées, fournissant ces effluves plus intenses.

EN BOUCHE Certaines, comme la Commemorative IPA, se concentrent sur les houblons citronnés et résineux afin de créer un rafraîchissement certain. D'autres, comme la Pushing the Envelope IPA, bénéficient d'un mariage de saveurs plus éclectique, sculptant des notes de rhubarbe et de fraises parmi les poussées résineuses. D'autres encore, comme la Most Wanted IPA, mettront l'accent sur les angles conifères des houblons. Cependant, à chaque occasion, peu importe la IPA, la gazéification est très douce et le corps est svelte, propice aux grandes lampées. De plus, le profil de saveurs est empli de personnalité, signe que Mr Wollner n'essaie pas de copier les classiques du style.

LA FINALE Dans la majorité des cas, une amertume résineuse accompagne les notes fruitées presque acidulées, nous obligeant pratiquement à prendre une autre gorgée dans les secondes qui suivent. Le tout est équilibré du début à la fin, même si les malts n'offrent pas des saveurs aussi volubiles que les houblons.

ACCORDS Le chili con carne de la maison.

POURQUOI EST-CE UN GRAND CRU ?
À ce jour, près d'une cinquantaine (!) d'India Pale Ales différentes ont garni le menu de la Willimantic Brewing Company. Toutes celles que nous avons eu la chance de boire (il est impossible de le suivre, ce cher Dave) sont empreintes de personnalité et construites afin de plaire à ceux qui exigent des houblons bien développés.

SI VOUS AVEZ AIMÉ, ESSAYEZ AUSSI :
Holy Cow IPA de The Alchemist (VT), Leatherlips de The Tap (MA), Easy Ryder de Cambridge (MA).

WILLI WHAMMER
WILLIMANTIC, CT
(P. 116)

Barley Wine (« vin d'orge »). Ce style d'origine britannique met en évidence la caramélisation du malt d'orge utilisé, produisant un corps onctueux et parfois liquoreux auquel est rajoutée une grande quantité de houblons afin de rendre la finale amère. Ce Barley Wine est issu d'un judicieux assemblage d'un brassin vieilli en tonneaux de chêne ayant préalablement servis au Jack Daniel's et d'un brassin non vieilli dans ces barils. Il s'établit entre 10 % et 11 % d'alcool selon les millésimes.

OÙ LA TROUVER Une fois par année pour célébrer le 1er janvier. La veille du jour de l'an, David Wollner, maître brasseur et propriétaire, met habituellement 3 ou 4 millésimes différents en fût à ce brouepub du nord du Connecticut.

LE COUP D'ŒIL Une couronne de mousse beige flotte sur l'obscurité bourgogne-brunâtre.

LE PARFUM Les malts caramels s'en donnent à cœur joie, développant avec la levure de multiples notes de fruits séchés et de terre. Des houblons citronnés ajoutent à la complexité déjà présente. Ce nez a plusieurs histoires à raconter.

EN BOUCHE Des figues séchées et des fraises semblent pousser du sensuel malt caramel. La gazéification légèrement piquante aide à alléger la pesanteur des sucres résiduels, mais nous sommes tout de même en présence d'une fantastique bière liquoreuse ; il n'y a pas de doute. Le fruité est déterminé à nous éblouir, développant tantôt des fruits des champs, tantôt des zestes d'agrumes.

LA FINALE Une chaleur d'alcool est ressentie, se positionnant avec confiance parmi les sucres résiduels. Jumelée avec ces céréales caramélisées, elle développe des allures de rhum brun, alors que des pêches melba semblent languir sur la langue.

ACCORDS Laissez-vous tenter par le portobello farci du Willimantic avant de prendre un taxi pour regagner l'hôtel.

POURQUOI EST-CE UN GRAND CRU ?
Les notes partagées par le baril de chêne ayant contenu du Jack Daniel's sont superbement intégrées, chose rare pour ces bières fortes vieillies dans de tels contenants.

SI VOUS AVEZ AIMÉ, ESSAYEZ AUSSI :
Blunderbuss de Cambridge (MA), Élixir de Belphegor de Broadway Pub (QC), Solstice d'Hiver de Dieu du Ciel ! (QC).

LA ROUTE DE LA BIÈRE

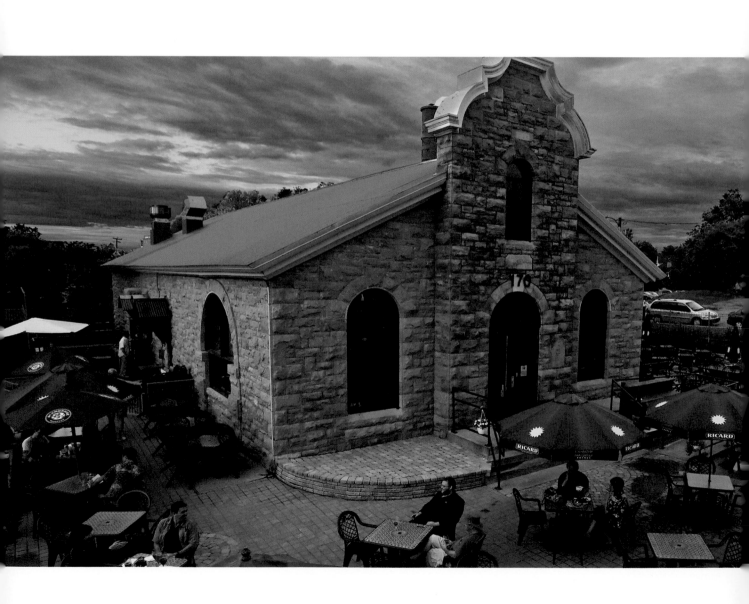

LA ROUTE DE LA BIÈRE

Malheureusement, le périple de la lecture de ce livre s'achève pour vous. Vous avez jusqu'ici acquis de délicieuses connaissances, il ne vous manque que quelques conseils d'orientation afin de les utiliser à bon escient. Afin de vous soutenir dans votre quête, cette dernière section vous propose quelques ressources.

Nous vous suggérons d'abord quelques itinéraires qui représentent des trajets intéressants pour l'amateur en quête de découvertes. Ces parcours de quelques jours peuvent aisément se boucler en une fin de semaine, mais prenez bien soin d'assigner à quelqu'un le rôle du conducteur désigné. Il s'agit là d'occasions uniques de décrocher du quotidien, de voyager et d'en apprendre sur les merveilles brassicoles de chez nous.

Vous aurez ensuite la possibilité de vous familiariser avec les principes de base de la conservation de la bière. Lorsque vous achetez une bonne bouteille, au cours de ces excursions par exemple, il importe bien sûr de la conserver dans des conditions optimales.

Par ailleurs, il va sans dire que certains lieux sont nettement plus propices à la découverte de chefs-d'œuvre. Certes, plusieurs artisans qui œuvrent au sein des brasseries dont nous vous avons présenté certains crus sont de véritables passionnés. Il serait toutefois farfelu de croire que les employés des meilleures brasseries sont les seuls passionnés de la bière. Plusieurs détaillants, distributeurs et importateurs figurent aussi parmi les ressources indispensables. Nous vous proposons donc une sélection de magasins où remplir votre panier ne sera pas un défi. Ces listes de magasins recommandés sont loin d'être exhaustives, mais elles présentent certaines valeurs sûres qui écument la majorité des régions couvertes.

De plus, nous pouvons maintenant vous avouer que la Nouvelle-Angleterre et le Québec ne sont pas les seules régions productrices de grands crus. Elles font très bonne figure au panthéon mondial, mais plusieurs autres régions mériteraient leur propre guide. Grâce à la technologie de l'embouteillage, plusieurs grands crus confectionnés à l'extérieur du Québec et de la Nouvelle-Angleterre sont en fait distribués sur le territoire. Nous vous offrons donc aussi une liste de ces produits qui, s'ils avaient été fabriqués dans la région couverte, auraient possiblement eu droit à leur propre fiche de grand cru dans ce livre. Nous précisons évidemment les endroits où ils sont distribués.

SUGGESTIONS D'ITINÉRAIRES DE FIN DE SEMAINE

Vous avez déjà lu un dépliant d'agence de voyage détaillant de nombreuses escapades dans des contrées lointaines aussi alléchantes les unes que les autres ? Évidemment, aucune de ces agences ne vous offrira un voyage planifié autour de la bière de dégustation. C'est entre autres pourquoi nous vous suggérons ici quelques périples que vous pourriez entreprendre en compagnie d'amis ou de l'être cher. Le milieu brassicole étant surtout un monde où la fraîcheur est indissociable du plaisir, la possibilité de déguster une bière sans même qu'elle quitte la brasserie constitue donc une remarquable opportunité. Ces itinéraires vous permettront de ponctuer la visite de charmantes régions du Québec et de la Nouvelle-Angleterre de plusieurs des meilleures bières du territoire. Vous pourrez goûter à quelques mètres des cuves, dans leur vivacité la plus inspirante. Afin que vous profitiez au maximum de vos excursions, voici quelques recommandations.

- Appelez les brasseries à l'avance pour obtenir confirmation des heures d'ouverture, qui varient beaucoup au gré des saisons et ne sont pas toujours fiables sur Internet.

- Choisissez un conducteur désigné, puisque les distances souvent longues rendent quasiment impossibles d'éviter les déplacements en voiture.

- Si vous êtes intéressé à goûter le plus grand nombre de bières possible, profitez des verres de dégustation – les galopins ou *tasters* – de 3 à 6 onces offerts dans la majorité des établissements.

- Il est aussi possible d'appeler les brasseurs pour leur annoncer votre visite. Ils sont généralement très enthousiastes lorsque vient le temps de partager leur passion avec ceux qui prennent le temps de voyager pour les visiter.

SUR LA ROUTE DE LA SAINT-MAURICE

(DEUX JOURS)

La Mauricie présente un avantage intéressant puisqu'elle est relativement proche de tous les grands centres urbains québécois. Trois-Rivières et Shawinigan représentent ses deux centres d'attraction brassicoles.

1- Matin du premier jour : départ vers Trois-Rivières. Dîner chez Gambrinus vers 13 h.

2- Trois-Rivières a plus de 375 ans. Profitez de son charmant centre historique où de nombreux restaurants sauront apaiser votre inlassable quête de saveurs.

3- À moins d'une heure de route, la ville de Saint-Tite vous attend avec son cachet d'antan particulier. En été, amenez votre chaise et profitez de la soirée feu de camp chez À la Fût.

4- Nuitée à Saint-Tite. Mieux vaut aller chez À La Fût sans avoir à se soucier de reprendre la voiture par la suite. Par contre, si vous avez un conducteur désigné, sachez que Shawinigan et Grand-Mère offrent aussi de nombreuses possibilités de gîtes.

5- Dimanche matin : profitez-en pour dormir. C'est la fin de semaine après tout. Ensuite, dirigez-vous vers Shawinigan ! Dégourdissez-vous un peu en visitant la Cité de l'Énergie ou en marchant sur la promenade qui longe la rivière.

6- Arrivée au Broadway Pub, à Shawinigan...

7- Souper au Trou du Diable, à l'autre bout de l'artère commerciale principale qu'est la 4e rue, à environ 1km du Broadway Pub. Voilà l'occasion de vous offrir le meilleur repas de la fin de semaine.

8- Retour à la maison.

Notez que les distances sur les cartes sont approximatives.

GAMBRINUS
3160, boul. des Forges, Trois-Rivières
819 691-3371
www.gambrinus.qc.ca
Heures d'ouverture : vendredi : 11 h+,
samedi : 15 h+, dimanche : fermé
DESCRIPTION PAGE 71

À LA FÛT
670, rue Notre-Dame, Saint-Tite
418 365-4370
www.alafut.qc.ca
Heures d'ouverture : vendredi :
15 h 30 à 1 h, samedi : 13 à 1 h,
dimanche : 13 h à 19 h
DESCRIPTION PAGE 68

BROADWAY PUB
540, avenue Broadway, Shawinigan
819 537-0044
www.broadwaypub.net
Heures d'ouverture : dès 11 h en fin
de semaine, sinon 10 h
DESCRIPTION PAGE 69

LE TROU DU DIABLE
412, avenue Willow, Shawinigan
819 537-9151
www.troududiable.com
Heures d'ouverture : à partir de 15 h
DESCRIPTION PAGE 72

QUAND ON EST DÛ POUR LES CANTONS
(DEUX JOURS)

LE LION D'OR
6, rue College, Lennoxville
819 562-4589
www.lionlennoxville.com
Heures d'ouverture: vendredi:
11 h+, samedi et dimanche: 15 h+
DESCRIPTION PAGE 87

SIBOIRE
80, rue du Dépôt, Sherbrooke
819 565-3636
www.siboire.ca
Heures d'ouverture: vendredi et
samedi: 11 h+, dimanche: 13 h+
DESCRIPTION PAGE 88

BROUEMONT
107, boul. de Bromont, Bromont
450 534-0001
www.brouemont.com
Heures d'ouverture: 11 h+
DESCRIPTION PAGE 86

LES BRASSEURS DU HAMEAU
6, rue des Bois-Verts, Saint-Joseph-
de-Ham-Sud
819 877-2201
www.lesbrasseursduhameau.ca
Heures d'ouverture:
saisonnières, alors téléphonez
DESCRIPTION PAGE 85

L'Estrie constitue une région privilégiée. Épargnée par les moustiques, parsemée de montagnes enchanteresses, riche en villages historiques, elle a tout pour plaire. Oui, tout, car elle compte même sur quelques brasseries artisanales des plus attirantes.

1- Matin de la première journée : départ de la maison vers Lennoxville, après un bon déjeuner. L'intersection principale donne sur les portes du pub Le Lion d'Or qu'il ne vous restera qu'à franchir.

2- Départ vers Sherbrooke. Laissez la voiture à l'hôtel, vous n'en aurez plus besoin aujourd'hui. Le centre historique de Sherbrooke mérite bien que vous y preniez une grande marche. Admirez l'architecture du Vieux-Nord. De nombreux restaurants s'offrent à vous. Consultez les menus et gâtez-vous.

3- Marche vers le Siboire, adjacent à la station d'autobus municipaux. Admirez l'ampleur de la revitalisation de ce nouveau haut-lieu de la ville.

4- Nuitée à Sherbrooke.

5- Après un bon déjeuner, il serait indiqué de grimper le Mont Orford afin de profiter d'un des plus beaux points de vue de la région. Ceux qui habitent dans l'Ouest se dirigeront ensuite vers Bromont. Ceux qui se dirigent vers le nord opteront plutôt pour Saint-Joseph-de-Ham-Sud.

6- Retour à la maison.

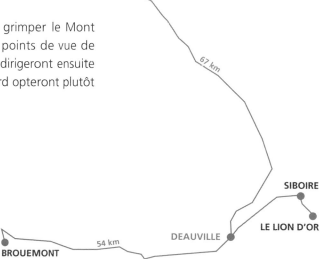

MONTAGNES, VALLÉES ET FJORDS DU NORD
(DEUX JOURS ET DEMI)

Le Saguenay-Lac-Saint-Jean, région fière s'il en est une, constitue une des régions brassicoles les plus actives du Québec par les temps qui courent. Voilà qui est impressionnant pour une région qui ne comptait aucune brasserie au tournant du millénaire.

1- Selon votre point de départ, rendez-vous directement à Baie-Saint-Paul ou à Shawinigan. Les deux villes comportent leur lot d'attractions et d'options hébergement pour meubler une soirée.

2- Départ pour le Lac-Saint-Jean, à Saint-Gédéon plus précisément. Vous êtes aux abords de la Véloroute des Bleuets, alors que les motoneigistes et cyclistes ne se fassent pas prier !

3- Fin de journée et nuitée à Saint-Félicien. En saison, retrouvez votre cœur d'enfant en visitant le vaste zoo, mais la fin de soirée doit avoir lieu à La Chouape.

4- Départ de Saint-Félicien vers Chicoutimi. Ne vous gênez surtout pas si l'envie vous prend de profiter d'une croisière sur les splendides fjords du Saguenay.

5- Retour à la maison.

LE SAINT-PUB (MICRO-BRASSERIE CHARLEVOIX)
2, rue Racine, Baie-Saint-Paul
418 240-2332
www.microbrasserie.com
Heures d'ouverture : dès 11 h 30
DESCRIPTION PAGE 104

LE TROU DU DIABLE
412, avenue Willow, Shawinigan
819 537-9151
www.troududiable.com
Heures d'ouverture : à partir de 15 h
DESCRIPTION PAGE 72

MICROBRASSERIE DU LAC-SAINT-JEAN
120, rue de la Plage, Saint-Gédéon
418 345-8758
www.microdulac.com
Heures d'ouverture : 11 h 30+
DESCRIPTION PAGE 107

LA CHOUAPE
1164, boul. Sacré-Cœur, Saint-Félicien
418 613-0622
www.lachouape.com
Heures d'ouverture :
saisonnières, alors téléphonez
DESCRIPTION PAGE 106

LA VOIE MALTÉE
777, boul. Talbot, Chicoutimi
418 549-4141
www.lavoiemaltee.com
Heures d'ouverture : 13 h+
DESCRIPTION PAGE 108

MONTRÉAL POUR COLLECTIONNEURS DE GRANDS CRUS
(DEUX JOURS)

La métropole de Montréal recèle un nombre impressionnant de brasseries de tous genres en plus de compter un nombre incalculable d'attractions. En demeurant à proximité du Mont-Royal, vous serez bien positionnés pour en profiter au maximum.

1- Au cœur du dynamique Quartier Latin, c'est à L'Amère à Boire qu'il faut dîner afin de profiter de la cuisine étonnament raffinée.

2- Une fois repus, gravissez la côte menant à la rue Sherbrooke que vous longerez vers l'ouest. L'architecture victorienne vous accompagnera jusqu'au Benelux ; une vingtaine de minutes d'une porte à l'autre.

3- Vous avez déjà goûté à de formidables offrandes et bien d'autres s'offrent à vous. Montez la belle rue Jeanne-Mance afin d'aller vous dégourdir un peu dans les sentiers du Mont-Royal. Zieutez les menus des nombreux restaurants du Plateau, trouvez-en un qui vous sied et terminez le tout en beauté chez Dieu du Ciel !

4- Repos bien mérité.

5- Dormez au maximum et revenez à vos premiers amours du Quartier Latin. Le Saint-Bock vous suggère l'une des plus vastes sélections de bières en ville tout en représentant une bonne option pour le lunch.

6- Retour à la maison.

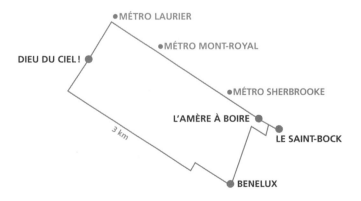

L'AMÈRE À BOIRE
2049, rue Saint-Denis, Montréal
514 282-7448
www.amereaboire.com
Heures d'ouverture : midi du mardi
au vendredi, sinon 14 h
DESCRIPTION PAGE 95

**BENELUX BRASSERIE
ARTISANALE ET CAFÉ**
245, rue Sherbrooke Ouest, Montréal
514 543-9750
www.brasseriebenelux.com
Heures d'ouverture : à partir de 15 h
DESCRIPTION PAGE 90

DIEU DU CIEL !
29, avenue Laurier Ouest, Montréal
514 490-9555
www.dieuduciel.com
Heures d'ouverture : à partir de 15 h
DESCRIPTION PAGE 94

LE SAINT-BOCK
1749, rue Saint-Denis, Montréal
514 680-8052
www.lesaintbock.com
Heures d'ouverture : dès 11 h en
semaine et 13 h la fin de semaine
DESCRIPTION PAGE 97

MONTRÉAL : UN HOMMAGE AUX PUBS DE QUARTIER
(DEUX JOURS)

Les grandes nations brassicoles (Allemagne, Autriche, Angleterre, Belgique et compagnie) disposent toutes de cafés ou pubs de quartier bien particuliers. Sans même entendre les gens parler, nous pouvons presque savoir dans quel pays nous nous trouvons par la simple atmosphère qui y règne. Dans une moindre mesure, les quartiers montréalais comportent des traits bien distinctifs…

1- Pour bien commencer une journée sous le signe de la bière, le Réservoir offre sans doute la carte de repas la plus raffinée pour un brouepub.

2- Rendez-vous maintenant plus à l'est de la ville. C'est l'occasion d'enfin visiter le Biodôme ou le Jardin botanique. On remonte ensuite un peu vers le nord-ouest pour s'abreuver au Brouhaha.

3- Pour bien terminer la soirée dans un pub historique, premier brouepub de Montréal et certainement un de ceux présentant le cachet et la faune les plus authentiques, il faut aller au Ch'val.

4- Vous avez sans doute envie de continuer, mais il faut vous garder un peu d'énergie pour demain. C'est l'heure du dodo.

5- Rendez-vous maintenant à l'orée de la Petite Italie. De nombreuses options gastronomiques vous sont accessibles. Ensuite, pour jouir de la plus grande sélection de fûts à Montréal, d'une charmante terrasse et d'un pub savamment convivial, rendez-vous au Vices et Versa, à un jet de pierre.

6- Retour à la maison.

RÉSERVOIR
9, avenue Duluth Est, Montréal
514 849-7779
www.brasseriereservoir.ca
Heures d'ouverture :
à partir de 10 h 30
DESCRIPTION PAGE 100

BROUHAHA
5860, avenue De Lorimier, Montréal
514 271-7571
www.brouepubbrouhaha.com
Heures d'ouverture : à partir de 15 h
DESCRIPTION PAGE 93

LE CHEVAL BLANC
809, rue Ontario Est, Montréal
514 522-0211
www.lechevalblanc.ca
Heures d'ouverture :
à partir de 15 h, 17 h le dimanche
DESCRIPTION PAGE 97

VICES ET VERSA
6631, boul. Saint-Laurent, Montréal
514 272-2498
www.vicesetversa.com
Heures d'ouverture :
à partir de 13 h l'été, sinon 15 h
DESCRIPTION PAGE 101

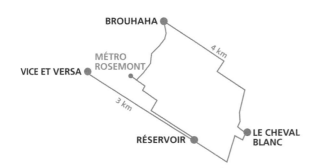

QUÉBEC À L'HORIZON
(DEUX JOURS)

Québec se targue d'être la plus belle ville au Québec, mais elle peut laisser en plan du point de vue de sa scène brassicole. Néanmoins, en acceptant de faire un peu de route, on peut accéder à des breuvages de grande qualité en se basant dans la capitale nationale.

1- Dîner à Baie-Saint-Paul, au Saint-Pub de la Microbrasserie Charlevoix. Déambulez entre les galeries d'art. Pour vous rafraîchir, rendez-vous au quai municipal où la brise fluviale et les paysages sont parmi les meilleurs plaisirs gratuits du Québec.

2- Après-midi sur l'Île d'Orléans et apéro au pub Le Mitan. En saison, profitez-en pour faire quelques emplettes de fruits frais. En bons touristes, il serait opportun de faire une escale-photos à la chute Montmorency.

3- Éloignez-vous donc un peu du fleuve en allant à Lac-Beauport. Il va sans dire qu'en hiver, les skieurs voudront profiter des pistes blanches.

4- Nous n'avons pas oublié la ville de Québec. C'est maintenant l'occasion d'aller vagabonder dans ce musée à ciel ouvert. Une fois que vous aurez les yeux bien saturés, bordez le traversier se dirigeant vers Lévis pour un point de vue différent… et une opportunité brassicole !

5- Retour à la maison.

LES FORTIFICATIONS DE CHAMBLY ET LA MONTÉRÉGIE

(DEUX JOURS)

La situation privilégiée de Chambly, son bassin ouvert sur le Richelieu et son fameux fort se passent de présentation. La vie n'est pas toujours juste, si bien que Chambly représente, en plus de ses atouts esthétiques, un point central dans l'axe du malt montérégien.

1- Le brouepub incontournable de la région est sans contredit Bedondaine. Il faut passer quelques heures dans ce musée au personnel des plus sympathiques.

2- Une courte marche vous mènera au superbe Fourquet Fourchette, endroit à forte thématique historique. Les bières d'Unibroue, brassées à quelques kilomètres, y sont à l'honneur, mais la cuisine, en elle-même, mérite aussi le détour.

3- Les plus téméraires voudront peut-être retourner chez Bedondaine. Quoi qu'il en soit, c'était assez de travail pour une journée et il vaut mieux prendre gîte à Chambly.

4- Dépendamment de votre destination de retour, vous voudrez arrêter à Dunham ou à Sorel-Tracy avant de regagner votre foyer.

5- Retour à la maison.

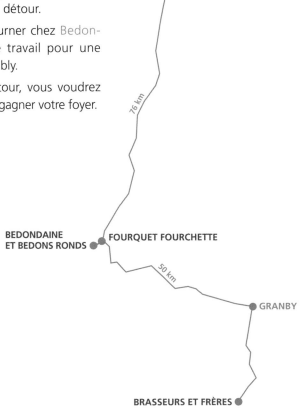

**BEDONDAINE
ET BEDONS RONDS**
255, rue Ostiguy, Chambly
450 447-5165
www.bedondaine.com
Heures d'ouverture : à partir de
11 h 30 du jeudi au dimanche et
15 h les mardis et mercredis
DESCRIPTION PAGE 74

FOURQUET FOURCHETTE
187, avenue Bourgogne, Chambly
450 658-7658
www.fourquet-fourchette.com
Heures d'ouverture :
mieux vaut téléphoner

BRASSEURS ET FRÈRES
3809, rue Principale Sud, Dunham
450 295-1500
www.betf.ca
Heures d'ouverture :
à partir de midi la fin de semaine
(l'été seulement) et 16 h les jeudis
et vendredis
DESCRIPTION PAGE 85

LOUP ROUGE
78, rue du Roi, Sorel-Tracy
450 551-0660
www.artisanbrasseur.com
Heures d'ouverture : à partir de
15 h du dimanche au mercredi,
11 h 30 du jeudi au samedi
DESCRIPTION PAGE 79

LES GRANDS BARS À BIÈRES DU MAINE
(DEUX JOURS ET DEMI)

Si vos souvenirs d'enfance vous indiquent que le Maine est égal à Old Orchard, c'est qu'il est temps de vous composer de nouveaux souvenirs. Le Maine ne compte peut-être pas les broue-pubs les plus excitants de la Nouvelle-Angleterre, mais plusieurs de ses bars à bières ne sont rien de moins qu'essentiels.

1- Soirée et nuitée à Sherbrooke, afin de se rapprocher du Maine. Vous aurez le choix entre trois brasseries artisanales, soit le Siboire, particulièrement recommandable, le Boquébière ou La Mare au Diable.

2- Départ vers le Maine et rendez-vous à Lovell, minuscule bled, typique de ces endroits dont nous n'attendons rien. Surprise, c'est l'occasion d'un dîner en campagne dans un des meilleurs bars à bières aux États-Unis…

3- Il reste de la route à faire, alors gardez assez d'esprit pour divertir votre conducteur désigné. Soirée et nuitée à Portland. C'est l'occasion de goûter un homard bien frais. Et qui l'eût cru? Portland est l'hôte d'un des meilleurs bars à bières en Nouvelle-Angleterre.

4- Le lendemain, en vous réveillant, vous aurez l'impression que tout n'était qu'un rêve. Au lieu de vous pincer, sautez dans la voiture et dirigez-vous vers Brunswick.

5- Retour à la maison.

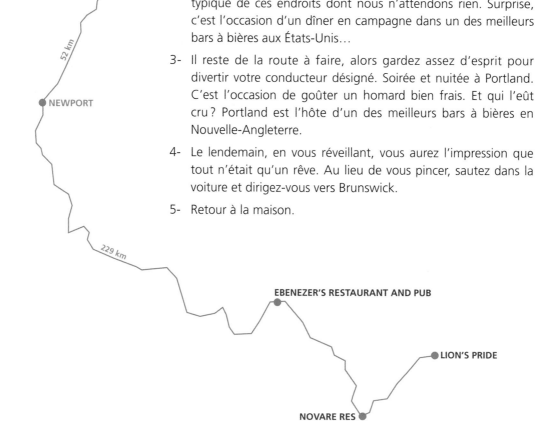

SIBOIRE /
BOQUÉBIÈRE /
LA MARE AU DIABLE

52 km

NEWPORT

229 km

EBENEZER'S RESTAURANT AND PUB

LION'S PRIDE

NOVARE RES

SIBOIRE
80, rue du Dépôt, Sherbrooke (Québec)
819 565-3636
www.siboire.ca
Heures d'ouverture : dès 13 h
DESCRIPTION PAGE 88

BOQUÉBIÈRE
50, rue Wellington Nord, Sherbrooke (Québec)
819 542-1311
www.boquebiere.com
Heures d'ouverture :
dès 11 h 30 du mercredi au vendredi, sinon 15 h 30
DESCRIPTION PAGE 84

LA MARE AU DIABLE
151, rue King Ouest, Sherbrooke (Québec)
819 562-1001
Heures d'ouverture : à vérifier
DESCRIPTION PAGE 87

EBENEZER'S RESTAURANT AND PUB
44, Allen Road, Lovell (Maine)
207 925-3200
www.ebenezerspub.net
Heures d'ouverture :
à partir de midi, 7 jours par semaine en été, mais seulement les vendredis et samedis l'hiver

Description de l'endroit : Plus de trente fûts de produits tous plus désirables les uns que les autres. Chris Lively, le propriétaire, démontre un enthousiasme digne de celui de la grande majorité des meilleurs brasseurs du monde et c'est bien tangible dans son établissement. Un déferlement de grands crus vous y attend.

NOVARE RES
4, Canal Plaza, Portland (Maine)
207 761-2437
www.novareresbiercafe.com
Heures d'ouverture : à partir de 16 h du lundi au jeudi, 15 h le vendredi et midi la fin de semaine

Description de l'endroit : Le propriétaire, Eric Michaud, mise non seulement sur l'extrême convivialité et la compétence du personnel, il offre une carte paradisiaque avec des offrandes rarissimes en fût et des centaines de bouteilles.

LION'S PRIDE
112, Pleasant Street, Brunswick (Maine)
207 373-1840
Heures d'ouverture : à partir de 11 h

Description de l'endroit : La dernière aventure de l'incroyable Chris Lively est un brouepub en devenir. L'offre de produits est, évidemment, déjà exceptionnelle et ne pourra que s'améliorer à mesure que les meilleurs brasseurs du monde s'aligneront pour y concocter des cuvées spéciales.

LA VIE AU-DELÀ DE LAVAL

(DEUX JOURS ET DEMI)

Les populaires régions des Laurentides et de Lanaudière comptent quelques microbrasseries depuis déjà plusieurs années. Les visiteurs auraient intérêt à découvrir ou redécouvrir classiques et nouveautés dans ces régions où il se brasse de bien belles bières au pied des montagnes.

1- Avant de pénétrer les Laurentides, il vous faut passer par l'expérience Hopfenstark. Ce n'est pas un brouepub en soi, aucune nourriture n'est offerte, mais la qualité des bières vaut bien des tracas. Ne vous encombrez pas de l'obligation de conduire, passez la soirée ici ; il n'y a pas beaucoup d'hôtels, mais les auberges sont bien représentées à L'Assomption.

2- Après une bonne nuit de sommeil, c'est au Nord qu'il faut aller. Votre destination est juste avant le fameux Mont-Tremblant. Vous aurez tout le loisir de dîner même s'il commence à se faire tard.

3- Vous êtes des touristes, oui ou non ? Alors qu'attendez-vous pour vous attaquer à la montagne ? Passez la soirée et la nuit à Mont-Tremblant ; les opportunités pour amateurs de plein air sont multiples. Déambulez dans le village jusqu'à ce que la soif vous interpelle.

4- Retour vers le sud, il sera peut-être préférable de partir assez tôt pour éviter la cohue de l'autoroute 15. Pour vous récompenser, arrêtez donc à Saint-Jérôme.

5- Retour à la maison.

HOPFENSTARK
643, boul. de l'Ange-Gardien,
L'Assomption
514 795-4678
www.hopfenstark.com
Heures d'ouverture :
à partir de 16 h les jeudis et
vendredis et 15 h le samedi
DESCRIPTION PAGE 71

**MICROBRASSERIE
SAINT-ARNOULD**
435, rue des Pionniers, Mont-
Tremblant (secteur Saint-Jovite)
819 425-1262
www.saintarnould.com
Heures d'ouverture : dès 11 h 30
DESCRIPTION PAGE 66

MICROBRASSERIE LA DIABLE
117, rue Kandahar, Mont-Tremblant
819 681-4546
Heures d'ouverture : dès 11 h 30
DESCRIPTION PAGE 64

DIEU DU CIEL !
259, rue de Villemure, Saint-Jérôme
450 436-3438
www.dieuduciel.com
Heures d'ouverture :
dès 15 h en fin de semaine,
et 11 h 30 en semaine
DESCRIPTION PAGE 65

314

DES MONTAGNES À LA MER – VERS LE NEW HAMPSHIRE

(DEUX JOURS ET DEMI)

THE ALCHEMIST PUB AND BREWERY
23, South Main Street, Waterbury
(Vermont)
802 244-4120
www.alchemistbeer.com
Heures d'ouverture :
dès 15 h du vendredi au dimanche,
sinon à partir de 16 h
DESCRIPTION PAGE 156

MARTHA'S EXCHANGE RESTAU-RANT AND BREWING CO.
185, Main Street, Nashua
(New Hampshire)
603 883-8781
www.marthas-exchange.com
Heures d'ouverture : à partir de 11 h
DESCRIPTION PAGE 149

PORTSMOUTH BREWERY
56, Market Street, Portsmouth
(New Hampshire)
603 431-1115
www.portsmouthbrewery.com
Heures d'ouverture :
à partir de 11 h 30
DESCRIPTION PAGE 152

WOODSTOCK INN BREWERY
135, Main Street, North Woodstock
(New Hampshire)
603 745-3951
www.woodstockinnnh.com
Heures d'ouverture :
à partir de 11 h 30, sauf hors
saison (appelez si c'est le cas)
DESCRIPTION PAGE 155

Les grimpeurs pourront dépenser beaucoup d'énergie dans les secteurs des Green Mountains du Vermont et des White Mountains du New Hampshire. De tels efforts donnent toutefois soif, alors il importe de connaître les lieux clés de sustentation.

1- La première étape, après les douanes, doit impérativement être Waterbury où ce qui est probablement le meilleur brouepub du Vermont comblera chacun de vos sens. Passez la soirée et la nuitée ici.

2- Traversez les époustouflantes montagnes et poursuivez la route jusqu'à Nashua. Les paysages sont parfois fantastiques, alors n'oubliez pas votre appareil photographique.

3- Nous changeons maintenant complètement de registre. Allons à la plage. Soirée et nuitée à Portsmouth, vieille ville côtière. Outre le brouepub, aventurez-vous sur le bord de la mer.

4- La maison est encore loin, alors il serait sage de commencer la remontée vers le Québec. Pour dîner, optez donc pour un arrêt dans les montagnes, à North Woodstock.

5- Retour à la maison.

BURLINGTON ET LES CAMPAGNES DU NORD DU VERMONT

(DEUX JOURS ET DEMI)

Nous commençons ce périple en traversant la frontière américaine en début de soirée, après la journée de travail. La ville de Burlington et les fromagers du coin sauront combler les Québécois, gâtés que nous sommes par l'accès facile à de grands produits.

1- Soirée et nuitée à Burlington. La petite ville dénombre un total honorable de trois brouepubs, mais nous en gardons un pour le lendemain midi. La promenade le long du lac Champlain est des plus recommandables. Cette brise n'est-elle pas rafraîchissante ?

2- Dîner, toujours à Burlington. Nous vous avons déjà recommandé le fromage du Vermont ? C'est l'occasion de le voir à l'œuvre dans une chaleureuse pizzeria.

3- Soirée et nuitée à Waterbury, à environ 30 minutes au sud de Burlington. En plus de bières exceptionnelles, vous aurez droit à un souper délectable pour un brouepub.

4- Waterbury se situe à la même sortie d'autoroute que Stowe, le Mont-Tremblant du Vermont. Pour les amateurs, il ne faudrait pas manquer cette occasion de ski ou d'escalade. Arrêt obligatoire pour se gaver de crème glacée Ben and Jerry's à l'usine même. Et lorsque vous ressentirez le besoin de manger, The Shed sera là.

5- Arpentez la campagne vermontoise en direction du village idyllique de Warren. Le marché public est d'un attrait certain. Vous avez un petit creux ? Procurez-vous un sandwich au magasin général. C'est ici que les bières de la minuscule brasserie Lawson's Finest Liquids sont vendues.

6- On ne se lasse pas des jolis villages du Vermont. Nous vous invitons donc à en découvrir un autre : Bristol. Bien entendu, ce sera aussi l'occasion de pratiquer la bonne chère en soupant ici.

7- Retour à la maison.

THREE NEEDS BREWERY AND TAPROOM
207, College Street, Burlington (Vermont)
802 658-0889
Heures d'ouverture : dès 16 h
DESCRIPTION PAGE 164

VERMONT PUB AND BREWERY
144, College Street, Burlington (Vermont)
802 865-0500
www.vermontbrewery.com
Heures d'ouverture :
dès l'heure du dîner
DESCRIPTION PAGE 165

AMERICAN FLATBREAD HEARTH
115, St. Paul Street, Burlington (Vermont)
802 861-2999
www.flatbreadhearth.com
Heures d'ouverture :
de 11 h 30 à 14 h 30 les vendredis, samedis et dimanches et
de 17 h à 22 h en tout temps
DESCRIPTION PAGE 156

THE ALCHEMIST PUB AND BREWERY
23, South Main Street, Waterbury (Vermont)
802 244-4120
www.alchemistbeer.com
Heures d'ouverture :
dès 15 h du vendredi au dimanche, sinon à partir de 16 h
DESCRIPTION PAGE 156

**THE SHED RESTAURANT
AND BREWERY**
1859, Mountain Road, Stowe
(Vermont)
802 253-4364
Heures d'ouverture :
dès l'heure du dîner
DESCRIPTION PAGE 163

WARREN STORE
Historic Main Street, Warren
(Vermont)
802 496-3864
www.warrenstore.com
Heures d'ouverture : dès 8 h

BOBCAT CAFÉ AND BREWERY
5, Main Street, Bristol
(Vermont)
802 453-3311
www.bobcatcafe.com
Heures d'ouverture : dès 16 h
DESCRIPTION PAGE 157

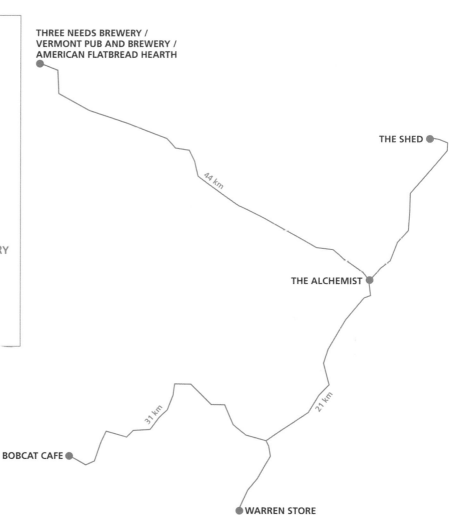

THREE NEEDS BREWERY /
VERMONT PUB AND BREWERY /
AMERICAN FLATBREAD HEARTH

THE SHED

44 km

THE ALCHEMIST

31 km

21 km

BOBCAT CAFE

WARREN STORE

LE FAR-OUEST… DU MASSACHUSETTS

(DEUX JOURS ET DEMI)

Le Massachusetts abrite de nombreux brouepubs. Pour vous y rendre, vous devrez traverser les bucoliques Green Mountains du Vermont. Saviez-vous qu'à destination vous croiserez la route des antiquités ?

1- Cap sur les douanes pour arriver en soirée à Montpelier. La capitale du Vermont est maintenant l'hôte d'un tout jeune bar à bières à la réputation grandissante. Garez la voiture pour la nuit à l'auberge de votre choix.

2- Le lendemain : direction le Massachusetts. Plus précisément Pittsfield, dans l'extrémité nord-ouest de l'État qu'encerclent les collines Berkshires.

3- Suivez la route des antiquités du Massachusetts vers son apogée. Vous y croiserez Great Barrington, avec sa brasserie aux allures… d'antiquité. Ce sera l'endroit idéal pour vous reposer.

4- C'est malheureusement l'heure de la remontée vers la maison. Les options d'escale sont multiples. Pour ne pas dîner trop tard, le pub de la brasserie Harpoon représente un compromis intéressant.

5- Retour à la maison.

THREE PENNY TAPROOM
108, Main Street, Montpelier (Vermont)
802 223-TAPS
www.threepennytaproom.com
Heures d'ouverture :
dès 15 h du vendredi au dimanche, sinon à partir de 16 h

Description de l'endroit : Ambiance décontractée, une quinzaine de fûts de qualité et un service attentionné. Voilà une recette gagnante qui ne se démodera pas de sitôt !

PITTSFIELD BREW WORKS
34, Depot Street, Pittsfield (Massachusetts)
413 997-3506
www.pittsfieldbrewworks.com
Heures d'ouverture :
dès 11 h du jeudi au samedi, et 16 h le dimanche, mardi et mercredi
DESCRIPTION PAGE 142

BARRINGTON BREWERY AND RESTAURANT (BERKSHIRE MOUNTAIN BREWERY)
420, Stockbridge Road, Great Barrington (Massachusetts)
413 528-8282
barringtonbrewery.net
Heures d'ouverture : dès 11 h 30
DESCRIPTION PAGE 130

HARPOON RIVERBEND TAPS AND BEER GARDEN
336, Ruth Carney Drive, Windsor (Vermont)
1 888 HAR-POON
www.harpoonbrewery.com
Heures d'ouverture : dès 10 h
DESCRIPTION PAGE 158

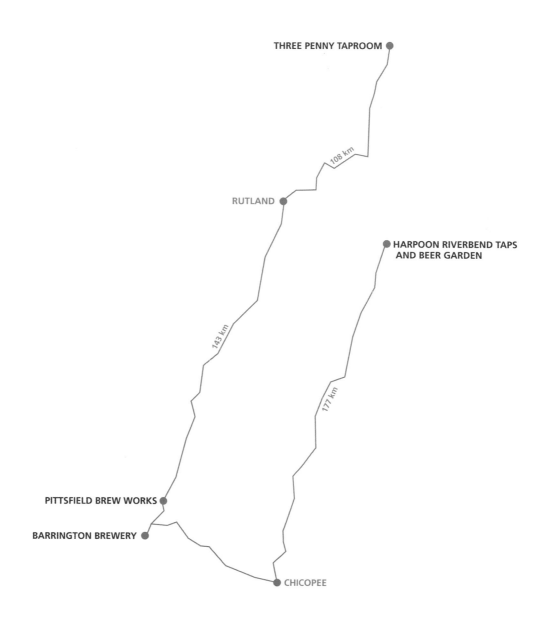

THREE PENNY TAPROOM ●

108 km

RUTLAND ●

● HARPOON RIVERBEND TAPS
AND BEER GARDEN

143 km

177 km

PITTSFIELD BREW WORKS ●

BARRINGTON BREWERY ●

● CHICOPEE

À L'EST... DE L'OUEST DU MASSACHUSETTS
(TROIS JOURS ET DEMI)

Le Massachusetts compte beaucoup trop de brasseries pour toutes les explorer au cours de la même sortie. Qu'à cela ne tienne, il suffit de faire plusieurs sorties ; on n'a jamais trop voyagé après tout.

1- En quittant le Québec, la meilleure option pour couper la distance à parcourir en deux, tout en bénéficiant d'excellentes opportunités de dégustation, est Waterbury.

2- Vous avez bien dormi ? Super ! Le Massachusetts n'attend que vous. Rien ne presse aujourd'hui, alors profitez des fromageries et des distractions en cours de route. Passez la fin de journée à Amherst, ville universitaire aux magnifiques maisons. C'est d'ailleurs le berceau de la poète Emily Dickinson. Pour souper, le brouepub local répondra à vos attentes.

3- Coucher en ville, mais il faut d'abord visiter un des meilleurs bars à bières de la Côte Est.

4- Au réveil, nous vous suggérons un tout petit détour vers le nord si c'est la fin de semaine. Sinon, descendez vers Southampton et le restaurant Opa Opa.

5- La soirée devrait être passée à Northampton. Voilà une autre ville richissime de l'ouest du Massachusetts. La rue principale regorge de boutiques attrayantes, mais surtout, nous y trouvons l'un des meilleurs bars à bières de la Nouvelle-Angleterre.

6- En remontant vers la maison, il serait sage de se reposer et de dîner à Burlington. Vous avez le choix entre deux brasseries artisanales qui offrent d'excellents repas.

7- Retour à la maison, mais peut-être voudrez-vous effectuer une petite promenade le long du lac Champlain auparavant...

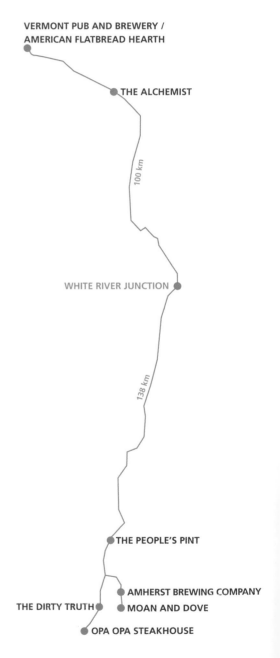

VERMONT PUB AND BREWERY / AMERICAN FLATBREAD HEARTH

THE ALCHEMIST

100 km

WHITE RIVER JUNCTION

138 km

THE PEOPLE'S PINT

AMHERST BREWING COMPANY

THE DIRTY TRUTH

MOAN AND DOVE

OPA OPA STEAKHOUSE

**THE ALCHEMIST PUB
AND BREWERY**
23, South Main Street, Waterbury
(Vermont)
802 244-4120
www.alchemistbeer.com
Heures d'ouverture :
dès 15 h du vendredi au dimanche,
sinon à partir de 16 h
DESCRIPTION PAGE 156

AMHERST BREWING COMPANY
36, North Pleasant Street, Amherst
(Massachusetts) 413 253-4400
www.amherstbrewing.com
Heures d'ouverture : dès 11 h 30
DESCRIPTION PAGE 130

MOAN AND DOVE
460, West Street, Amherst
(Massachusetts) 413 256-1710
www.themoananddove.com
Heures d'ouverture :
en semaine à partir de 15 h,
en fin de semaine dès 13 h

Description de l'endroit : De tout le territoire couvert, le Massachusetts est l'endroit où le système de distribution de bières est le plus avantageux. Les meilleures sélections de Nouvelle-Angleterre s'y trouvent toutes, à quelques exceptions près. Le Moan and Dove est un pionnier du domaine, offrant une carte des bières exceptionnelles, à ne plus savoir où se lancer les papilles.

THE PEOPLE'S PINT
24, Federal Street, Greenfield
(Massachusetts) 413 773-0333
www.thepeoplespint.com
Heures d'ouverture :
dès 16 h en semaine
et dès midi la fin de semaine
DESCRIPTION PAGE 141

**OPA OPA STEAKHOUSE
AND BREWERY**
169, College Highway, Southampton
(Massachusetts)
413 527-0808
**www.opaopasteakhouse-
brewery.com**
Heures d'ouverture : à partir de 11 h
DESCRIPTION PAGE 140

THE DIRTY TRUTH
29, Main Street, Northampton
(Massachusetts)
413 585-5999
www.dirtytruthbeerhall.com
Heures d'ouverture :
à partir de 16 h la semaine
et midi la fin de semaine

Description de l'endroit : L'endroit est tenu par les mêmes propriétaires que le Moan and Dove. Bien que le local soit modeste, avec sa quarantaine de fûts judicieusement sélectionnés et son service courtois, nous défions quiconque d'en sortir insatisfait !

VERMONT PUB AND BREWERY
144, College Street, Burlington
(Vermont)
802 865-0500
www.vermontbrewery.com
Heures d'ouverture : dès midi
DESCRIPTION PAGE 165

AMERICAN FLATBREAD HEARTH
115, St. Paul Street, Burlington
(Vermont)
802 861-2999
www.flatbreadhearth.com
Heures d'ouverture :
de 11 h 30 à 14 h 30 les vendredis,
samedis et dimanches et
de 17 h à 22 h en tout temps
DESCRIPTION PAGE 156

DESTINATION BOSTON
(TROIS JOURS ET DEMI)

**THREE NEEDS BREWERY
AND TAPROOM**
207, College Street, Burlington
(Vermont)
802 658-0889
Heures d'ouverture : dès 16 h
DESCRIPTION PAGE 164

VERMONT PUB AND BREWERY
144, College Street, Burlington
(Vermont)
802 865-0500
www.vermontbrewery.com
Heures d'ouverture :
dès l'heure du dîner
DESCRIPTION PAGE 165

AMERICAN FLATBREAD HEARTH
115, St. Paul Street, Burlington
(Vermont)
802 861-2999
www.flatbreadhearth.com
Heures d'ouverture :
de 11 h 30 à 14 h 30 les vendredis,
samedis et dimanches et
de 17 h à 22 h en tout temps
DESCRIPTION PAGE 156

THE TAP (HAVERHILL BREWERY)
100, Washington Street, Haverhill
(Massachusetts)
978 374-1117
www.tapbrewpub.com
Heures d'ouverture :
dès 11 h 30, ou midi le dimanche
DESCRIPTION PAGE 145

**CAMBRIDGE BREWING
COMPANY**
1, Kendall Square, Cambridge
(Massachusetts)
617 494-1994
www.cambrew.com
Heures d'ouverture :
à partir de 11 h 30
DESCRIPTION PAGE 132

SUNSET GRILL
130, Brighton Avenue, Allston
(Massachusetts)
617 254-1331
**www.allstonsfinest.com/
allstonsfinest/sunsetgrilland-
tap/sunsetgrill&tap.swf**
Heures d'ouverture :
à partir de 11 h 30

Description de l'endroit : Étrange
et bruyant bar voulant rappeler la
Californie. On n'y vient et revient
pas tant pour l'ambiance que pour
l'incroyable menu de bières, qui
compte plus d'une centaine de fûts
dédiés aux microbrasseries en plus
d'une vaste sélection de bouteilles.

**THE PUBLICK HOUSE
BROOKLINE**
1648, Beacon Street, Brookline
(Massachusetts)
617 277-2880
**www.thepublickhouse-
brookline.com**
Heures d'ouverture : à partir de 17 h

Description de l'endroit : Voici un
bar plus sombre et sobre que le
Sunset, fortement inspiré par les
cafés bruns de Belgique. La trentaine de fûts propose un choix de
grande qualité, mais assurez-vous
d'arriver tôt pour avoir une place.

WOODSTOCK INN BREWERY
135, Main Street, North Woodstock
(New Hampshire)
603 745-3951
www.woodstockinnnh.com
Heures d'ouverture :
à partir de 11 h 30, sauf hors saison
(appelez si c'est le cas)
DESCRIPTION PAGE 155

La métropole de la Nouvelle-Angleterre s'avère évidemment un choix judicieux pour l'amateur de bière. Les gens de la région de Québec pourraient arrêter à Sherbrooke au lieu de Burlington, afin de ne pas faire un détour, tout en franchissant le nombre de kilomètres nécessaires à une journée moins exigeante le lendemain. Voir la page 303, pour les options qui s'offrent à vous dans ce cas-ci.

1- Soirée et nuitée à Burlington où trois brasseries artisanales vous attendent. Faites votre choix !

2- Avant d'arriver à Boston, il faut dîner à Haverhill, village industriel historique au nord de Boston.

3- Soirée à Boston, hôtel en ville, transport en commun partout, le bonheur quoi ! Tant qu'à visiter les meilleures brasseries artisanales de l'est du Massachusetts dans la même journée, pourquoi ne pas terminer par Cambridge, à quelques pas de la célèbre Université Harvard ?

4- Boston ne compte pas autant de brouepubs de qualité que Montréal, mais elle se rattrape au niveau des bars à bières. Passez donc la journée dans les meilleurs d'entre eux, après avoir déambulé dans ses rues. Vous voudrez peut-être assister à une partie des Red Sox ou des Bruins ? Pour optimiser vos visites, nous suggérons de dîner au Sunset Grill, puis de souper au Publick House.

5- Il faut maintenant rentrer calmement. Pour bien apprécier le chemin, traversez les White Mountains du New Hampshire. Au cœur de ces jolis paysages, une charmante auberge joue aussi le rôle de brouepub !

6- Retour à la maison.

THREE NEEDS BREWERY /
VERMONT PUB AND BREWERY /
AMERICAN FLATBREAD HEARTH

WOODSTOCK
INN BREWERY

245 km

101 km

CONCORD

THE TAP

SUNSET GRILL

CAMBRIDGE BREWING COMPANY

THE PUBLICK HOUSE BROOKLINE

DU SAINT-LAURENT À LA BAIE-DES-CHALEURS

(TROIS JOURS ET DEMI OU PLUS)

LA BARBERIE
310, rue Saint-Roch, Québec
418 522-4373
www.labarberie.com
Heures d'ouverture : dès midi
DESCRIPTION PAGE 102

L'INOX
655, rue Grande Allée Est, Québec
418 692-2877
www.inox.qc.ca
Heures d'ouverture : à partir de midi
DESCRIPTION PAGE 103

LA NINKASI DU FAUBOURG
811, rue Saint-Jean, Québec
418 529-8538
www.ninkasi.ca
Heures d'ouverture : à partir de 15 h

Description de l'endroit : Estaminet branché qui présente fréquemment des spectacles musicaux de groupes émergents. Les quelques fûts offrent une gamme variée de bières de microbrasseries québécoises.

LE BIEN, LE MALT
141, avenue Belzile, Rimouski
418 723-1339
www.lebienlemalt.wordpress.com
Heures d'ouverture :
à partir de 15 h du mardi au samedi et 13 h le dimanche
DESCRIPTION PAGE 82

La Belle Province regorge de paysages fabuleux. À notre avis, ces beautés ne sont qu'amplifiées lorsque combinées au savoir-faire des brasseurs locaux. Cet itinéraire pourrait être effectué en 2¼ jours par ceux qui vivent dans la région de Québec ou, évidemment, à l'est de Québec.

1- Soirée à Québec ; 3 brasseries artisanales et un bar à bières s'offrent à vous, mais il serait préférable de dénicher un petit restaurant sympathique auparavant.

2- Le plan pour le lendemain ? Direction : Rimouski. L'attraction régionale principale est probablement les superbes Jardins de Métis que vous aurez l'occasion de visiter en portant bien attention à votre montre.

3- Longez maintenant la côte gaspésienne. C'est l'occasion de vous gâter les yeux à Percé. Peut-être voudrez-vous aussi prendre le bateau vers l'Île Bonaventure (si vous avez plus de temps, ou si vous voulez découvrir plus de paysages). Une fois votre rage touristique estompée, passez par la boutique de la Microbrasserie Pit-Caribou, à l'Anse à Beaufils (Percé). Ensuite, direction : Carleton. Les plus aventureux voudront sans doute essayer de coucher dans une yourte flottante ?

4- Retour vers l'ouest. La route est longue, mais plutôt que d'arrêter à n'importe quelle cantine, profitez plutôt de Rivière-du-Loup pour vous restaurer.

5- Retour à la maison.

586, boul. Perron, Carleton-sur-Mer
418 364-5440
www.lenaufrageur.com
Heures d'ouverture :
saisonnières, téléphonez à l'avance
DESCRIPTION PAGE 83

RESTO PUB L'ESTAMINET
299, rue Lafontaine, Rivière-du-Loup
418 867-4517
www.restopubestaminet.com
Heures d'ouverture : à partir de
7 h - 8 h am

Description de l'endroit : Ce charmant bistro offre une cuisine simple et agréable, laquelle est complémentée par une carte de bières importées absolument étonnante pour la région.

PIT-CARIBOU
27, rue de l'Anse, Anse-à-Beaufils
418 783-2451
www.pitcaribou.com
Horaire saison hivernale :
du 8 septembre au 22 juin
Mercredi au samedi : 10 h à 18 h
Dimanche au mardi : fermé
Horaire d'été :
du 23 juin au 7 septembre
Lundi au samedi : 10 h à 18 h
Dimanche : 12 h à 16 h

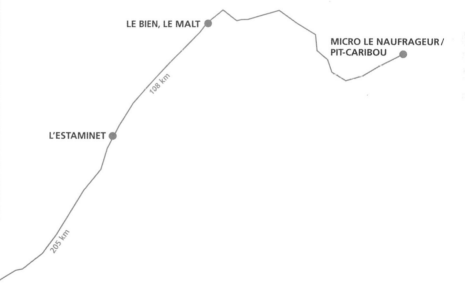

VERS LE CONNECTICUT

(TROIS JOURS ET DEMI)

Le Connecticut est un État méconnu, lieu de résidence de plusieurs millionnaires new-yorkais, de l'Université Yale, tout comme de ghettos pauvres autour de Hartford. La dualité sociale du Connecticut est surtout évidente en milieu urbain. En campagne, les contrastes sont des plus instructifs. Pour vous remettre de nos observations, voici quelques bonnes adresses.

1- La route est longue, alors il vaut mieux la couper en deux en passant soirée et nuitée à Montpelier, au Vermont.

2- On prend maintenant la route vers le Connecticut. En chemin, il faudra arrêter pour dîner. Pourquoi ne pas en profiter pour observer les belles maisons de la ville universitaire d'Amherst ?

3- Familiarisons-nous tout de suite avec les paysages de l'État ; traversons-le ! Soirée à la dynamique métropole New Haven, laquelle abrite la célèbre Université Yale.

4- Vous n'êtes pas venus pour voir des villes, sans quoi vous seriez allés à Boston ! Retournons donc en campagne pour dîner à Torrington ou Granby.

5- C'était bon, n'est-ce pas ? Et ce n'est pas fini. Pour terminer la journée en beauté, c'est à Willimantic qu'il faut aller. En plus d'avoir du plaisir à prononcer le nom, vous aurez de l'agrément à goûter les bières bien houblonnées de cet ancien bureau de poste.

6- Vous en avez assez des restaurants ? Pourquoi ne pas trouver une petite boulangerie ou une épicerie et ramasser le nécessaire pour un pique-nique en campagne ? Hyland fera très bien l'affaire en plus d'être sur votre chemin de retour !

7- Remontée vers le nord, arrêt pour souper à Waterbury si vous avez le temps. C'est l'une des meilleures brasseries du nord-est de l'Amérique après tout.

8- Retour à la maison.

THREE PENNY TAPROOM
108, Main Street, Montpelier
(Vermont)
802 223-TAPS
www.threepennytaproom.com
Heures d'ouverture :
dès 15 h du vendredi au dimanche,
sinon à partir de 16 h

Description de l'endroit : Ambiance décontractée, une quinzaine de fûts de qualité et un service attentionné. Voilà une recette gagnante qui ne se démodera pas de sitôt !

AMHERST BREWING COMPANY
36, North Pleasant Street, Amherst
(Massachusetts)
413 253-4400
www.amherstbrewing.com
Heures d'ouverture : dès 11 h 30
DESCRIPTION PAGE 130

BRURM @ BAR
234, Crown Street, New Haven
(Connecticut)
203 495-1111
www.barnightclub.com
Heures d'ouverture :
dès 11 h 30, sauf les lundis et mardis lors desquels on ouvre à 17 h
DESCRIPTION PAGE 111

THE CAMBRIDGE HOUSE
84, Main Street, Torrington
(Connecticut)
860 201-5666
www.cambridgebrewhouse.com
Heures d'ouverture : à partir de midi tous les jours, sauf le lundi
DESCRIPTION PAGE 115

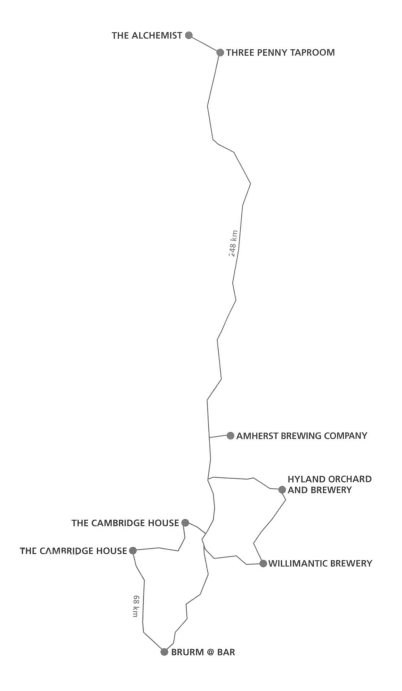

THE ALCHEMIST

THREE PENNY TAPROOM

248 km

AMHERST BREWING COMPANY

HYLAND ORCHARD
AND BREWERY

THE CAMBRIDGE HOUSE

THE CAMBRIDGE HOUSE

WILLIMANTIC BREWERY

68 km

BRURM @ BAR

THE CAMBRIDGE HOUSE
357, Salmon Brook Street, Granby
(Connecticut)
860 653-2739
**www.cambridgebrewhouse.
com**
Heures d'ouverture : à partir de
midi tous les jours, sauf le lundi
DESCRIPTION PAGE 115

WILLIMANTIC BREWERY
967, Main Street, Willimantic
(Connecticut)
860 423-6777
www.willibrew.com
Heures d'ouverture :
dès 11 h 30, sauf les lundis,
ouverts à partir de 16 h
DESCRIPTION PAGE 116

HYLAND ORCHARD
AND BREWERY (PIONEER
BREWING COMPANY)
199, Arnold Road, Fiskdale/
Sturbridge (Massachusetts)
508 347-7500
www.hylandbrew.com
Heures d'ouverture : de midi à 20 h
du vendredi au dimanche, de 15 h
à 20 h du mardi au jeudi
DESCRIPTION PAGE 137

THE ALCHEMIST PUB
AND BREWERY
23, South Main Street, Waterbury
(Vermont)
802 244-4120
www.alchemistbeer.com
Heures d'ouverture :
dès 15 h du vendredi au dimanche,
sinon à partir de 16 h
DESCRIPTION PAGE 156

HOMARDS ET FORÊTS – LE NORD DU MAINE

(TROIS JOURS ET DEMI)

Le chemin menant au nord du Maine est long, mais les récompenses s'apprécient, tant sur les papilles qu'avec les yeux et les poumons. Cet itinéraire est vraiment estival, puisque presque toutes les adresses du Maine sont ouvertes de façon saisonnière.

1- Question de se rapprocher des frontières, il serait avisé d'envisager une première soirée à Sherbrooke.

2- En route vers l'est. On traverse d'abord le New Hampshire pour se rendre en pleine campagne où nous avons rendez-vous avec la décadence brassicole.

3- Continuez votre cheminement vers l'est. Passez soirée et nuitée à Belfast. Vous pourrez ainsi profiter du Young's Lobster Pound, tout en admirant les voiliers amarrés et les plages de galets. Évidemment, vous pourrez aussi vous abreuver.

4- Journée dans le Acadia National Park à Bar Harbor. On y trouve deux brasseries artisanales et une boutique vendant les produits d'une ancienne brasserie artisanale, Bar Harbor Brewing, qui appartient maintenant à Atlantic Brewing.

5- Retour vers le Québec. Vous croyez que les brasseries ne pourront plus vous surprendre après avoir vu l'éclectique Marshall Wharf ? Détrompez-vous avec un arrêt chez Les Brasseurs du Hameau dont l'équipement ferait la fierté de tout brasseur-maison.

6- Retour à la maison.

LES BRASSEURS DU HAMEAU

SIBOIRE

357 km

NEWPORT

MARSHALL WHARF BREWING CO.

ATLANTIC BREWING COMPANY /
MAINE COAST BREWING COMPANY

BAR HARBOR BREWING

217 km

EBENEZER'S
RESTAURANT AND PUB

SIBOIRE
80, rue du Dépôt, Sherbrooke
(Québec)
819-565-3636
www.siboire.ca
Heures d'ouverture : dès 13 h
DESCRIPTION PAGE 88

**EBENEZER'S RESTAURANT
AND PUB**
44, Allen Road, Lovell (Maine)
207 925-3200
www.ebenezerspub.net
Heures d'ouverture :
à partir de midi, 7 jours semaine
en été, mais seulement les
vendredis et samedis en hiver

Description de l'endroit : Plus de
trente fûts de produits tous plus
désirables les uns que les autres.
Chris Lively, le propriétaire, est
plus passionné par la bière que la
grande majorité des meilleurs
brasseurs du monde et c'est bien
tangible dans son établissement.
Un déferlement de grands crus
vous y attend.

**MARSHALL WHARF
BREWING CO.
(THREE TIDES RESTAURANT)**
2, Pinchy Lane, Belfast (Maine)
207 338-1707
www.marshallwharf.com
Heures d'ouverture : dès 16 h tous
les jours, sauf les lundis
DESCRIPTION PAGE 125

**ATLANTIC BREWING COMPANY
/ KNOX ROAD GRILLE**
30, Rodick Street, Bar Harbor
(Maine)
207 288-9200
www.atlanticbrewing.com
Heures d'ouverture du Knox Road
Grille : veuillez appeler (horaire
saisonnier)
DESCRIPTION PAGE 119

**MAINE COAST BREWING
COMPANY / JACK RUSSELL'S
STEAKHOUSE**
102, Eden Street, Bar Harbor
(Maine)
207 288-5214
www.bhmaine.com
Heures d'ouverture : à partir de 16 h
DESCRIPTION PAGE 124

BAR HARBOR BREWING
8, Mount Desert Street, Bar Harbor
(Maine)
207 288-4592
www.barharborbrewing.com
Heures d'ouverture :
contactez le magasin
DESCRIPTION PAGE 119

LES BRASSEURS DU HAMEAU
6, rue des Bois Verts, Saint-Joseph-
de-Ham-Sud (Québec)
819 877-3101
www.lesbrasseursduhameau.ca
Heures d'ouverture :
contactez la brasserie
DESCRIPTION PAGE 85

LES BRASSEURS DU TEMPS
170, rue Montcalm, Gatineau
819 205-4999
www.brasseursdutemps.com
Heures d'ouverture : dès 11 h
DESCRIPTION PAGE 75

LE TRÈFLE NOIR
145, rue Principale, Rouyn-Noranda
819 762-6611
www.letreflenoir.com
Heures d'ouverture : à partir de
13 h, tous les jours
DESCRIPTION PAGE 67

DIEU DU CIEL !
259, rue de Villemure, Saint-Jérôme
450 436-3438
www.dieuduciel.com
Heures d'ouverture :
dès 15 h en fin de semaine,
et 11 h 30 en semaine
DESCRIPTION PAGE 65

QUELQUES MINES D'OR
(DEUX JOURS ET DEMI À TROIS JOURS ET DEMI)

Certains endroits sont en retrait d'autres brasseries artisanales, isolés, tenant seuls l'étendard de la bière de qualité dans leur région respective. Il serait injuste de négliger pareils hérauts. Voici quelques adresses particulièrement méritoires pour les voyageurs aimant rouler.

1- Soirée et nuitée à Gatineau ; n'hésitez pas à traverser la rivière vers Ottawa. Il y a pire façon de passer le temps que d'arpenter le canal Rideau et le Marché By.

2- Surprise, direction : Abitibi ! Nous passons soirée et nuitée à Rouyn-Noranda où seule une bonne bière peut rivaliser avec la beauté des lacs et des forêts. Relaxez au bord du lac, vous l'avez bien mérité.

3- Journée de repos à visiter les mines de l'Abitibi, le parc Aiguebelle, etc. Si le temps vous manque, optez pour un retour. Plongez vers le sud, en traversant le parc de la Vérendrye et les Laurentides. Arrêt obligatoire à Saint-Jérôme ; on ne croise pas une des meilleures brasseries en Amérique sans s'y arrêter !

4- Retour à la maison.

LE TRÈFLE NOIR

359 km

218 km

DIEU DU CIEL !

OTTAWA   LES BRASSEURS DU TEMPS

LA ROUTE DES GRANDS CRUS DE LA BIÈRE
(SEPT À DIX JOURS)

Le voici, Ze itinéraire, celui qui demande une certaine folie, un brin d'endurance et surtout une soif inextinguible de découvertes. Tel un marathonien ne sprintant jamais avant la toute fin, nous vous suggérons de prendre votre temps et de ne visiter qu'une seule brasserie par jour. Les endroits suggérés dans cet itinéraire sont, de toute façon, d'un calibre si relevé qu'une deuxième visite dans la même journée serait franchement superflue. Notez aussi que l'ordre dans lequel ces brasseries défilent dans cet itinéraire est géographiquement logique, vous faisant parcourir le nord-est de l'Amérique dans le sens des aiguilles d'une montre. Shawinigan est la première ville, mais en réalité, votre première destination pourrait très bien différer si vous partez de l'est du Québec, de la Nouvelle-Angleterre, ou tout simplement si vous préférez visiter cette liste de brasseries dans le sens contraire. Peu importe, vous profiterez d'un impressionnant déferlement de grands crus tous les jours !

1- Une journée en Mauricie est facile à remplir. On peut déambuler dans le Vieux Trois-Rivières, profiter des courants de la rivière Saint-Maurice, emprunter les sentiers du Parc de la Mauricie et, bien sûr, terminer la journée en soupant à l'un des meilleurs restaurants de la région. Comble de bonheur, la brasserie artisanale de ce restaurant est aussi l'une des plus accomplies de la province !

2- Cap sur Charlevoix maintenant. Outre le parc des Grands-Jardins et les Hautes-Gorges de La Malbaie, que vous devez visiter, cette région regorge de producteurs artisanaux qui se feront un plaisir de partager avec vous leur passion pour leur terroir. Le soir même, après avoir arpenté les galeries d'art et le quai de Baie-Saint-Paul, réservez-vous une table au Saint-Pub, lieu original de la sublime Microbrasserie Charlevoix.

LE TROU DU DIABLE
412, avenue Willow, Shawinigan (Québec)
819 537-9151
www.troududiable.com
Heures d'ouverture : À partir de 15 h
DESCRIPTION PAGE 72

LE SAINT-PUB
2, rue Racine, Baie-Saint-Paul (Québec)
418 240-2332
www.microbrasserie.com
Heures d'ouverture : dès 11 h 30
DESCRIPTION PAGE 104

LION'S PRIDE
112, Pleasant Street, Brunswick (Maine)
207 373-1840
Heures d'ouverture : à partir de 11 h

Description de l'endroit : La dernière aventure de l'incroyable Chris Lively est un brouepub en devenir. L'offre de produits est, évidemment, déjà exceptionnelle et ne pourra que s'améliorer à mesure que les meilleurs brasseurs du monde s'aligneront pour y concocter des cuvées spéciales.

CAMBRIDGE BREWING COMPANY
1, Kendall Square, Cambridge (Massachusetts)
617 494-1994
www.cambrew.com
Heures d'ouverture : à partir de 11 h 30
DESCRIPTION PAGE 133

3- Une bonne journée de route vous attend aujourd'hui, mais n'ayez crainte : les récompenses seront incalculables dès votre arrivée. En traversant le Québec vers le sud du Maine, vous mettrez les pieds dans un bar à bières de calibre international. En prime, il s'agit d'une brasserie artisanale depuis peu. Vous pouvez aussi profiter de votre proximité avec la ville de Portland pour vous pourvoir de bouteilles de Allagash Brewing et de Smuttynose Brewing, deux des brasseries d'exception du nord-est de l'Amérique.

4- Avant de débarquer à Boston, ou à Cambridge plus précisément, vous pouvez vous prélasser sur les plages du sud du Maine et collectionner les phares blancs et rouges qui longent la côte. Une fois rendu à Cambridge, le campus de l'Université Harvard est de mise, tout juste avant de vous installer pour la soirée dans le restaurant d'une des brasseries les plus exceptionnelles du territoire.

5- La route la plus directe qui vous mène vers le centre-nord du Connecticut vous fait passer aux côtés de plusieurs villages campagnards, certains datant de l'époque coloniale. Celui de Old Sturbridge, par exemple, vous ramène presque deux siècles dans le passé. Le vieux bureau de poste dans lequel vous retrouverez la brasserie de Willimantic, lui, date du tout début du vingtième siècle.

6- Tant qu'à vivre dans le passé, allez donc vers Brattleboro. Cette hypnotisante bourgade du sud du Vermont semble effectivement figée dans les années 1960. Boutiques grano, hygiène corporelle variable, produits locaux abondants… décidément, une soirée passée ici vous mènera à la rencontre de plusieurs personnages mémorables. Après avoir soupé dans un des excellents bistros du centre, terminez votre soirée dans la toute aussi idiosyncratique brasserie de la ville.

WILLIMANTIC BREWERY
967, Main Street, Willimantic
(Connecticut) 860 423-6777
www.willibrew.com
Heures d'ouverture : dès 11 h 30,
mais à partir de 16 h les lundis
DESCRIPTION PAGE 116

MCNEILL'S BREWERY
90, Eliott Street, Brattleboro
(Vermont) 802 254-2553
**www.myspace.com/
mcneillsbrewery**
Heures d'ouverture : à partir de 15 h
DESCRIPTION PAGE 161

**THE ALCHEMIST PUB
AND BREWERY**
23, South Main Street, Waterbury
(Vermont) 802 244-4120
www.alchemistbeer.com
Heures d'ouverture :
dès 15 h du vendredi au dimanche,
sinon à partir de 16 h
DESCRIPTION PAGE 156

DIEU DU CIEL !
29, avenue Laurier Ouest,
Montréal (Québec)
514 490-9555
www.dieuduciel.com
Heures d'ouverture : à partir de 15 h
DESCRIPTION PAGE 94

**BENELUX BRASSERIE
ARTISANALE ET CAFÉ**
245, rue Sherbrooke Ouest,
Montréal (Québec)
514 543-9750
www.brasseriebenelux.com
Heures d'ouverture : à partir de 15 h
DESCRIPTION PAGE 90

L'AMÈRE À BOIRE
2049, rue Saint-Denis,
Montréal (Québec)
514 282-7448
www.amereaboire.com
Heures d'ouverture : midi du mardi
au vendredi, sinon 14 h
DESCRIPTION PAGE 95

7- On remonte vers le nord, s'arrêtant cette fois-ci au cœur du Vermont afin d'y explorer ruisseaux, collines, forêts et villages coquets. Une fois vos ambitions de plein air comblées, attablez-vous dans ce bijou de Waterbury : une de nos brasseries d'exception !

8- Le retour en province culmine dans sa populeuse métropole. Le nombre de brasseries artisanales qu'on y trouve est effarant, d'autant plus que certaines d'entres elles sont de calibre international. Profitez d'abord de tout ce que Montréal vous offre et, le soir venu, lorsque la soif de découvertes brassicoles se fait à nouveau sentir, précipitez-vous vers ces antres du bon goût. Des brasseurs d'un rare talent y œuvrent, au grand plaisir de toutes papilles avides de saveurs raffinées.

LA CONSERVATION DES BIÈRES

De façon générale, la bière n'est pas apte au vieillissement. Comme un légume qui sort de terre, elle est à son meilleur à sa sortie de la brasserie. On la déguste alors dans toute sa fraîcheur, puisque tous les paramètres et toutes les saveurs sont demeurés sous l'œil attentif du maître brasseur.

Il existe toutefois d'autres écoles de pensée parmi les amateurs. Quelques-uns croient en effet que certaines bières, comme un fruit, nécessitent parfois un certain mûrissement. Quelques brasseurs précisent même parfois eux-mêmes que leur bière sera à son meilleur après quelques semaines, voire quelques mois de repos, et cela après sa mise en vente. Soit ! La fermentation est une réaction chimique, et il se peut que les ingrédients en soient encore ébranlés dans leur jeune âge. De toute façon, quelques semaines ne devraient pas faire une différence si importante.

Certains amateurs vont toutefois plus loin. Dans leur quête inextinguible de nouveautés, ils font volontairement vieillir certaines bières dans l'espoir qu'elles se révèlent sous une forme plus resplendissante qu'à l'origine. Ces rêveurs tablent généralement sur des produits forts en alcool. Les auteurs de ces lignes connaissent peu de ces bières exceptionnelles que le temps peut effectivement bonifier, et ce n'est pas faute d'avoir essayé ! En général, nous considérons comme élogieux un commentaire du genre : « Elle a bien tenu la route ; elle n'a presque pas changé depuis trois ans. » C'est dire l'utilité du vieillissement volontaire imposé à des bières ! Nous en sommes à espérer que cette conclusion ne change pas trop au fil du temps.

C'est pourquoi nous ne recommandons pas particulièrement l'investissement considérable de temps, d'argent et d'énergie dans une quête par le vieillissement volontaire des bières. Il nous semble plus sage d'orienter les recherches vers l'exploration des zones brassicoles réputées afin d'y goûter des produits frais et authentiques. Pour les découvrir, il faut adopter une attitude proactive, soit planifier un voyage et le faire.

Pour ce qui est du mûrissement de la bière, la plupart des amateurs viennent à l'expérimenter bien malgré eux. La passion nous mène fréquemment à magasiner les bières, et nous nous retrouvons rapidement avec un stock qui ne s'écoule pas en moins de quelques mois. Le vieillissement devient alors involontaire. En toute honnêteté, vous risquez de vivre une situation semblable si vous visitez certains des établissements que nous vous recommandons.

Lorsqu'une bière vieillit exagérément, elle développe certaines saveurs caractéristiques selon son profil gustatif initial. Une bière de blé s'acidifiera, devenant aigrelette et perdant son agréable fraîcheur. Une bière aux malts pâles prendra souvent une tournure madérisée, acquérant des notes miellées qui plaisent à certains, mais perdant presque systématiquement son caractère de houblon intéressant. Une bière caramélisée développera souvent des saveurs oxydées rappelant les alcools forts tels que le xérès, mais auxquelles peuvent se combiner des flaveurs métalliques et de pomme trop mûre. Elles perdront généralement toutes beaucoup de vigueur en ce qui a trait à l'effervescence, et elles donneront alors l'impression de s'être amincies.

Sachant cela, il incombe à l'amateur de voir à minimiser l'impact qu'aura le temps sur la fraîcheur de ses bouteilles. Après tout, ce serait un manque de respect pour les artisans-brasseurs (et pour votre portefeuille) que de laisser vos bières se dégrader si vous pouvez le prévenir. Suivez donc les conseils suivants, classés par ordre d'importance.

Évitez que vos bières soient exposées à la lumière. Les bouteilles vertes ou transparentes sont plus sensibles à la dégradation causée par la lumière. Celle du soleil est particulièrement néfaste, mais les autres formes d'éclairage sont préférablement à éviter aussi. L'idée d'entreposer les bières dans une boîte de carton, dans un placard ou tout coin sombre paraît donc sensée.

Évitez les variations extrêmes de température. Par exemple, si vous entreposez vos bières dans une pièce dont la température varie beaucoup selon les saisons, il serait raisonnable que vos bouteilles soient en contact avec le sol, puisque les températures y sont généralement plus basses et stables.

Évitez les températures chaudes. Une température élevée accélère le phénomène d'oxydation. La bière perd alors son souffle et se dégrade plus rapidement. À température froide, par exemple dans un réfrigérateur, ce phénomène est minimisé. Les celliers représentent évidemment une solution intéressante, puisqu'ils libèrent de l'espace réservé plus naturellement aux aliments.

Évitez un milieu trop sec ou trop humide. Ce dernier conseil s'applique surtout aux cas extrêmes. Nous ne croyons pas que le taux d'humidité ait un impact notable sur le contenu d'une bouteille conservée moins d'un an. Néanmoins, les capsules de métal peuvent rouiller au cours d'expositions prolongées à des taux d'humidité très élevés. L'inverse est aussi vrai pour les bouchons de liège qui peuvent s'assécher dans une atmosphère particulièrement sèche.

LES MEILLEURS MAGASINS DU QUÉBEC

Puisqu'un grand nombre de brasseries n'offrent leurs produits qu'en bouteille, et cela seulement dans certains magasins spécialisés, il importe que vous sachiez où les trouver. Voici donc quelques bonnes adresses où la sélection vous régalera sûrement.

ABITIBI

Dépanneur chez Gibb
25, rue Principale Est
Évain

EST DU QUÉBEC

Dépanneur du Lac
265, rue Saint-Joseph
Matane

Dépanneur Jessop
356, boul. Jessop
Rimouski

CANTONS-DE-L'EST

Le Vent du Nord
338, rue Belvédère Nord
Sherbrooke

LANAUDIÈRE ET LAURENTIDES

La Porte des bières
604, rue Fournier
Saint-Jérôme

La saucisserie B.D.F.
69, montée Gagnon
Bois-des-Filion

Marché Vaillancourt
878, chemin du Village
Morin-Heights

Saveurs unies
547, boul. des Seigneurs
Terrebonne

LAVAL

Dépanneur À tout prix
2915, boul. de la Concorde Est
Laval

MAURICIE ET CŒUR-DU-QUÉBEC

Aux dieux de la bière
5770, boul. Jean-XXIII
Trois-Rivières

Épicerie Lauzière
2015, rue Saint-Pierre
Drummondville

La Barik
4170, boul. des Forges
Trois-Rivières

Marché du Boisé
7055, boul. des Forges
Trois-Rivières

MONTÉRÉGIE

Dépanneur Grand Duc
1330, rue Maple
Longueuil

Dépanneur Lechasseur
729, rue Lechasseur
Belœil

Dépanneur Reynolds
68, rue Drummond
Granby

Dorémi Café
66, rue George
Sorel-Tracy

Épicerie des Halles
145, rue Saint-Joseph
Saint-Jean-sur-Richelieu

Le Sixième Continent
1890, rue des Cascades Ouest
Saint-Hyacinthe

MONTRÉAL

Boni-soir Peluso
2500, rue Rachel Est
Montréal

Dépan-express
1570, rue Fleury Est
Montréal

Dépanneur Simon Anthony
1349, rue Beaubien Est
Montréal

Le Marché des saveurs
Marché Jean-Talon
Montréal

Les Délires du terroir
6406, rue Saint-Hubert
Montréal

OUTAOUAIS

Le Gobelet
78, rue Valois
Vaudreuil-Dorion

Marché Jovi
50, rue Bégin
Gatineau

QUÉBEC ET CHARLEVOIX

Dépanneur Chez Doub
310, rue de l'Église
Charlesbourg

Dépanneur De la Rive
4328, rue Saint-Félix
Cap-Rouge

La Duchesse d'Aiguillon
601, rue d'Aiguillon
Québec

Laiterie Charlevoix
1167, boul. Monseigneur-de-Laval
Baie-Saint-Paul

Le Monde des bières
230, rue Marie-de-l'Incarnation
Québec

SAGUENAY

Marché Centre-ville
31, rue Jacques-Cartier Ouest
Chicoutimi

LES MEILLEURS MAGASINS DE LA NOUVELLE-ANGLETERRE

CONNECTICUT

Amity Wine & Spirits
95, Amity Road
New Haven

Manchester Wines & Liquors
1010, Tolland Turnpike
Manchester

Mountview Plaza Wines & Liquors
727, Rubber Avenue
Naugatuck

MAINE

Tully's Beer and Wine
45, Wells Plaza
Wells

Downeast Beverage
79, Commercial Street
Portland

Oak Hill Beverage
26, Oak Hill Plaza
Scarborough

MASSACHUSETTS

Bauer Wine & Spirits
330, Newbury Street
Boston

Charles Street Liquors
143, Charles Street
Boston

Colonial Spirits
87, Great Road
Acton

Downtown Wine & Spirits
225, Elm Street
Somerville

Julio's Liquors
140, Turnpike Road (Route 9)
Westboro

Marty's Liquors
675, Washington Street
Newton

Spirit Haus
338, College Street
Amherst

Table & Vine
1119, Riverdale Street
East Springfield

Yankee Spirits
628, Washington Street
Attleboro

NEW HAMPSHIRE

The Drink Shoppe
214A, Central Street
Hudson

Glen Beverage Company
Route 16 North
Glen

Jaspers Home Brew
4, Temple Street
Nashua

RHODE ISLAND

Nikki's Liquors
33, Smithfield Road
Providence

VERMONT

Pearl Street Beverage
240, Pearl Street
Burlington

City Market
82, South Winooski
Burlington

Winooski Beverage Warehouse
1, East Street
Winooski

LES GRANDS CRUS DU MONDE EN VENTE DANS LES MAGASINS DE LA NOUVELLE-ANGLETERRE

Certains États américains bénéficient, en plus d'excellentes bières locales, d'une merveilleuse sélection de bières de toutes provenances. En Nouvelle-Angleterre, le Massachusetts est particulièrement bien nanti en magasins qui abritent des sélections rien de moins que spectaculaires. Les meilleurs magasins de l'État permettent souvent l'accès à mille bières différentes, ou plus. Par conséquent, plusieurs grands crus qu'on ne trouve pas sur notre territoire y sont vendus. Pour les palais les plus aventuriers qui auront rapidement fait le tour de nos humbles suggestions, voici quelques suggestions de crus qui auraient eu leur place dans cet ouvrage s'ils avaient été brassés par des artisans locaux.

ÉTATS-UNIS

ALESMITH BREWING COMPANY
Distribution : Massachusetts

ALESMITH IPA, OLD NUMBSKULL, YULESMITH, SPEEDWAY STOUT, ALESMITH WEE HEAVY

ROGUE ALES
Distribution : Connecticut, Maine, Massachusetts, New Hampshire, Rhode Island, Vermont

HAZELNUT BROWN NECTAR, MORIMOTO IMPERIAL PILSNER, SHAKESPEARE STOUT

THE LOST ABBEY/PORT BREWING
Distribution : Massachusetts

ANGEL'S SHARE, DEVOTION, OLD VISCOSITY, RED BARN, SANTAS LITTLE HELPER, CARNEVALE

STONE BREWING COMPANY
Distribution : Connecticut, Maine, Massachusetts, New Hampshire, Rhode Island, Vermont

STONE IMPERIAL STOUT, STONE SMOKED PORTER, STONE IPA

NORTH COAST BREWING COMPANY
Distribution : Connecticut, Maine, Massachusetts, Rhode Island, Vermont

LE MERLE, OLD RASPUTIN, OLD STOCK ALE

SIERRA NEVADA BREWING COMPANY
Distribution : Connecticut, Maine, Massachusetts, Rhode Island, Vermont

BIGFOOT, HARVEST ALE, SUMMERFEST, KELLERWEIS

MOYLANS BREWING COMPANY
Distribution : Massachusetts, Rhode Island

MOYLANDER IMPERIAL IPA, HOPSICKLE IMPERIAL IPA

BEAR REPUBLIC BREWING COMPANY
Distribution : Massachusetts

HOP ROD RYE, RACER 5

ANCHOR BREWING COMPANY
Distribution : Connecticut, Maine, Massachusetts, New Hampshire, Rhode Island, Vermont

LIBERTY, ANCHOR PORTER, OUR SPECIAL ALE

GREAT DIVIDE BREWING COMPANY
Distribution : Connecticut, Massachusetts

HERCULES IMPERIAL IPA, YETI IMPERIAL STOUT, OAK AGED YETI IMPERIAL STOUT

DOGFISH HEAD BREWING COMPANY
Distribution : Connecticut, Maine, Massachusetts, New Hampshire, Rhode Island, Vermont

IMMORT ALE, OLDE SCHOOL BARLEYWINE

JOLLY PUMPKIN ARTISAN ALES
Distribution : Maine, Massachusetts, Rhode Island, Vermont

BAM BIERE, ORO DE CALABAZA, LUCIERNAGA, LA ROJA

VICTORY BREWING COMPANY
Distribution : Connecticut, Massachusetts, Rhode Island

PRIMA PILS

BELGIQUE

3 FONTEINEN
Distribution : Connecticut, Maine, Massachusetts

3 FONTEINEN OUDE GEUZE, 3 FONTEINEN OUDE KRIEK, SCHAERBEEKSE KRIEK

BROUWERIJ DER TRAPPISTEN ABDIJ DE ACHEL KLUIS
Distribution : Massachusetts

ACHEL EXTRA BRUIN

BRASSERIE D'ACHOUFFE
Distribution : Massachusetts, Maine et Québec (SAQ)

LA CHOUFFE, CHOUFFE HOUBLON DOBBELEN IPA TRIPEL

BAVIK
Distribution : Massachusetts

PETRUS AGED PALE

BRASSERIE DE BLAUGIES
Distribution : Massachusetts, Vermont

LA MONEUSE, SAISON D'ÉPEAUTRE

BROUWERIJ BOSTEELS
Distribution : Massachusetts, Maine et Québec (SAQ)

TRIPEL KARMELIET

BRASSERIE CANTILLON
Distribution : Connecticut, Maine, Massachusetts, New Hampshire, Rhode Island, Vermont

CANTILLON GUEUZE, CANTILLON KRIEK, VIGNERONNE, IRIS

DE DOLLE BROUWERS
Distribution : Connecticut, Maine, Massachusetts, Rhode Island

OERBIER, ARABIER, BOSKEUN

BRASSERIE DE LA SENNE
Distribution : Massachusetts

TARAS BOULBA

DE PROEFBROUWERIJ
Distribution : Connecticut, Massachusetts, Rhode Island

FLEMISH PRIMITIVE, DEUX BRASSEURS (EN COLLABORATION AVEC ALLAGASH), SIGNATURE ALE (EN COLLABORATION AVEC LOST ABBEY)

BROUWERIJ DE RANKE
Distribution : Connecticut, Massachusetts, Vermont

XX BITTER, GULDENBERG, DE RANKE KRIEK

BRASSERIE DES ROCS
Distribution : Connecticut, Maine, Massachusetts, Rhode Island

ABBAYE DES ROCS BRUNE, DES ROCS GRAND CRU, TRIPLE IMPÉRIALE, DES ROCS NOËL

BRASSERIE DUPONT
Distribution : Connecticut, Massachusetts

AVEC LES BONS VŒUX, SAISON DUPONT VIEILLE PROVISION, MOINETTE BLONDE

BRASSERIE FANTÔME
Distribution : Connecticut, Massachusetts

FANTÔME SAISON, LA GOURMANDE, PISSENLIT

BROUWERIJ GIRARDIN
Distribution : Connecticut, Massachusetts

GIRARDIN GUEUZE (ÉTIQUETTE NOIRE, VERSION NON FILTRÉE)

HANSSENS ARTISANAAL
Distribution : Massachusetts

HANSSENS OUDE KRIEK, HANSSENS OUDE GUEUZE

BROUWERIJ HET ANKER
Distribution : Connecticut, Massachusetts

GOUDEN CAROLUS CLASSIC, GOUDEN CAROLUS CUVÉE VAN DE KEIZER /
GRAND CRU OF THE EMPEROR, GOUDEN CAROLUS NOËL

BRASSERIE ROCHEFORT, À L'ABBAYE NOTRE-DAME-DE-SAINT-RÉMY
Distribution : Connecticut, Maine, Massachusetts, Rhode Island

ROCHEFORT 8, ROCHEFORT 10

BROUWERIJ RODENBACH
Distribution : Massachusetts

RODENBACH GRAND CRU

BRASSERIE ARTISANALE DE RULLES
Distribution : Connecticut, Maine, Massachusetts

RULLES BLONDE, RULLES TRIPLE, RULLES ESTIVALE

ST. BERNARD BROUWERIJ
Distribution : Connecticut, Maine, Massachusetts

ST. BERNARDUS ABT, ST. BERNARDUS TRIPEL, ST. BERNARDUS BLANCHE / WITBIER

BRASSERIE SAINT-FEUILLIEN
Distribution : Massachusetts

ST-FEUILLIEN TRIPLE, ST-FEUILLIEN BLONDE, ST-FEUILLIEN CUVÉE DE NOËL

DE STRUISE BROUWERS
Distribution : Connecticut, Massachusetts

PANNEPOT, PANNEPOT RESERVA, BLACK ALBERT

BROUWERIJ DER TRAPPISTEN VAN WESTMALLE
Distribution : Connecticut, Maine, Massachusetts, Rhode Island

WESTMALLE DUBBEL, WESTMALLE TRIPEL

ALLEMAGNE

BRAUEREI AYING
**Distribution : Connecticut, Maine, Massachusetts, New Hampshire,
Rhode Island, Vermont**

AYINGER CELEBRATOR

BRAUEREI HELLER
**Distribution : Connecticut, Maine, Massachusetts, New Hampshire,
Rhode Island, Vermont**

AECHT SCHLENKERLA RAUCHBIER MÄRZEN, AECHT SCHLENKERLA RAUCHBIER
URBOCK

KULMBACHER BRAUEREI
**Distribution : Connecticut, Maine, Massachusetts, New Hampshire,
Rhode Island**

KULMBACHER EISBOCK

WEISSBIERBRAUEREI G. SCHNEIDER & SOHN
Distribution: Connecticut, Maine, Massachusetts, New Hampshire, Rhode Island, Vermont, Québec (SAQ)
AVENTINUS EISBOCK, AVENTINUS

BRAUEREI SPEZIAL
Distribution: Connecticut, Maine, Massachusetts, Vermont
SPEZIAL RAUCHBIER

UERIGE OBERGÄRIGE HAUSBRAUEREI
Distribution: Massachusetts
UERIGE ALT, UERIGE STICKE, UERIGE DOPPEL STICKE

BAYERISCHE STAATSBRAUEREI WEIHENSTEPHAN
Distribution: Connecticut, Massachusetts, Rhode Island
WEIHENSTEPHANER HEFE WEISSBIER, WEIHENSTEPHANER VITUS

KLOSTERBRAUEREI WELTENBURG
Distribution: Massachusetts
WELTENBURGER KLOSTER ASAM-BOCK

ANGLETERRE

BURTON BRIDGE
Distribution: Maine, Massachusetts
EMPIRE ALE

FULLER'S
Distribution: Connecticut, Massachusetts
FULLER'S VINTAGE ALE

DANEMARK

BRYGGERIET ØLFABRIKKEN / GOURMETBRYGGERIET
Distribution: Massachusetts
ØLFABRIKKEN PORTER, ØLFABRIKKEN ABBEY

MIKKELLER
Distribution: Massachusetts
BEER GEEK BREAKFAST

ÉCOSSE

ORKNEY / SINCLAIR BREWERIES
Distribution: Massachusetts
SKULLSPLITTER, DARK ISLAND

TRAQUAIR
Distribution: Connecticut, Maine, Massachusetts, New Hampshire, Rhode Island, Vermont
JACOBITE

FINLANDE

SINEBRYCHOFF
Distribution : Connecticut, Maine, Massachusetts

KOFF PORTER

FRANCE

BRASSERIE THEILLIER
Distribution : Massachusetts

LA BAVAISIENNE

BRASSERIE THIRIEZ
Distribution : Maine, Massachusetts, Vermont

THIRIEZ AMBRÉE, THIRIEZ BLONDE, THIRIEZ XXTRA

ITALIE

PANIL / BIRRIFICIO TORRECHIARA
Distribution : Massachusetts

PANIL BARRIQUÉE

JAPON

KIUCHI BREWERY
Distribution : Connecticut, Massachusetts

HITACHINO NEST JAPANESE CLASSIC ALE, HITACHINO NEST CELEBRATION

NORVÈGE

NØGNE Ø
Distribution : Massachusetts

NOGNE Ø SAISON, NOGNE Ø IMPERIAL STOUT

HAANDBRYGGERIET
Distribution : Massachusetts

NORWEGIAN WOOD

PAYS-BAS

BIERBROUWERIJ ST. CHRISTOFFEL
Distribution : Massachusetts

CHRISTOFFEL BLONDE

ROUWERIJ 'T IJ
Distribution : Massachusetts

PLZEN, COLUMBUS

SUISSE

BRASSERIE DE FRANCHES-MONTAGNES
Distribution : Massachusetts

ABBAYE DE SAINT-BON-CHIEN

LA GORGÉE DE LA FIN

Ce livre avait pour visée d'inviter le lecteur à s'instruire sur les merveilles du monde brassicole de chez nous : que ce soient les modalités techniques qui définissent la fabrication de la bière, les entrepreneurs qui y prennent des risques, les produits qui l'anoblissent ou les occasions qui en jaillissent. Plus viscéralement, il tente d'amener à boire la bière autrement, à la boire en toute conscience de ses origines, tant humaines que végétales et mécaniques. C'est en empruntant ce parcours que l'on en vient à repérer l'excellence dans ce monde où tout n'est pas que réussite. Et quand on rencontre la perfection, on s'en souvient jusqu'à la tombe. Ce sont de ces expériences si précieuses que nous vous souhaitons.

L'avantage, lorsqu'on voyage sur la planète bière, c'est qu'il n'est jamais nécessaire d'en revenir. Cette boisson est une amante qui nous réserve toujours des surprises, qui se renouvellent d'année en année, et de pays en pays. Il n'en tient qu'à nous de nous en approcher sitôt que la langue nous en brûle d'envie.

Un autre avantage, au pays de la bulle, est sans contredit l'air du temps. Le nombre de brasseries, au Québec et en Nouvelle-Angleterre, est actuellement en pleine croissance. Les prochaines années s'annoncent encore plus spectaculaires que celles que nous venons de boire avec délectation. Ainsi, aucun d'entre nous n'aura l'occasion de conquérir chacune des belles qui naîtront au cours de la prochaine décennie. Par ailleurs, de plus en plus de pays du monde s'activent à créer des bières qui les distinguent. Il suffit de se contenter de découvrir son propre rythme de dégustateur dans ce monde de créateurs et de s'émerveiller devant ce jardin aux couleurs vivantes, aux arômes invitants et aux saveurs inspirantes. Le monde nous appartient, une bière à la fois.

REMERCIEMENTS

LES ARTISANS

Évidemment, l'idée d'écrire un livre n'aurait jamais effleuré nos esprits, n'eût été de l'inspirante passion déployée par les créateurs du milieu brassicole. Nous aimerions remercier en particulier ceux qui nous ont accordé de leur précieux temps au cours de la préparation de ce livre. Merci à vous, Will, de la Cambridge Brewing Company; André et Franck, du Trou du Diable; J.-F., Luc et Luc, de Dieu du Ciel!; Philippe et Pierre-Paul, d'À la Fût; René et Grégoire, de L'Amère à Boire; Jean, de Brasseurs & Frères; Benoît et Philippe, de Benelux; Jonathan, de Siboire; John, de The Alchemist; Greg, Russ et Sean, du Vermont Pub & Brewery; Jan-Philippe, du Loup Rouge; Éloi et Johann, du Cheval Blanc; Frédérick et Nicolas, de Charlevoix; Dave, de Willimantic Brewing; Nicolas, de Bedondaine et Bedons Ronds; Jon, de The Tap; Dominique, Alain et Larry, de Brasseurs du Temps; Jonathan, des Trois Mousquetaires; Peter, de Smuttynose; Naomi et Jason, d'Allagash; Sylvain, d'Unibroue; et enfin Ray, de McNeill's Brewery.

LES PROCHES

Certains êtres chers nous ont été d'une aide indispensable, que ce soit en étant immensément patients, en nous conduisant d'une brasserie à l'autre, en nous prêtant certains accessoires ou simplement en partageant leur bonne humeur ainsi que les grands crus de leurs caves méritoires. Merci à Catherine, Marie-Ève, Dany, Sylvain, Hughes, Marc, Marc, François, Denis, mamans et papas.

LES SPÉCIALISTES

Certaines personnes nous ont assistés dans un contexte plus pro-fessionnel, partageant leur grande expérience dans des domaines où nous étions des novices. Merci à Olivier, à Patrick, du studio Leitmotiv, à Jean-Luc, consultant postproduction image, et à Anne-Marie V., Anne-Marie F., Nathalie et Marie-Josée, de Québec Amérique.

LES VICTIMES

Certaines personnes nous ont assistés, souvent bien malgré elles, se faisant immortaliser dans le feu de l'action par notre photo-graphe Olivier. Fort heureusement, ces agréables personnes ont presque unanimement accepté de signer la décharge et de se prêter à la glorification de la bière. Merci à tous les photographiés.